SCHÜTZEN
in Sachsen

Teil II

Ein Einblick in das Schützenwesen

des Freistaates Sachsen

von seinen Wurzeln bis in die Gegenwart

mit freundlicher Unterstützung

des Sächsischen Schützenbundes.

NWM
cw Nordwest Media
Verlagsgesellschaft mbH

Impressum:

Herausgeber: © cw Nordwest Media Verlagsgesellschaft mbH
                 Große Seestraße 11 • 23936 Grevesmühlen • Tel./Fax: 0 38 81/23 39
                 mit freundlicher Unterstützung des Sächsischen Schützenbundes

                 © Nachdruck auch auszugsweise sowie die elektronische Erfassung und Vervielfältigung des Text- und Bildin-
                 halts nur mit ausdrücklicher Genehmigung des Verlages und des Sächsischen Schützenbundes

Druck: cw Obotritendruck GmbH

Bearbeitung: Chefredaktion: Ulf-Peter Schwarz
                 Sächsischer Schützenbund: Landesbrauchtumsleiter R. Hill, Geschäftsführer R. Martin,
                 unter Nutzung der redaktionellen Beiträge der Zunftschreiber und Chronisten aufgeführter Schützenvereinigungen.

Titel: Gestaltung: Ulf-Peter Schwarz
Fotos: oben links - Kanonenvorstellung beim 6. Treffen der sächsischen Schützenvereine am 5.9.1998 in Hoyerswerda
                 oben mitte - Höhenfeuerwerk nach Abschluss des 9. Landesschützentages am 24.4.1999 in Zwenkau
                 oben rechts - Der Präsident des SSB Prof. Dr. E. Bauer bei der Eröffnung der Geschäftsstelle des SSB 2.10.99
                 unten links - Der Landesspielmannszug des SSB „Regimentsspielmannszug" der PSG Reichebach u. U. 1430/1685 e. V.
                 unten mitte - Bei den Landesmeisterschaften für DLW am 25.3.2000 in Zwenkau
                 unten rechts - Jungschützenkönig des SSB beim 5. Landeskönigsschießen am 12.4.1997 in Neumark Thomas
                            Friedel vom SV „Glück Auf" e. V. Reinsdorf

Ausgabe: 1. Ausgabe 2002, aus Anlass des 12. Landesschützentages des SSB am 13.04.2002

Auflage: 1.500 Exemplare

ISBN: 3-9808335-1-8

Ulf-Peter Schwarz
Verleger

Zu Inhalt und Sinn

Liebe Schützenschwestern und Schützenbrüder
des Freistaates Sachsen

es ist vollbracht. Vor Ihnen liegt das zweite Schützenbuch über den Freistaat Sachsen. Und, was Sie nicht wissen können und müssen, es ist mittlerweile das fünfte Schützenbuch des NWM-Verlages, der mit dem Titel „Schützen in Mecklenburg-Vorpommern" (1995) das erste Schützenbuch dieser Art in den neuen Bundesländern, und meines Wissens auch in ganz Deutschland, herausgab.

Wir feiern also ein kleines Jubiläum und haben mit diesem 5. Schützenbuch das wohl ausgereifteste und schönste Werk der bisher verlegten vor uns. Darauf deutet nicht nur der beachtliche Umfang hin, vielmehr sind es die fast …hundert Farbbilder über das Leben in den Schützenvereinigungen Sachsens, die das Buch zu einem recht repräsentativen Bildband reifen ließen. Trotz damit verbundenem enormem Erstellungsaufwand kann das Buch zu einen recht kulanten Verkaufspreis angeboten werden.

Wieder waren es die vielen aktiven Zunftschreiber und Chronisten der dargestellten Vereine, die mit ihren eingesandten Beiträgen dafür sorgten, dass in vielfältigster Form über das Schützenwesen berichtet wird.

Seien es große historische Traditionen vielhundertjähriger Vereine, seien es sportliche Erfolge und die Dokumentation des steinigen Weges dorthin oder seien es die kameradschaftlichen geselligen Stunden im Kreise Gleichgesinnter – vieles davon in bunter Mischung – macht das Buch zu einem wertvollen Zeitdokument und schafft wieder ein Stück Unsterblichkeit.

An dieser Stelle sei all jenen gedankt, die mit ihren Beiträgen zum Gelingen dieses Projektes beitrugen. Aktive Chronisten, Zunftschreiber, Schriftführer und Fotografen sind die Voraussetzung für die Entstehung so eines Buches, die eigentliche grafische und textliche Zusammenstellung zum Druckmanuskript ist ein verschweigend geringer Teil.

Zu besonderem Dank verpflichtet bin ich dem Landesbrauchtumsleiter Herr Rüdiger Hill, der bereits nach Erscheinen des ersten Teils für eine Fortsetzung brannte. Und dieses Feuer trug er in die Phase der Erstellung des 2. Teils, aktivierte viele Vereine zum Mitmachen und schrieb selbst einen äußerst interessanten historischen Beitrag über die Sächsischen Wettin-Bundesschießen. Ohne Herrn Hill, denke ich, wäre dieses Projekt ein weit schwierigeres gewesen.

Überhaupt unterstützte der SSB, hier sei der Geschäftsführer Ralph Martin dankend genannt, die Vorbereitung und Erstellung des Buches durch unbürokratische und prompte Hilfe.

Ich freue mich sehr, Ihnen ihr Schützenbuch pünktlich zum 12. Landesschützentag überreichen zu dürfen und würde eine Fortsetzung im Jahr 2004 sehr begrüßen.

Möge dieses Buch für alle Beteiligten Lohn ihrer Arbeit sein.

Ulf-Peter Schwarz
Verleger

Grevesmühlen/Mecklenburg, im März 2002

Prof. Dr. E. Bauer
Präsident des Sächsischen Schützenbundes e.V.

Zum Geleit

Liebe Schützenschwestern und Schützenbrüder,
liebe Freunde des Sportschießens,

der Teil 1 von „Schützen in Sachsen" hat bereits einen gewissen Einblick in die Entwicklung des Schützenwesens im Freistaat Sachsen gegeben, der dankbar aufgenommen wurde. Das Verdienst daran gebührt hauptsächlich den Vereinen, deren Geschichte die Vielfältigkeit der historischen Abläufe im Entstehen und Werden der sächsischen Schützenvereinigungen deutlich machte. Vieles davon bedarf aber noch der weiteren Klärung und Vervollständigung in den kommenden Jahren. Doch auch weitere Schützenvereine, die ihre Geschichte noch nicht darstellen konnten, oder erst jüngst gegründete Vereine, die sich noch im weiteren Aufbau befinden, wollen sich mit ihren Beiträgen der Öffentlichkeit vorstellen. Dies führt nun zur Herausgabe des Teiles II von „Schützen in Sachsen", mit dem ebenfalls noch nicht alle Vereine der sächsischen Schützen erfasst werden können. Das wird wohl eine Aufgabe sein, die sich heute noch nicht in einen genauen Zeitraum fassen lässt, deren Fortsetzung jedoch wünschenswert bleibt.

Allen denen, die an der Schaffung des Teiles II des Buches „Schützen in Sachsen" mitgewirkt haben, sei wiederum herzlich für ihre Beiträge gedankt.

Prof. Dr. Bauer
Präsident des Sächsischen Schützenbundes e. V.

Leipzig, im April 2002

Rüdiger Hill
Landesbrauchtumsleiter

Vorwort

Mit dem Erscheinen des nun 2. Bandes "Schützen in Sachsen" setzen wir eine uralte Schützentradition fort. Nämlich das Festhalten und Dokumentieren von eigener Schützengeschichte, besonders der Sächsischen Schützengeschichte, für unsere Nachfahren, damit deren Bild der Vergangenheit korrekt wird. Seit sich die Menschheit mit ihrer eigenen Geschichte beschäftigt, sind sich Historiker und Politiker immer einig gewesen: Wer die Vergangenheit nicht kennt, kann die Gegenwart nicht verstehen und die Zukunft nicht meistern.

Wir sollten schon schriftlich festhalten, wie unsere Sächsischen Schützenvereine ihr Schützen- und Vereinsleben gestalten und ausleben, bzw. wie Tradition und Brauchtum in den Schützenvereinen, welche sich im Buch darstellen, in unterschiedlicher Weise gepflegt werden.

Natürlich soll dieses Buch, bzw. diese Bücher über die Darstellung Sächsisches Schützenwesens nicht nur für unsere Nachfahren gedacht sein, sondern auch für jeden Bürger, welcher Interesse an unserem Schützensport zeigt, oder er kann auch die vielfältigen Schützentraditionen die es in den Vereinen gibt, ganz einfach kennen lernen.

Auch für so manches Vereinsmitglied ist es sicherlich interessant in diesem Buch nachzulesen und sich zu informieren, wie andere Schützenvereine u.a. ihre Schützenfeste mit Königsschießen durchführen, ihr Vereinsleben gestalten und die verschiedensten Festlichkeiten vorbereiten und begehen. Jeder Verein hat seine eigenen faszinierenden Sitten und Bräuche und vielleicht findet man auch Ideen und Hinweise, wie dadurch die eigene Vereinsarbeit vielseitiger gestaltet werden kann.

Ich möchte mich bei allen Schützenkameradinnen und Schützenkameraden bedanken, die mit ihrem Beitrag über ihre Vereinsgeschichte dieses Buch inhaltlich bereichert haben und würde mich freuen, dass die Vereine, welche sich in den bisher erschienenen Büchern noch nicht dargestellt haben, dies in einem folgenden Band 3 tun, der im Jahre 2004 erscheinen soll.

Dank gilt auch dem Verleger Herrn Schwarz für die gute Zusammenarbeit bei der Erstellung dieses Buches.

[Unterschrift]

Rüdiger Hill
Landesbrauchtumsleiter des SSB

Leipzig, im März 2002

Die Mitgliederentwicklung im Sächsischen Schützenbund

Die kontinuierliche Entwicklung des Sächsischen Schützenbundes konte in den zurückliegenden Jahren erfolgreich fortgesetzt werden. Mit Ablauf des Jahres 2000 waren insgesamt 14.578 Mitglieder in 296 Mitgliedsvereinigungen beim SSB registriert. Damit konnte der höchste Mitgliederstand seit Gründung festgestellt werden. Zusammen mit der Jahresmitgliedermeldung 2001, die erstmals einen Umfang von mehr als 2000 Einzelmeldungen erreichte, wurden die Mitgliedschaften in den Vereinigungen bereinigt. Im Ergebnis wurde Ende Januar 2001 die Gesamtmitgliederzahl mit 14.023 ermittelt und somit erstmals die Grenze von 14.000 bei einem Jahreswechsel nicht unterschritten.

Im laufenden Jahr 2001 zeigte sich deutlich eine Tendenz, die bisher nur vereinzelt registriert wurde. In vielen kleinen Gemeinden und Städten bilden sich neue Schützenvereinigungen, die oftmals aus Mitgliedern, welche aus bereits bestehenden Vereinigungen ausgeschieden sind, bestehen. Dieser Tendenz ist geschuldet, dass im Jahr 2001 zwar 16 neue Vereinigungen in den Sächsischen Schützenbund aufgenommen wurden, jedoch nur ca. 500 Vereinsmitglieder hinzukamen. Im Gegenzug verkleinerten sich einige der größten Mitgliedsvereinigungen zum Teil deutlich in ihrer Mitgliederstärke. Am letzten Tag des Jahres 2001 waren somit insgesamt 14.563 Mitglieder in 312 Mitgliedsvereinigungen festzustellen. Zum Jahreswechsel 2001/2002 schieden auf eigenen Wunsch 3 Vereinigungen aus dem Sächsischen Schützenbund aus, bereits auf der letzten Sitzung des Präsidiums im Jahr 2001 wurden 3 Vereinigungen zum 01.01.2002 in den Sächsischen Schützenbund aufgenommen und somit blieb die Zahl der Mitgliedsvereinigungen konstant.

Die satzungsgemäße Mitgliedermeldung zum 15. Januar des laufenden Jahres fiel auch in 2002 sehr umfangreich aus. Leider führten die umfangreichen Meldungen aus den Vereinigungen auch dazu, dass mit Datum 04.02.2002 „nur" noch 13.920 Mitglieder im Sächsischen Schützenbund gezählt werden konnten.

Die ersten Wochen des Jahres 2002 zeigen, dass die Vereinigungen vorrangig bemüht waren, die Löschungen aus ihrem Mitgliederbestand fristgerecht vorzunehmen. Seit Abschluss der Jahresmitgliedermeldung 2002 erreichen den Sächsischen Schützenbund wieder viele Neuaufnahmen. Am 08.03.2002 sind bereits 13.964 Mitglieder registriert, zudem hatten zwei weitere Vereinigungen um Aufnahme in den SSB ersucht. Somit sind aktuell 314 Mitgliedsvereinigungen unter dem Motto „Brauchtum-Hobby- Sport" im Sächsischen Schützenwesen vereint. Momentan liegen bereits zwei weitere Aufnahmeanträge von Vereinigungen vor. Auch der Strom eingehender Mitgliedermeldungen verläuft kontinuierlich. So ist zu erwarten, dass bereits zum 12. Landesschützentag des SSB am 13. April 2002 in Bad Muskau die Grenze von 14.000 Mitgliedern wieder überschritten sein wird.

Mit Sicht auf den Jahresausklang 2002 ist momentan sicherlich keine deutliche Veränderung im Mitgliederbestand unseres Landesverbandes mehr zu erwarten. 12 Jahre Schützenwesen in den Vereinigungen, Sportschützenkreisen und im Sächsischen Schützenbund haben vielerorts gestandene und gefestigte Schützengemeinschaften mit einem Mitgliederstamm herausgebildet. Diese Entwicklung muss auch ihren Niederschlag in der Mitgliederentwicklung unseres Landesverbandes finden. Perspektivisch wird die Kraft, Ausstrahlung und das Engagement der Vereinigungen in Ihren Gemeinden, Städten und Regionen zu einer besseren Akzeptanz des Schützenwesens führen. Davon sollten eigentlich auch Impulse für die weitere Entwicklung der Mitgliedschaft ausgehen.

Sächsische Schützenzeitung und Internetpräsentation

Die Sächsische Schützenzeitung ist das Offizielle Verbandsorgan des Sächsischen Schützenbundes. Alle wesentlichen Informationen werden in unserer regelmäßig alle zwei Monate erscheinenden Schützenzeitung veröffentlicht.

Mit Beginn des Jahres 2000 wurde auf neuer Vertragsgrundlage mit dem Pressebüro Salden & Dreilich eine deutlich verbesserte Erscheinungsweise festgelegt und insbesondere feststehende Bearbeitungszeiten und Erscheinungstermine erarbeitet. Somit ist es möglich, das Erscheinungsdatum der aktuellen Ausgabe besser an wichtigen Terminen unseres Landesverbandes zu orientieren und auf aktuelle Ereignisse zu reagieren.

Inhaltlich wurde in der Sächsischen Schützenzeitung Bewährtes fortgesetzt und neue Akzente konnten gestaltet werden. Traditionelle Rubriken, wie „Das offizielle Wort", „In eigener Sache" und „SSB- Intern", werden durch aktuelle Berichterstattungen ergänzt. Oftmals können Impressionen auf den seit im Jahre 2000 vollständig vierfarbigen Umschlagseiten besser von Ereignissen erzählen, als dass nur ein Bericht könnte. Auch die Zuschriften und Beiträge aus den Mitgliedsvereinigungen haben deutlich zugenommen. Dies ist ein Zeichen dafür, dass unsere Schützenzeitung von den Mitgliedsvereinigungen zur Information genutzt und gelesen wird. Ein beständiger und wachsender Abonnentenstamm zeugt ebenfalls von einer guten Schützenzeitung, die immer wieder lobend auch über unsere Landesgrenzen hinaus erwähnt wird.

Seit 30.10.2001 wird dieses offizielle Informationsangebot durch unsere Internetpräsentation ergänzt. Unter der Domain www.saechsischer-schuetzenbund.de finden Sie die offizielle Homepage des Sächsischen Schützenbundes. Sicherlich wird es bei manchem Schützenbruder am Computer heißen, „Na endlich!". Der Aufbau einer Internet-Präsentation des Sächsischen Schützenbundes hat recht lange auf sich warten lassen. Als moderner und zukunfts-

orientierter Sportfachverband sollte der SSB schon lange im Internet präsent sein. Das Präsidium des Sächsischen Schützenbundes hat zu seiner planmäßigen Beratung am 07.09.2001 alle notwendigen Beschlüsse gefasst und damit die konkrete Erarbeitung der Internetpräsentation des SSB vorbereitet. Dabei waren einige wesentliche Fragen zu klären. Grundsätzlich war sich das Präsidium einig, dass unsere Internetpräsenz nur auf professioneller Basis bei Beachtung wesentlicher Verhaltenskriterien im Internet sinnvoll ist. Dabei waren nicht nur Corporate Design und Sitemapping zu beachten. Auch Zugangsbedingungen und Sicherheit sowie die stete Aktualisierung waren wesentliche Kriterien der SSB- Präsentation.

Mit den Firmen envia Energie Sachsen Brandenburg AG und envia.tel GmbH ist es dem Sächsischen Schützenbund gelungen, heimische Partner zu finden, die Vertrauen in unseren Landesverband investieren. Vertraglich manifestiert entstanden Realisierungsbedingungen, die den Aufbau unserer Internetpräsentation ermöglichten.

Das grundsätzliche Corporate Design der Internetpräsentation wird durch die sächsischen Landesfarben weiß- grün und unsere Wappen geprägt. Das Sitemapping wird durch die Hauptmenüpunkte Aktuelles, Archiv, Aus- und Fortbildung, Download, Jugend, Kontakte, Landesverband, Sport, SSB- Shop und Termine gebildet. Die jeweiligen Untermenüs ergänzen die Navigation durch unsere Homepage. Sollten Sie einmal nicht den direkten Weg zur gewünschten Seite finden, nutzen Sie die Schnell- oder Profisuche. Nach und nach werden derzeit die eMail- Adressen und Homepages der Mitgliedsvereinigungen ergänzt.

Sehr umfangreich wurde überlegt, wen der SSB mit seiner Internetpräsentation ansprechen will. Sicherlich sind die Mitgliedsvereinigungen und Vereinsmitglieder, Bundes- und Landesschützenverbände sowie Sportverbände, Landessportbund und die Verbindung zum olympischen Sport die ersten, die wir mit unseren Informationen erreichen wollen. Aber auch Politik und Behörden, Bildungsträgern und Geschäftspartnern soll der Zugang zum Sächsischen Schützenbund ermöglicht werden. Ganz optimistisch sehen wir auch Presse und Rundfunk als partizipierende Nutzer an. Sicherlich wird sich auch die eine oder andere am Schützenwesen interessierte Person auf unsere Seiten einfinden und wir könnten so den Kontakt zum Schützenverein in der Region oder Stadt herstellen. Dieser Zielgruppendefinition sollen die Inhalte unserer Internetpräsentation entsprechen. Wesentliche Informationen über das sächsische Schützenwesen, das Sportschießen, Tradition und Brauchtum sowie das gesellschaftliche und sportliche Leben im Sächsischen Schützenbund bilden die tragenden Säulen. Termine, Ausschreibungen, Ergebnisse und Protokolle stellen das sportliche Schießen dar. Informationen aus Präsidium und Gesamtvorstand, Sport- und Ehrungsausschuss sowie der Schützenjugend ergänzen die regelmäßigen Informationen über die Sächsische Schützenzeitung. Die Herstellung und die Vermittlung von Kontakten zu Vereinigungen, Firmen und Geschäftspartner wird die Kommunikation und damit Zusammenarbeit im Sächsischen Schützenbund verbessern.

Seit 30.10.2001, 14:05 Uhr, stehen unsere Internetseiten zur Information zur Verfügung. Anhand der Netzstatistik können wir sehen, dass unsere Seiten rege besucht werden. Innerhalb der ersten 72 Stunden wurden bereits 2.268 Zugriffe auf unsere Homepage registriert, bis 08.03.2002 ist die Anzahl der Zugriffe auf mehr als 30.000 angewachsen. Mit diesem überwältigenden Andrang haben wir selbst nicht gerechnet. Allerdings zeigt sich damit auch, dass viele unserer Mitglieder auf die Internetpräsentation unseres Landesverbandes gewartet haben. Der Sächsische Schützenbund bemüht sich, durch Aktualität und interessierende Themen diesem Anspruch der Nutzer gerecht zu werden. Natürlich machen alle unsere Anstrengungen nur Sinn, wenn dieses zusätzliche Informationsangebot und die Download- Möglichkeiten intensiv genutzt werden. Auch Kritiken und Anregungen berücksichtigen wir gerne für den weiteren Ausbau von www.saechsischer-schuetzenbund.de. Also „Klicken Sie mal rein", wir freuen uns auf Sie.

Die neue Geschäftsstelle des SSB wurde am 02.10.99 feierlich übergeben

Am Samstag, den 02. Oktober 1999, wurde nach einer Umbauzeit von nur vier Monaten die neue Geschäftsstelle des Sächsischen Schützenbundes im Kopfbau des ehemaligen Internat am Schützenhof Leipzig, Hans- Driesch-Strasse- feierlich übergeben. Die alte Geschäftsstellenbaracke, in welcher der SSB von 1990 bis 1999 beheimatet war, wurde kurz nach dem Einzug in die neuen Räumlichkeiten abgerissen. Mit der Übergabe verfügt der Sächsische Schützenbund seit dem über eine moderne Geschäftsstelle, die den Anforderungen über einen langen Zeitraum gerecht werden wird. Insgesamt verfügt der SSB somit über 427 m² Arbeitsfläche in drei Etagen. Im Erdgeschoss befinden sich unser Empfang sowie das Finanzbüro. Zudem sind alle Medienanschlüsse sowie Wirtschaftsräume und Lager im Erdgeschoss zu finden. Die erste Etage wird vollständig durch Büroräume ausgefüllt. Sportbüro, Geschäftsführerzimmer, Mitgliederverwaltung, Archiv und Präsidentenzimmer finden Sie in dieser Etage. In der zweiten Etage befindet sich das Lehr- und Ausbildungskabinett des Sächsischen Schützenbundes. Zudem sind zukünftig zwei Gästezimmer in dieser Etage vorgesehen.

Mit den neuen Geschäftsräumen verbessern sich vor allem die Arbeitsbedingungen für die ehrenamtliche Arbeit und der SSB verfügt über ein modernes Kommunikationssystem.

Natürlich wurde das neue zu Hause unseres Verbandes in würdiger Form übergeben. Prof. Dr. Erich Bauer, Präsident des Sächsischen Schützenbundes, konnte viele Gäste und Freunde des Schiesssportes begrüßen. Unter den Gratulanten waren Bundestags und Landtagsabgeordnete, der Vertreter des Regierungspräsidenten von Leipzig und der Präsident des Landessportbundes Sachsen, Herr MdL Hermann Winkler, sowie der stellv. Geschäftsführer des Deutschen Schützenbundes, Herr Brokamp. Natürlich nutzten viele Schützenkreise und Vereine die Gelegenheit, „ihre Geschäftsstelle" kennen zulernen. In einer kurzen Ansprache würdigte Präsident Bauer die Leistungen der sächsischen Sportschützen, die sich vom Gründungskongress in Leipzig im Juni 1990 von einen „kleinen Häuflein" von 12 Vereinen und rund 300 Sportschützen zu einen dynamischen Sportverband mit über 280 Vereinen und über 14.000 Mitgliedern entwickelt haben. Auch die anwesenden Vertreter der Öffentlichkeit lobten die Leistungen der sächsischen Sportschützen, die unter dem Motto „Brauchtum - Hobby – Sport" aus dem gesellschaftlichen Leben des Landes nicht mehr weg zu denken sind.

Nunmehr ist die „neue" Geschäftsstelle schon fast drei Jahre der Sitz des Sächsischen Schützenbundes. Viele Besucher haben sich lobend über unsere attraktive und

Die neue Geschäftsstelle des SSB

funktionelle Geschäftsstelle geäußert. Die Organisation der Arbeit wurde grundlegend überdacht und funktioneller gestaltet. Aus- und Weiterbildungen finden heute in der Geschäftsstelle des Sächsischen Schützenbundes statt. Somit hat unser Landesverband auch materiell seinen Sitz gefunden, auf traditionellem Boden konnte ein zukunftssicheres Projekt realisiert werden.

Regionalstruktur

Wichtige strukturelle Veränderungen wurden auf der letzten Sitzung des Gesamtvorstandes des Sächsischen Schützenbundes im Jahr 2000 durch Beschluss manifestiert. Mit Beginn des Sportjahres 2001 wurde der Sportschützenkreis 13, Leipzig- Delitzsch, in den Sächsischen Schützenbund aufgenommen und offiziell legitimiert. Somit wirken und arbeiten seit 01.01.2001 insgesamt 14 Sportschützenkreise in den Städten und Regionen unseres Landesverbandes. Den Sportschützenkreisen stehen heute folgende Kreisschützenmeister vor:

SSK 1 Vogtland
Kreisschützenmeister Siegfried Gentsch, Plauen
SSK 2 Oberes Erzgebirge
Kreisschützenmeister Dieter Auerswald, Grünhain
SSK 3 Chemnitz-Zwickau
Kreisschützenmeister Joachim Jurisch, Reinsdorf
SSK 4 Mittleres Erzgebirge und Vorland
Kreisschützenmeister Dr. Reinhard Kleeberg, Oberschöna
SSK 5 Dresden und Umgebung
Kreisschützenmeister
Dr. Hanno Knöfel, Dresden
SSK 6 Westlausitz
Kreisschützenmeister
Rüdiger Tielck, Kamenz
SSK 7 Oberlausitz-Niederschlesien
Kreisschützenmeister
Hans-Peter Wulf Hoyerswerda
SSK 8 Röder-Mulde
Kreisschützenmeister
Michael Preußner, Großenhain
SSK 9 Torgau- Oschatz
Kreisschützenmeister
Uwe   Kammer, Torgau
SSK 10 Leipzig
Kreisschützenmeister
Thea Butz, Zwenkau

SSK 11 Leipziger Land
Kreisschützenmeister
Viola Kronberg, Zwenkau
SSK 12 Muldental
Kreisschützenmeister
Rolf   Heymann, Brandis
SSK 13 Leipzig- Delitzsch
Kreisschützenmeister Bernd Köth, Leipzig
SSK 14 Schlesischer Schützenbund
Kreisschützenmeister MdL Ludwig Thomaschk, Bad Muskau

Hinsichtlich der Größe unterscheiden sich die einzelnen Sportschützenkreise unseres Landesverbandes teilweise erheblich. Die Sportschützenkreise 1, 2, 3, 5, und 7 haben jeweils weit mehr als 1.000 Mitglieder in den Vereinigungen, wobei mit 1924 Mitgliedern der SSK 3 am größten ist, und stellen insgesamt mehr als die Hälfte aller Mitglieder im Sächsischen Schützenbund. Alle weiteren Sportschützenkreise haben weit weniger Mitglieder, wobei der SSK 4 mit 299 Mitgliedern in 9 Vereinigungen der kleinste Sportschützenkreis unseres Landesverbandes ist.

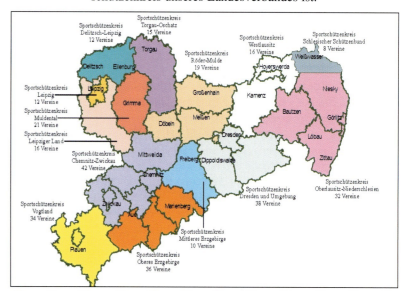

*Der 1. Landesschützenkönig
des SSB im Jahre 1993
Mario Prüfert,
Schützengilde Brandis e. V.*

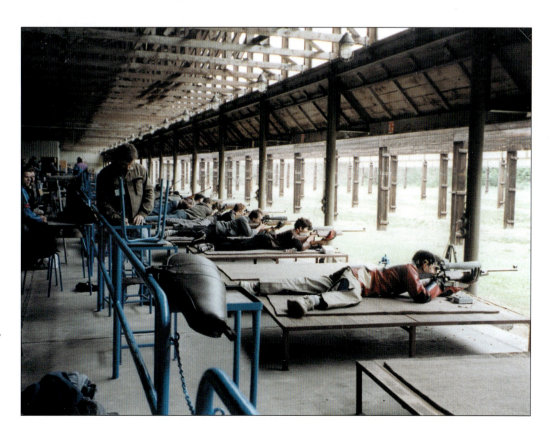

*Landesmeister-
schaften
Kleinkaliber
in Dresden
1993*

August 1993
Deutsche Meisterschaften
in München
Goldmedaille im Skeet
für Axel Wegner
Leipziger SG 1443 e. V.

Präsidiumssitzung des SSB im Dezember
1993 in Waltersdorf

Beim 2. Treffen Sächsischer
Schützenvereine 1994
in Annaberg-Buchholz

*5. Landesschützentag
1995 in Reichenbach –
Oberlausitz und …*

*… ein gut besuchtes
Festzelt*

*Mai 1996
„Gut Schuss" in der
Jugendverbandsrunde*

Das traditionelle Schießen mit der Armbrust auf den Holzadler

Holzadler-Motive

Schlesischer Adler

Ein Pokalgewinner beim traditionellen Schießen um den Jugendpokal im März 1997

Der SSB präsentiert sich jährlich auf der Messe „Jagd – Angeln – Natur – Sportschießen" in Markkleeberg, hier im September 1997

*Nach der Übergabe der Fahnenschleifen
beim 4. Treffen sächsischer
Schützenvereine
Oktober 1996
in Zwickau*

*Ein gefüllter Saal mit Delegierten
beim 7. Landesschützentag
in Neumark 1997*

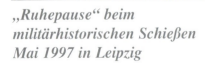

*„Ruhepause" beim
militärhistorischen Schießen
Mai 1997 in Leipzig*

An der Schulbank zur Trainer C-Ausbildung im Lehrkabinett der „neuen" Geschäftsstelle des SSB

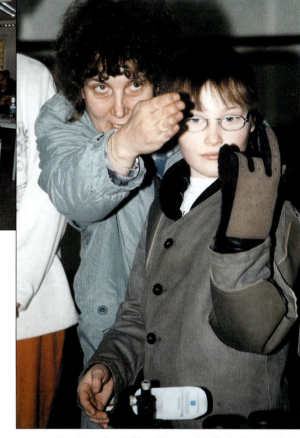

Trainerin Silke Penquitt bei der Arbeit

Die Tätigkeiten der Kampf- und Wertungsrichter sind besonders hoch einzuschätzen

*Eine Tradition im SSB –
die Übergabe/Übernahme
der Traditionsfahne
durch die Bürgermeister
der Ausrichterstädte
des Landesschützentages*

*Präsentation des
von der Firma
FAHNEN KÖSSINGER
gestifteten
Traditionsbanners
des SSB auf dem
Landesschützentag 1998
in Weißwasser*

*Am 02. Oktober 1999 übergab unser Ehrenmitglied Joachim Bormann
die Präsidenten-Kette des SSB*

*Präsident des SSB
Prof. Dr. Erich Bauer
mit der prächtigen
Kette*

*15.04.2000, 10. Landesschützentag
Der Verleger Herr Schwarz vom Nordwest
Media Verlag übergibt den ersten Band
„Schützen in Sachsen" an den Präsidenten
des SSB*

*Die Mitglieder des Präsidiums
im April 2000*

*23.06.2000
Zu Besuch bei der Schützenbrü-
derschaft zu Breslau (Wroclaw) in
Polen (unten)*

*Sorgt immer
für gute Stimmung –
der Landesspielmannszug
des SSB …*

*… welcher zugleich
der Regiments-
spielmannszug
der Privilegierten
Schützengesellschaft
Reichenbach u. U.
1430/1685 e. V.
ist.*

Impressionen
aus dem Leben des Sächsischen Schützenbundes

Es herrscht immer eine gute Beteiligung beim Kaderlehrgang in Kytlice – Tschechien

Immer gut besucht – die Landesseniorenspiele – hier im September 2000

Landessportleiter Edmund Bader nach der Siegerehrung unserer Nachwuchsschützen

*Böller- und
Salutschützen
in Aktion*

1999 in Zwenkau

2000 in Kirchberg

2000 in Görlitz

2001 in Reichenbach/OL

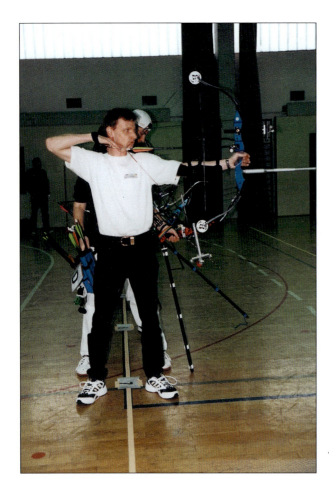

*Die 1. Landesmeisterschaft
im Bogensport,
FITA Halle
fand im Jahr 2001
in Döbeln statt.*

*Landesmeisterschaft 2002
Druckluftwaffen
im Markkleebereg*

*Fotoarchiv des SSB
Bildauswahl von Landesbrauchtumsleiter Rüdiger Hill
und Pressewart Paul Arnold*

Die sportlichen Aktivitäten und Erfolge im Sächsischen Schützenbund

Seit 1999 wurde das sportliche Geschehen im Sächsischen Schützenbund nicht nur vielfältiger und attraktiver, sondern vor allen Dingen auch erfolgreicher. Generell konnte eine hervorragende Leistungsentwicklung im SSB verzeichnet werden. Insbesondere im Nachwuchsbereich zeigten sich erste Erfolge der qualitativ besseren Vereinsarbeit und einer verstärkten leistungsorientierten Arbeit im Sportbereich, was die erzielten Ergebnisse zu nationalen Wettkampfhöhepunkten wie den Deutschen Meisterschaften, aber auch die Teilnahme von Sportlern des Sächsischen Schützenbundes bei Welt- und Europameisterschaften zeigen. Das Sportjahr 2002 hat begonnen und die Erfolgsbilanz seit 1999 sowohl auf dem Gebiet des Breitensportes als auch im Leistungssport kann sich durchaus sehen lassen:

- Stetig steigende Teilnehmerzahl bei Landesmeisterschaften des SSB und immer mehr Qualifikationen zu Deutschen Meisterschaften
- Immer besseres Abschneiden bei Deutschen Meisterschaften seit Bestehen des SSB
- Stetige Steigerung bei der Berufung von Bundeskadern durch den DSB
- Im Jahr 2000 EM- Qualifikation des Wurfscheibenschützen Thomas Heller vom SJSV Großdobritz, der mit der Mannschaft den 5. Platz und im Einzel den 13. Platz erzielen konnte und im Jahr 2001 ein 6. Platz durch Axel Wegner von der Leipziger Schützengesellschaft bei Weltmeisterschaften, sowie durch Maik Herrmann von den Döbelner Bogenschützen ein 4. Platz mit der Mannschaft und ein 10. Platz im Einzel ebenfalls bei Weltmeisterschaften. Anja Schumann vom SSC Neiden hat 2002 in der Laufenden Scheibe bereits die Qualifikation für die EM geschafft.

Anja Schumann vom SSC Neiden, hier bei der Siegerehrung zu den Landesjugendspielen in Chemnitz 2001, ist in den Nationalkader des DSB berufen worden und EM-Teilnehmerin 2002 (18. - 14.03. EM Griechenland mit Medaillenchanchen!)

- In den Jahren 2000 und 2001 Weltcupteilnahmen von Axel Wegner im Wurfscheibenschießen mit vorderen Platzierungen sowie von Sinka Rößler und Anja Schumann in der Disziplin Laufende Scheibe bei Internationalen Wettkämpfen und Weltcups
- Im Jahr 2000 erreichte die Schülermannschaft Luftgewehr der Leipziger SGes das Finale des Shooty- Cups

und belegte einen 8. Platz

- Seit 1999 erzielten unsere Sportler immer mehr vordere Plätze bei Ranglistenwettbewerben des DSB in den Disziplinen Wurfscheibe, Pistole und Laufende Scheibe.

Die Dobritzer Wurfscheibenschützen räumten bei den Deutschen Meisterschaften 2001 in München kräftig ab. Klaus Reschke, Wolfgang Lässig, Wolfgang Klaus und Uwe Trobsch konnten sechs Medailen erringen

Die Schülermannschaft mit den Schützen Daniel Clauß, Wilma Dreier und Kostantin Hofmann gewann souverän den Mannschaftsmeistertitel mit der Luftpistole zur DM 2001

- Sehr gute Ergebnisse und vordere Plätze unserer Nachwuchssportler mit der mehrschüssigen Luftpistole beim Pistolen- Team –Cup des DSB 2000 und 2001.
- Weitere Leistungssteigerung unserer Sportler bei der Jugendverbandsrunde und Qualifikation von Sportlern zum Endkampf Jugendverbandsrunde des DSB, wo im Jahr 2000 Anett Müller(Schlettauer SV) den 1. Platz und Christian Reitz(PSG zu Löbau) einen 1. und 3. Platz in den Pistolendisziplinen erzielen konnten. Im Jahr 2001 überzeugte insbesondere die Mannschaft in der Schnellfeuerpistole mit einem Sieg. Einen 2. Platz erzielten in ihren Altersklassen Christian Reitz und Markus Clauß.

Mit der mehrschüssigen Luftpistole belegte Schüler Daniel Clauß vom 1. Zwickauer SV den 3. Platz. Auch Steffen Nitzsche vom SSC Neiden erkämpfte den 3. Platz mit einem hervorragendem Ergebnis in der Disziplin Laufende Scheibe. Erstmalig waren die Bogenschützen durch Uta Tuchscheerer vertreten, die ringgleich mit Platz 3 einen 4. Platz erzielen konnte.

• Im Jahr 2000 wurde durch Markus Clauß ein 1. Platz beim Edelmann Pokal des DSB in der Freien Pistole erreicht und Anett Müller belegte 2001 beim internationalen Ländervergleich mit Frankreich 2 Mal den 3. Platz mit der Luft- und Sportpistole.

Zudem nahm der Sächsische Schützenbund seit 2001 an der Talentiade des Landes Sachsen, einem Nachwuchswettbewerb durch den Landessportbund Sachsen ins Leben gerufen, teil und konnte in diesem Zusammenhang erfolgreiche Sportler und Stützpunkte ehren.

Zur Talentiade 2001 konnten Sportler aus allen Disziplinen ausgezeichnet werden. Neben Markus Clauß, Christian Reitz und Yvette Roch erhielten auch Anja Schumann, Uwe Trobsch und Maik Herrmann die Auszeichnungen. Bester Stützpunkt wurde zum 2. Mal die PSG zu Löbau.

Auch am Jugendpokal des SSB nahmen viele Sportler aus den Vereinen des SSB teil. Leider nutzten aber insbesondere kleinere Vereine diesen attraktiven Wettkampf noch nicht, wo es keine Mannschaftswertung gibt und somit durch das Punktsystem auch kleine Vereine eine Chance haben. Außerdem ist der Wettkampf als Wettkampf für die Erfüllung der Landeskadernorm ausgeschrieben und auf Sieger und Platzierte warten neben Medaillen auch viele Preise.

Die Landesjugendspiele in Chemnitz 2001 waren, wie bereits im Jahr 1999 in Dresden, ein voller Erfolg. Insgesamt nahmen in Chemnitz 266 Sportler aus 28 Vereinen im Schießen, 11 Sportler aus 3 Vereinen im Sommerbiathlon und 23 Sportler aus 3 Vereinen im Bogenschießen teil. Dabei wurden 4 neue Landesrekorde und 4 Rekordeinstellungen registriert. Das ist einfach Spitze und zeigt auch, dass Nachwuchsarbeit in den Vereinen immer mehr an Bedeutung gewinnt. Besonders erfreulich, dass Vereine

teilnahmen, die bisher in keinem Wettkampfprotokoll des SSB zu finden waren.

Die Wettbewerbe in der Schülerklasse um den Shooty-Cup des Sächsischen Schützenbundes haben seit 1999 einen festen Platz im Wettkampfgeschehen gefunden.

Immer mehr Vereine des SSB beteiligen sich an der Initiative des Landessportbundes zur Nachwuchsförderung und arbeiten mit Talentgruppen im Rahmen Schule- Verein.

Hervorzuheben auch die Leistungen unserer Vereine bei Regionalligawettbewerben des DSB, wo Vereine des Sächsischen Schützenbundes nicht nur mitschossen, sondern in den Disziplinen Luftgewehr und Luftpistole sehr gute Platzierungen erreichen konnten. Stellvertretend seien an dieser Stelle die Leipziger Schützengesellschaft im Luftgewehr und die PSSG zu Dresden im Luftpistolenwettbewerb genannt, die bereits am Aufstiegskampf zur Bundesliga teilgenommen haben, jedoch knapp gescheitert sind. Eine wichtige Grundlage für diese Ergebnisse war sicher die schnelle Einführung der Landesligawettbewerbe unserer Vereine einschließlich einer Landesligaordnung.

Bei der Damenverbandsrunde konnten sich unsere Sportlerinnen ebenfalls steigern und nahmen 2001 mit der Luftpistolenmannschaft erstmalig am Endkampf teil. Mit einem 5. Platz setzten sie sich gegen harte nationaler Konkurrenz durch. Anke Matthes von der PSG zu Löbau konnte sich mit der Sportpistole ebenfalls sehr gut in Szene setzen und ließ sogar Bundeskader hinter sich.

Mehrmalige Bewerbungen von Vereinen wie die PSG zu Löbau, die eine sehr gute Arbeit auf dem Gebiet des Nachwuchsleistungssportes leistet, unter anderen beim Bundeswettbewerb um das „Grüne Band" oder um den „Förderpreis Deutscher Jugendsport" des Deutschen Sportbundes wurden gestellt, waren aber leider bisher nicht von entsprechendem Erfolg gekrönt.

Insgesamt 6 Vereine im SSB betreiben Sommerbiathlon. Es gibt noch einige organisatorische Schwierigkeiten, da in Sachsen nur 1 Schießstand den Anforderungen der Sommerbiathleten gerecht wird. Auch gibt es seitens des DSB noch keine absolut klaren Vorstellungen hinsichtlich des Wettkampfsystems sowie einheitlicher Wettkampfregeln. Auch international machen unsere Sommerbiathleten von sich reden. Insbesondere Yvette Roch vom SBV Nünchritz-Glaubitz muss dabei hervorgehoben werden, die ebenfalls in den Nationalkader berufen wurde.

Es gibt 2 Hauptvereine, wo das Bogenschießen betrieben wird, die Döbelner Bogenschützen mit Schwerpunkt

Das Bogenschießen hat sich seit 2000 im Sächsischen Schützenbund etabliert. Hier erläutert der Bogenreferent Walter Buttler von den Döbelner Bogenschützen interessierten Sportlern die Grundlagen des Bogensports

Recurve und den BSV Ehrenfriedersdorf mit Schwerpunkt Compound. Weitere Vereine, die das Bogenschießen aktiv betreiben sind die PSSG zu Dresden und der SSC Neiden. Andere Vereine werden sich künftig noch bemühen, um den Erfolgen von Maik Herrmann nachzueifern.

Es wurden Vorbereitungslehrgänge zu Deutschen Meisterschaften und Kaderlehrgänge in den Disziplingruppen angeboten, sowie Konditionierungslehrgänge mit den Nachwuchskadern durchgeführt, die sich immer größerer Beliebtheit erfreuen.

Vorbereitungslehrgang zur Deutschen Meisterschaft 2001. Da waren nicht nur alle Schießstände in Löbau ausgebucht, auch beim Fitnesstraining zeigten unsere Kader, dass sie nicht nur schießen können.

Die Konditionslehrgänge erfreuen sich immer größerer Beliebtheit. Bei Sport und Spiel treffen sich Sportschützen, Bogenschützen und Sommerbiathleten gern in Kytlice.

Auch in der Organisation des Leistungssportes hat sich einiges verändert.

Durch die Aufstellung von Kaderkriterien, sowie Kadernormen und daraus resultierend die Berufung von Landeskadern für das jeweilige Wettkampfjahr, wurde ein einheitliches System der Talentförderung ins Leben gerufen. Im Jahr 2001 wurde eine neue Kaderpyramide erarbeitet, die eine Unterteilung der Kader in D1- und D2 sowie L1- und L2 Kader vorsieht. Damit soll eine gezielte Förderung von Sportlern mit internationalem Niveau erreicht werden. Erstmalig werden Kadernormen aber auch für solche Disziplinen wie Vorderlader und Gebrauchswaffen vorgelegt.

Das Stützpunktsystem mit Leistungs- und Talentstützpunkten wurde leistungsorientiert aufgebaut, um eine regionale und disziplinspezifische Betreuung und Förderung von Nachwuchssportlern abzusichern.

Bezüglich der Landesleistungsstützpunkte wurden die Stützpunkte Leipzig und Löbau vom Landessportbund Sachsen für den Olympiazyklus 2000- 2004 weiter bestätigt. Die seit 1999 bestehenden 5 Talentestützpunkte werden zahlenmäßig ebenfalls fortgeführt. Sie werden jedoch aufgrund der trainierenden Kadersportler jährlich durch

Beschluss der Sportkonferenz des SSB vorgeschlagen.

Talentestützpunkte für das Jahr 2002 sind:
• Neiden (Laufende Scheibe)
• Rosswein (Gewehr)in Verbindung mit Waldheim, Döbeln
• Zwickau (Pistole)
• SJSV Großdobritz (Wurfscheibe)
• PSSG zu Dresden (Pistole)

Man könnte sicher noch mehr Aktivitäten auf sportlichen Gebiet nennen, um die gewachsene Leistungsstärke insbesondere im Nachwuchsbereich zu dokumentieren. Die mühsam gezogenen „Pflänzchen" müssen nun gepflegt und gefördert werden, so dass sie zu kräftigen Pflanzen heranwachsen können und den Sächsischen Schützenbund auch künftig würdig vertreten.

Aber auch im Breitensport hat sich Einiges getan. Insbesondere die Landesseniorenspiele, die aller 2 Jahre in Leipzig in Verbindung mit dem Landessportbund Sachsen durchgeführt werden, erfreuen sich größter Beliebtheit. Steigende Teilnehmerzahlen und eine Erweiterung des Disziplinenangebotes dokumentieren das sehr anschaulich. Seit 2001 wurde, insbesondere für den Seniorenbereich, mit dem Ältestenschießen ein neuer Wettbewerb auf Initiative der Görlitzer Schützengilde ins Leben gerufen. So findet 2002 das 2. Ältestenschießen des Sächsischen Schützenbundes statt und Vereine bieten erstmalig auch Wettbewerbe mit Auflageschießen für Senioren an. Besonders der Wettbewerb um den „4 Meter- Pokal" des Sächsischen Schützenbundes hat einen festen Platz im Wettkampfkalender des SSB.

Immer größerer Beliebtheit erfreut sich auch das Schießen um die Leistungsabzeichen des SSB und DSB, so dass das Disziplinenangebot im SSB erweitert wurde. Aber immer mehr Schützenvereine organisieren Wettbewerbe um das Deutsche Schießsportabzeichen, wo neben dem Schießen Disziplinen wie Wandern und Schwimmen einfließen.

Die Sportkonferenz, die am Ende des Wettkampfjahres mit Vertretern aller Sportschützenkreise durchgeführt wird, ist ebenfalls aus dem Sportleben des SSB nicht mehr wegzudenken. Hier erfolgt, neben einer Auswertung des abgeschlossenen Wettkampfjahres auch die gemeinsame Planung des neuen Wettkampfjahres.

Seit 2001 wird am Ende des Wettkampfjahres eine Sportlerehrung des SSB durchgeführt, um verdienstvolle Sportler und Trainer zu ehren. Auch diese Veranstaltung soll traditionell fest in das Sportgeschehen des SSB verankert werden. Die erste Veranstaltung war dabei ein voller Erfolg.

Ein weiterer Schwerpunkt der Sportarbeit im Sächsischen Schützenbund ist die Aus- und Fortbildung von Trainern, Übungsleitern und Kampfrichter. Erfreulicherweise gibt es immer mehr Interessenten für die Lehrgänge, so dass wir auch auf diesem Gebiet eine Niveauerhöhung verzeichnen. All diese Aktivitäten verdeutlichen die stetige Niveauerhöhung des Sportbereiches des Sächsischen Schützenbundes. Das wäre jedoch nicht ohne die aktive ehrenamtliche Arbeit vieler Vertreter in den Vereinen möglich, denen an dieser Stelle „Dankeschön" gesagt werden sollte.

Dr. Petra Tränkner
Landestrainerin

Abschneiden der Sportler des Sächsischen Schützenbundes bei Deutschen Meisterschaften

Jahr	Pl.	Name	Vorname	Verein	Disziplin	Altersklasse
1991	2	Holländer	Maja	Leipziger SGes	Luftgewehr	Junioren w.
1992	1	Wandel	Jan	SV Dresden/Klotzsche	KK-Sportpistole	Junioren
	2	Militzer	Jörg	OSC Löbau	Luftpistole	Junioren
	3	Mannschaft		SV Chemnitz	Luftpistole	Junioren
	3	Franke	Mirko	Leipziger SGes	LG Laufende Scheibe Mix	Schützen
1993	1	Giesel	Anja	OSC Löbau	KK-Sportpistole	Junioren w.
	1	Wegner	Axel	Leipziger SGes	Wurfscheibe Skeet	Schützen
	1	Mannschaft		Leipziger SGes	KK Laufende Scheibe Mix	Schützen
	2	Kurzer	Manfred	Leipziger SGes	KK Laufende Scheibe Mix	Schützen
1994	1	Mannschaft		PSSG zu Dresden	Luftpistole	Junioren
	2	Wandel	Jan	PSSG zu Dresden	Luftpistole	Junioren
	2	Kurzer	Manfred	Leipziger SGes	KK Laufende Scheibe Mix	Schützen
	2	Manschaft		Leipziger SGes	KK Laufende Scheibe Mix	Schützen
	2	Manschaft		Leipziger SGes	KK Laufende Scheibe	Schützen
	2	Manschaft		Leipziger SGes	Wurfscheibe Skeet	Schützen
	3	Schönherr	Erik	PSSG zu Dresden	Luftpistole	Junioren
	3	Kurzer	Manfred	Leipziger SGes	KK Laufende Scheibe	Schützen
1995	2	Mannschaft		Leipziger SGes	Wurfscheibe Skeet	Schützen
	3	Simon	Manfred	PSG zu Löbau	KK-Sportpistole	Schützen
	3	Mannschaft		SV Weidenhain	LG Laufende Scheibe	Junioren
1997	2	Mannschaft		SJSV Meißen	Wurfscheibe Skeet	Schützen
	2	Hörig	Kai	PSG zu Löbau	Luftpistole	Jugend
	3	Jonas	Daniel	PSG zu Löbau	Schnellfeuerpistole	Jugend
	3	Macher	Andreas	SJSV Meißen	Wurfscheibe Skeet	Schützen
	3	Mannschaft		Leipziger SGes	Wurfscheibe Trap	Schützen
1998	2	Jesionka	Marc	Leipziger SGes	Wurfscheibe Trap	Jugend
	3	Mannschaft		Leipziger SGes	Wurfscheibe Trap	Schützen
1999	2	Reschke	Klaus	SJSV Großdobritz	Wurfscheibe Skeet	Altersklasse
	2	Beyer	Gerhard	SV Chemnitz	Luftpistole	Senioren
	2	Heller	Thomas	SJSV Großdobritz	Wurfscheibe Skeet	Junioren
	3	Rößler	Sinka	SSC Neiden	LG Laufende Scheibe	Junioren w.
	3	Mannschaft		PSG zu Löbau	KK-Sportpistole	Junioren w.
	3	Bartschies	Mireille	SBV Leipzig	Sommerbiathlon, KK 4 km	Junioren w.
2000	1	Heller	Thomas	SJSV Großdobritz	Wurfscheibe Skeet	Junioren A
	1	Wegner	Axel	Leipziger SGes	Wurfscheibe Skeet	Schützen
	1	Reitz	Christian	PSG zu Löbau	mehrschüssige Luftpistole	Schüler
	1	Paschke	Ruben	PSG zu Löbau	Luftgewehr	Schüler
	1	Mannschaft		PSG zu Löbau	Luftpistole	Schüler
	2	Mannschaft		SV Ehrenfriedersdorf	Bogen Compound	Junioren
	2	Jonas	Daniel	PSG zu Löbau	Sportpistole	Junioren A
	2	Claus	Markus	1. Zwickauer SV	Schnellfeuerpistole	Jugend
	2	Schindler	Martin	Leipziger SGes	Wurfscheibe Trap	Junioren B
	2	Paschke	Ruben	PSG zu Löbau	mehrschüssige Luftpistole	Schüler
	2	Mannschaft		LST Sachsen	Staffel KK 4km	Junioren
	3	Roch	Yvette	BSV Nünchritz-Glaubitz	Verfolgung KK	Junioren w.
	3	Mannschaft		SGi zu Brand	Staffel LG 4km	Junioren
	3	Mannschaft		PSG zu Löbau	Luftpistole	Junioren w.
	3	Schumann	Anja	SSC Neiden	Laufende Scheibe LG	Jugend
	3	Mannschaft		PSG zu Löbau	Schnellfeuerpistole	Junioren
	3	Clauß	Markus	1. Zwickauer SV	mehrschüssige Luftpistole	Jugend
2001	1	Herrmann	Maik	Döbelner Bogenschützen	Bogen Recurve Halle	Junioren A
	1	Klaus	Wolfgang	SJSV Großdobritz	Wurfscheibe Skeet	Altersklasse
	1	Wagenitz	Philipp	PSG zu Löbau	Schnellfeuerpistole	Jugend
	1	Mühlmann	Kai	WTC Lauterbach	Wurfscheibe Trap	Junioren B
	1	Roch	Yvette	BSV Nünchritz-Glaubitz	Sommerbiathlon, Sprint KK	Juniorinnen
	1	Mannschaft	Hofmann,Dreier,Clauß	1. Zwickauer SV	Luftpistole	Schüler
	1	Mannschaft	Lange,Schröder,Lorenz	SGi zu Brand	Sommerbiathlon,Staffel LG	Schüler
	2	Herrmann	Maik	Döbelner Bogenschützen	Bogen Recurve Halle	Junioren A
	2	Herrmann	Maik	Döbelner Bogenschützen	Bogen Recurve im Freien	Junioren A
	2	Harz	Kathrin	SSC Neiden	Laufende Scheibe LG	Jugend w
	2	Trobsch	Uwe	SJSV Großdobritz	Wurfscheibe Skeet	Junioren B
	2	Mannschaft	Putzmann,Müller,Randig	PSG zu Löbau	Luftpistole	Junioren w
	2	Mannschaft	Putzmann,Müller,Randig	PSG zu Löbau	KK-Sportpistole	Junioren w
	2	Mannschaft	Reitz,Wagenitz,Paschke	PSG zu Löbau	Luftpistole	Jugend
	2	Mannschaft	Klaus,Reschke,Lässig	SJSV Großdobritz	Wurfscheibe Skeet	Altersklasse
	2	Thomas	Peter	PSG zu Löbau	KK-Sportpistole	Senioren
	2	Hofmann	Konstantin	PSG zu Löbau	Sommerbiathlon,Kombi.KK	Juniorinnen
	3	Wagner	Ulrike	BSV Ehrenfriedersdorf	Bogen Compound Halle	Damen
	3	Jonas	Daniel	PSG zu Löbau	Schnellfeuerpistole	Junioren A
	3	Reschke	Klaus	SJSV Großdobritz	Wurfscheibe Skeet	Altersklasse
	3	Clauß	Daniel	1. Zwickauer SV	mehrschüssige Luftpistole	Schüler
	3	Reitz	Christian	PSG zu Löbau	Freie Pistole	Jugend
	3	Mannschaft	Anschütz,Schröder,Dreißig	Sachsen	Sommerbiathlon, Staffel LG	Junioren
2002	1	Herrmann	Maik	Döbelner Bogenschützen	Bogen Recurve Halle	Junioren A

Teilnehmerentwicklung Landesmeisterschaften seit 1990

	Schüler/Jugend	Junioren	Schützen u. älter	GK, VL, StPi, SpoPi Gen.	Bogen, Sommer-biathlon	Gesamt
1990	150	54	96	0	0	300
1991	47	87	173	0	0	307
1992	66	79	203	23	0	371
1993	68	79	322	105	0	574
1994	118	54	374	181	0	727
1995	149	64	346	203	0	762
1996	125	70	307	270	0	772
1997	170	97	363	313	0	943
1998	238	60	490	296	0	1084
1999	236	60	453	331	9	1089
2000	197	199	565	297	22	1280
2001	223	199	617	374	64	1477

Teilnehmerentwicklung Deutsche Meisterschaften seit 1990

	Nachwuchs	Erwachsene	GK,VL	Sobi	Bogen	Gesamt
1991	19	6	0	0	0	25
1992	24	13	0	0	0	37
1993	27	20	0	0	0	47
1994	32	39	4	0	0	75
1995	30	29	5	0	0	64
1996	36	44	7	0	0	87
1997	43	32	13	0	0	88
1998	56	41	25	0	0	122
1999	73	40	17	21	0	151
2000	75	49	16	14	10	164
2001	89	57	17	24	5	192

Berufungen in den Bundeskader des Deutschen Schützenbundes

Jahr	Kader	Name	Vorname	Verein	Disziplin	Altersklasse
1990	B	Wegner	Axel	Leipziger SGes	Wurfscheibe Skeet	Schützen
	D/C	Heller	Thomas	SJSV Großdobritz	Wurfscheibe Skeet	Junioren
2000	B	Wegner	Axel	Leipziger SGes	Wurfscheibe Skeet	Schützen
	B	Hantke	Peter	Leipziger SGem	Wurfscheibe Trap	Schützen
	D/C	Heller	Thomas	SJSV Großdobritz	Wurfscheibe Skeet	Junioren
	D/C	Kammer	Sven	SSC Neiden	Laufende Scheibe	Junioren
2001	B	Wegner	Axel	Leipziger SGes	Wurfscheibe Skeet	Schützen
	B	Hantke	Peter	Leipziger SGem	Wurfscheibe Trap	Schützen
	D/C	Schindler	Martin	Leipziger SGes	Wurfscheibe Trap	Junioren
	D/C	Müller	Anett	Schlettauer SV	Pistole	Junioren
	D/C	Trobsch	Uwe	SJSV Großdobritz	Wurfscheibe Skeet	Junioren
	N/K	Herrmann	Maik	Döbelner Bogenschützen	Bogen Recurve	Junioren
2002	A	Wegner	Axel	Leipziger SGes	Wurfscheibe Skeet	Schützen
	B	Hantke	Peter	Leipziger SGem	Wurfscheibe Trap	Schützen
	C	Schindler	Martin	Leipziger SGes	Wurfscheibe Trap	Junioren
	C	Clauß	Markus	1. Zwickauer SV	Pistole	Junioren
	C	Roch	Yvette	BSV Nünchritz-Glaubitz	Sommerbiathlon, Sprint KK	Juniorinnen
	C*	Müller	Anett	ehemals Schlettauer SV	Pistole	Junioren
	D/C	Mühlmann	Kai	WTC Lauterbach	Würfscheibe Trap	Junioren
	D/C	Trobsch	Uwe	SJSV Großdobritz	Wurfscheibe Skeet	Junioren
	NK	Schumann	Anja	SSC Neiden	Laufende Scheibe	Junioren

* Anett Müller wird, trotz Verbandswechsel auf Grund Lehrstelle, laut DSB-Richtlinien für 2 Jahre weiter im SSb geführt.

NK sind Kader der Nationalmannschaft, die den DSB bei EM oder WM vertreten, aber nicht in den Bundeskader aufgenommen wurden, weil einerseits die Disziplin nicht olympisch ist oder sie andererseits altersmäßig nicht in das System der Kaderberufung des DSB eingeführt werden konnten.

Dr. Petra Tränkner/Landestrainerin

Die Bundesschießen des Sächsischen Wettin-Schützen-Bundes

Im Jahre 1889 fand das 800-jährige Jubelfest des Fürstenhauses Wettin in Dresden statt. Mit heller Begeisterung wurde es vom sächsischen Volk gefeiert. Am großen Festzug nahmen auch fast alle sächsischen Schützengesellschaften geschlossen daran teil und gründeten zum Andenken an das Jubeljahr, für ihren König und Herrn, eine dauernde Wettin-Jubiläums-Stiftung, welche unter dem Protektorat Sr. Majestät des Königs Albert von Sachsen stand. Diese Stiftung sollte u.a. Mitglieder von Schützenvereinen unterstützen, welche in Not geraten waren.

Auf der Generalversammlung dieser Stiftung am 12. Juni 1892 in Zwickau, wurde der Antrag zur Bildung eines Wettin-Schützenbundes gestellt, welcher dann am 11. Juni 1893 in Döbeln gegründet wurde (Nachweis im Staatsarchiv Dresden).

Resultierend aus der Generalversammlung der Wettin-Jubiläums-Stiftung von 1892 wurde beschlossen: „Alle 2 Jahre zugleich mit der Jahresversammlung der Wettin-Jubiläums-Stiftung eine Hauptversammlung abzuhalten und damit ein allgemeines Preisschießen zu verknüpfen, hoffend dadurch dem Zweck des Bundes am besten zu dienen". Diese Preisschießen sollten abwechselnd alle zwei Jahre in Orten, welche aus den fünf Kreishauptmannschaften Sachsens (Dresden, Leipzig, Chemnitz, Zwickau, Bautzen) kamen, durchgeführt werden.

Man beabsichtigte nämlich dadurch: „Die Schützenvereine im Königreich Sachsen in Rücksicht auf ihre gemeinsamen Bestrebungen zur Hebung des Schützenwesens, zur Förderung der Vaterlandsliebe und zur Bezeugung der Treue zum angestammten Herrscherhause zu vereinigen, damit dadurch innerer und äußerer Zusammenhalt der Vereine und ihrer Mitglieder im Interesse des Schützenwesens und öffentlichen Repräsentation erreicht und Einfluss in dieser Richtung erlangt werde."

Alle Wettin-Schießen fanden unter dem Protektorat des Königs von Sachsen statt, welcher auch Protektor des Wettin-Schützenbundes war.

Ein erstes Wettin-Schießen fand vom 12. bis 20. Juni 1892 in Zwickau statt. Teilnehmen konnten auch Schützen, welche Mitglieder im Deutschen Schützenbund (DSB) waren und außerhalb Sachsens wohnten. Schützen, welche nicht dem DSB angehörten, konnten vor Ort die Aufnahme in den DSB beantragen und waren somit teilnahmeberechtigt. Teilnehmen konnten also nur Schützen, welche Bundesvereinen angehörten. Zum Schießen wurden 16 Scheiben aufgestellt, und zwar: 7 Standscheiben auf 175 Meter, 4 Feld-

scheiben auf 300 Meter, 1 Hasenscheibe auf 35 Meter, 3 Pistolenscheiben auf 30 Meter Entfernung und 1 Stand für Thontaubenscheiben. So stand u.a. geschrieben: „Bei den Hasenscheiben passirt das Wild die Schneuße unregelmäßig wechselnd, von rechts oder links kommend, in einer Entfernung von 35 Meter und markirt sich der Treffer durch Stürzen des Wildes. Zulässig sind alle Schrotgewehre. Der Schütze hat hier selbst das Signal zum Ablaufe des Wildes zu geben, und es gilt ebenso als Fehler, wenn der Hase hierauf ohne Schussabgabe die Schneuße passirt."

Man kann sagen, dass das Wettin-Schießen Vorreiter für die später durchgeführten Wettin-Bundes-Schießen war.

Der Bundesvorstand des Wettin-Schützenbundes unter der Führung des Präsidenten Rechtsanwalt Dr. Alfred Lehmann, welcher auch Stadtrat von Dresden war, beschloss sein **I. Bundesschießen** vom 19. – 22. August 1894 in der Hauptstadt Sachsens, in Dresden abzuhalten. Die Organisation übernahm die Privilegierte Scheibenschützen-Gesellschaft zu Dresden. Zu diesem Bundesschießen hatten sich 550 Schützen eingestellt, von denen 498 dem Wettin-Schützenbund bereits angehörten.

In Vorbereitung und Durchführung zu den Wettin-Bundesschießen wurden meist immer folgende Festausschüsse gebildet:

- Ehrenausschuß
- Centralausschuß
- Schießausschuß
- Bureauausschuß
- Wirthschaftsausschuß
- Finanzausschuß
- Preßausschuß
- Festordnungs- und Einquartierungsausschuß

Weiterhin wurden zu jedem Bundesschießen Bundesschießmedaillen und Festmünzen geprägt und ausgegeben, sowie wunderschöne Postkarten, Festplakate und Festschriften gedruckt. Die Sieger bei den Bundesschießen erhielten wertvolle Sach- und Geldpreise bzw. Ehrengaben, welche von Bürgern aus Politik und Wirtschaft, aber auch von Schützenmitgliedern aus verschiedensten Vereinen gestiftet bzw. gespendet wurden. Auch das Königshaus Sachsens stiftete wertvolle Sachpreise.

Alle Bundesschießen waren geprägt durch die Abhaltung von diversen Empfängen, Festessen und Schützenbällen sowie die Durchführung von farbenprächtigen Festumzügen.

Am Abend des 18. August 1894 fand zur Begrüßung der von auswärts eingetroffenen Schützen im Rahmen des 1.Wettin-Bundes-Schießen ein festlicher Kommers im Helbigschen Etablissement statt, welcher vom Bundesvorsitzenden Dr. Lehmann mit einer kurzen begrüßenden Ansprache eröffnet wurde. Er sagte u.a.: "Einig sind alle Schützen Sachsens in Treue zum angestammten Herrscherhause, diese Treue trete auch bei diesem Feste in den Vordergrund".

91 sächsische Schützenvereine gehörten zur Zeit dem Wettin-Schützenbund an.

Am Sonntag, den 19. August, wurde das Bundesschießen auf dem Festplatz zu Trachau mit einem Mittagsmahl, an welchem 150 Personen teilnahmen, eröffnet. Gegen Ende der Tafel riefen Böllerschüsse zum Beginn des Schießens, wo auf 16 Schießständen um Ehrenpreise geschossen wurde. Gegen Nachmittag traf dann unter großem Jubel Se. Majestät der sächsische König Albert mit seinem Gefolge auf dem Schießstand ein, welcher dann einige Sieger auszeichnete. Auszug aus der Liste der offiziellen Schießresultate:

Feld-Festscheibe „Wettin"

   1. Platz   Alfred Hans, Döbeln,
                  Preis: 1 echt silb. Pokal, Werth 300 Mk.,
                  Ehrengabe der Stadt Dresden
   2. Platz   Braune, Dresden,
                  Preis: ein halbes Dutzend silb. Speisebestecks i. Etui,
                  Werth 80 Mk., Ehrengabe vom Wettinbund
   3. Platz   Brosche, Lichtenstein,
                  Preis: 1 Figuren-Leuchter, Werth 65 Mk.,
                  Ehrengabe v. Schießausschuß

Stand-Festscheibe „Sachsen"

   1. Platz   Herm. Otto Fehre, Dresden,
                  Preis: 2 Leuchter, Werth 180 Mk.,
                  von den Damen der Priv. Scheiben-Schützen-Gesellschaft Dresden
   2. Platz   Hugo Kneschke, Löbau,
                  Preis: 1 Dtz. silb. Theelöffel in Etui,
                  Werth 70 Mk., Ehrenpr. Wettinbund
   3. Platz   Julius Neumann, Eibau, Preis: 1 Wanduhr,
                  „Ritter-Emblem", Werth 50 Mk.

Meister-Scheibe

   1. Platz   H. Brennecke, Riesa, Preis: baar Mk. 35,-
   2. Platz   J. Bauer, Plauen i.V., Preis: baar Mk. 30,-
   3. Platz   I. Müller, Dresden, Preis: baar Mk. 25,-

Am 20. August wurde die Bundes-Generalversammlung abgehalten, wo u.a. beschlossen wurde, das **II. Bundesschießen** im Jahre 1896 in der Zwickauer Kreisdirection durchzuführen. Es fand vom 13. – 18. Juli in Schneeberg statt.

Am 5. November 1898 wurde eine Vorstandssitzung des Wettin-Schützenbundes in Freiberg abgehalten, wo das **III. Wettin-Bundes-Schießen**, welches im gleichen Jahre vom 14. - 17. August in Döbeln durchgeführt wurde, ausgewertet wurde. Dazu hieß es: „Das Wettin-Bundes-Schießen zu Döbeln, im August d. J., hat abermals mit Reingewinn abgeschlossen".
Weiterhin wurde freudig der Eintritt der Schützengesell-

schaft zu Leipzig in den Bund begrüßt. Somit gehörten 115 Gesellschaften dem Bunde an.
Auch wurde beschlossen, „an den nächsten Bundesschießen nur noch solche Schützen theilnehmen zu lassen, welche Mitglieder einer dem Wettin-Schützenbunde angehörigen Gesellschaft sind".

Vom 12.-19. August 1900 fand das **IV. Wettin-Bundes-Schießen** in Freiberg statt, wo ein großer Festzug durch die reich geschmückte Stadt am 14. August ein Höhepunkt mit war. Beim großen Festmahl am gleichen Tage wurden einige Festreden gehalten und die Sachsenhymne gespielt.

Der Bund zählte gegenwärtig 142 Schützengilden in seinen Reihen. Auf der Generalversammlung erhielt für die Durchführung des nächsten Bundesschießen im Jahre 1902 die Stadt Zittau den Zuspruch. Beworben hatte sich auch die Stadt Chemnitz.

Einladung und Aufruf der Priv. Schützengesellschaft Zittau zum **V. Wettin-Bundes-Schießen** :

5. Wettinbundesschießen
unter dem Protektorate Sr. Majestät des Königs Albert von Sachsen
verbunden mit dem
10. Stiftungsfeste des Wettinbundes und Bundesfahnenweihe
10. bis 15. August 1902 in Zittau.

Der Vorstand der priv. Schützengesellschaft Zittau hat folgende Einladung versandt:

Liebwerthe Schützenbrüder!

Das 5. Wettinbundesschießen verbunden mit dem 10. Stiftungsfeste und Bundesfahnenweihe soll vom 10. bis 15. August ds. Js. in dem landschaftlich so schönen, bergumrahmten Zittau abgehalten werden.

Hierzu werden die geehrten Schützengesellschaften ganz ergebenst und freundlichst eingeladen.

Nicht nur die Schützengesellschaft Zittau rüstet sich zum würdigen Begehen dieses Festes, auch Rath und Stadtverordnete, wie die ganze Bürgerschaft sind eifrig an der Arbeit, den lieben Schützen Sachsens, wie des benachbarten Preußens und Böhmens den herzlichsten Empfang zu bereiten!

Indem wir bitten, von dieser vorläufigen Einladung freundlichst Kenntniß zu nehmen, bemerken wir noch, daß die offizielle Einladung, wie auch Fest-Plakate nebst Fest- und Schieß-Ordnung später folgen werden.

Werthe Schützengesellschaften, welche dem Bunde noch nicht angehören, laden wir nochmals herzlichst zum Beitritte ein.

Anmeldungen sind zu bewirken beim Bundesvorstand Herrn Stadtrath Rechtsanwalt Dr. Lehmann, Dresden, Marschallstraße 8 II.

Also auf nach Zittau! Der herzlichste Empfang ist Euch gewiß!

Zittau, im März 1902.

Der Vorstand der privilegirten Schützengesellschaft.
Bürgermeister Dertel,   Ad. Dreßler,
Vorsitzender.   Stellvertreter.

In einer Pressenotiz in „**Deutsche Schützen-und-Wehr-Zeitung**" vom 28. Mai 1902 heißt es:

„Zum V. Wettin-Bundes-Schießen vom 10. - 15. August 1902 können nur die Mitglieder des Wettin-Schützenbundes theilnehmen, und Mitglieder der Schützengesellschaften Görlitz, Lauban und Reichenbach in Schlesien, sowie Reichenberg, Grottau, Gabel, Gablonz und Warnsdorf in Böhmen gegen Entnahme einer Festkarte zu 5 Mk. zum Schießen zugelassen werden. Dieselben können aber keine der Festscheiben beschießen, sind jedoch auf allen anderen Scheiben gleichberechtigt".

Das Bundesschießen in Zittau hatte zwei ganz besondere Höhepunkte. Es wurde das 10. Stiftungsfest des Wettin-Schützenbundes gefeiert und die Bundesfahnenweihe vorgenommen. Der Festumzug mit vielen prächtig geschmückten Festwagen, hatte eine Länge von 5 Kilometer.

Die Bundesfahnenweihe erfolgte in feierlicher Weise, es wurden 25 Fahnennägel und prächtige Fahnenbänder nebst Schleifen überreicht. Zur Anschaffung dieser Fahne gab der König von Sachsen 300 Mk., ebenso die Stadt Zittau. Die Fahne führte das königliche Wappen, sowie Wappenschilder der Städte Zwickau (hier wurde im Jahre 1892 der Beschluss zur Gründung gefasst), Dresden (Sitz des Bundes) und Zittau (Weihe des Bundesbanners).

Der kgl. Musikdirector Herr Berger vom 3. Inf.-Regiment Nr. 102, Prinz-Regent Luitpold von Bayern in Zittau, hatte dem Wettin-Schützenbund extra dafür einen Bundesmarsch gewidmet.

Am Schießen beteiligten sich 528 Schützen, welche auf 20 Scheiben schossen. Es wurden ca. 80000 Schüsse abgegeben. Folgende Scheiben waren zum Schießen aufgebaut : auf je 175 m Entfernung 10 Stand-Punktscheiben, 4 Stand-Meisterscheiben, 2 Stand-Festscheiben für freihändig und aufgelegt; auf je 300 m Entfernung 2 Feld-Punktscheiben, 1 Feld-Meisterscheibe und 1 Feld-Festscheibe nur für freihändig.

Erstmalig fand ein „Gesellschafts-Wettschießen" statt, wo drei Mitglieder aus einer Gesellschaft eine Mannschaft bildeten. Auszug aus der Siegerliste:

Standscheibe „Heimath" (175m aufgelegt)	Standscheibe „Wettin" (175m freihändig)
1. Platz Privatus Hauschling, Kamenz	1. Platz Kaufmann Bühring, Leipzig
2. Platz Kaufmann Schneider, Zittau	2. Platz Steinsetzobermeister Mros, Dresden
3. Platz Kaufmann Hans, Freiberg	3. Platz Restaurateur Graf, Pirna

Feldfestscheibe „Zittau" (300m freih.)	Meisterschafts-Schießen (175m aufgelegt)
1. Platz Ingenieur Haase, Leipzig	1. Platz Schlossermeister Müller, Zittau
2. Platz Kaufmann Nötzli, Eibenstock	2. Platz Kaufmann Häbler, Harthau
3. Platz Bäckermeister Weise, Ostritz	3. Platz Büchsenmacher Heinze, Löbau

Zum **VI. Wettin-Bundes-Schießen** vom 14.-21. August 1904 lud der Vorstand der Priv. Scheibenschützen-Gesellschaft zu Chemnitz ein. In einem Aufruf hieß es u.a.:

„Werte Schützengesellschaften, die dem Wettinbunde noch nicht angehören, laden wir herzlichst zum Beitritte ein, ist doch die Jahressteuer – 10 Pfennig pro Mitglied, einschließlich der Wettin-Jubiläumsstiftung – eine äußerst mäßige".

Im Aufruf des Ehren-Ausschusses und des Bundesvorstandes hieß es:

VI. Wettin-Bundesschießen zu Chemnitz
vom 14. bis 21. August.

Ehren-Ausschuß und Bundesvorstand erlassen folgenden Aufruf:

Wettinschützen!

Von neuem ruft der Wettinbund seine Getreuen zu seinem vaterländischen Ehrenfeste, dem 6. Wettin-Bundesschießen, welches vom 14.–21. August in Chemnitz abgehalten werden soll.

Die Stadt der Arbeit und des Gewerbefleißes freut sich, ihre lieben Gäste begrüßen und ihnen zeigen zu können, wie Sachsens Schützen auch hier herzlich willkommen sind: Vaterlandsliebe, Königstreue, deutsche Kraft und Tüchtigkeit halten ja mit euch ihren Einzug.

Darum ergeht unser Ruf durch Sachsens Marken, in seinen freundlichen Tälern, auf seinen grünen Bergeshöhen soll er widerhallen: Herbei zu eurem Feste, sächsische Schützen! Herbei zu frischem, kraftvollem Tun, das Auge und Hand übt für das Vaterland! Herbei zu Stunden heitergeselligen Frohsinns, die uns erheben sollen über Kampf und Mühe des Alltagslebens!

Laßt uns in zahlreicher Versammlung zeigen, daß wir einig sind in der Wahrung der idealen Güter unseres Volkes, daß wir stark sind in dieser Einigkeit und stolz auf diese Stärke! — Laßt uns bekunden, daß wir uns bewußt sind jenes großen Gedankens, der die Zusammengehörigkeit der deutschen Schützen in drangvoller Zeit geschaffen hat, auf daß sie ein Bollwerk würden für nationale Kraft, eine Säule der Vaterlandsliebe und Treue zu König und Kaiser!

In hellen Scharen zieht heran — weit stehen die gastlichen Tore von Chemnitz euch offen, der Willkommensgruß der Staats- und städtischen Behörden klingt euch entgegen, die Lust des Volkes wird auf dem geschmückten Festplatz die Festfreude erhöhen und in Glanzesfülle winkt euch ein mit reichlichen Ehrenpreisen ausgestatteter Gabentempel!

Wir wagen zu hoffen, daß Allerhöchstenorts unserer Bitte Erfüllung zuteil werde, ein erlauchtes Mitglied unseres teuren Herrscherhauses in unserer Mitte begrüßen zu dürfen.

Willkommen, Bundesbrüder, in den Augusttagen in Chemnitz zu frohem Beisammensein, zur Freude des einzelnen, zum Heile unseres Bundes! — Kommt mit freudigen Herzen zu uns, von warmen Herzen sollt ihr empfangen werden!

Mit Schützengruß!

Der Ehrenausschuß:
Oberbürgermeister Dr. Beck.

Der Bundesvorstand:
Stadtrat Dr. Alfred Lehmann.

Der Zentralausschuß:
G. F. Hofmann.

Chemnitz, Juni 1904.

In diesem Aufruf kommen besonders die Ideale, Ziele und Sinn der Wettin-Bundes-Schießen zum Ausdruck.

Das Protektorat über das Bundesschießen in Chemnitz hatte Se. Majestät König Georg von Sachsen.

Es wurden zum Schießen 30 Scheiben zur Aufstellung gebracht. Eine Neuerung war auch, dass für das Schießen nicht Karten, sondern Bücher ausgegeben wurden (Teilnehmer am Schießen mussten bisher eine Festkarte für 2 Mk. lösen).

Einen insbesondere für die Schützen bedeutungsvoller Moment bildete die Übergabe des Bundesbanners vom Oberbürgermeister der Stadt Zittau (Ausrichter des letzten Bundesschießens) an den Oberbürgermeister der Stadt Chemnitz (Ausrichter des neuen Bundesschießens). Der Oberbürgermeister von Chemnitz versicherte, das Bundeswahrzeichen auch im neuen Festorte in treue Obhut nehmen zu wollen. (Dieser Brauch wurde vom Sächsischen Schützenbund übernommen und findet jährlich seine Ausführung am jeweiligen Ort, wo der Landesschützentag durchgeführt wird – hier wird dann die Standarte des Sächsischen Schützenbundes von Bürgermeister zu Bürgermeister übergeben und für ein Jahr im Rathaussaal des entsprechenden Rathauses aufbewahrt).

Plauen im Vogtland war vom 19. - 26. August 1906 Ausrichter des **VII. Wettin-Bundes-Schießen**.

Das VIII. Wettin-Bundes-Schießen fand vom 09.-16. August 1908 in Wurzen statt. Ausrichter war die Priv.Bürgerschützen-Gilde zu Wurzen.

Die Gilde hatte sich schon würdig erwiesen, bei der Ausrichtung des 3. Sächsischen Schützentages im Jahre 1870 und sie hatte aus Anlass des Festes eine 90-seitige „Denk- und Festschrift" herausgebracht.

Hier eine Seite aus dieser Festschrift:

Dem König Heil!

Heil König Dir! So jubelt heute laut
Ein Völklein, das die grüne Joppe trägt
Und das von altersher stand allezeit
Zu Deinem Thron in Treue unentwegt.

In Stolz und Liebe blickt es zu Dir auf,
Dem edlen Sproß vom Edelstamm Wettin.
Gar oft schon sah Dein Aug die grüne Schar
Zu Deines Thrones Stufen huld'gend ziehn.

Den Gütigen nennt Dich Dein glücklich Volk,
Und Deine Güte ward uns oft zu teil.
Was Wunder, wenn aus aller Schützen Mund
Heut' jubelnd schallt der Ruf: Dem König Heil!

Und was der Schütz in Friedenszeit geübt,
Das scharfe Auge und die sichre Hand:
Begeistert setzt er allezeit es ein
Für Dich mein König, für das Vaterland.

So sei gegrüßt nach deutscher Männer Art
Mit frohem Lied und hellem Gläserklang!
Sei auch gewiß, daß, was der Mund gelobt,
In Lieb zu Dir aus treuem Herzen drang.

Zum Zeitpunkt des VIII. Bundesschießen gehörten 213 Schützenvereine mit etwa 15000 Mitgliedern dem Wettin-Schützenbund an.

In Großenhain wurde das **IX. Bundesschießen** vom 14.-21. August 1910 durchgeführt.

Verantwortlich dafür waren der Vorstand der Freihandschützengesellschaft zu Großenhain, etwas später kam die Unterstützung der Priv. Stahlbogenschützengesellschaft Großenhain mit dazu.

Die Stadt Löbau sollte eigentlich das 9. Bundesschießen abhalten, trat aber zurück, da man das 10. Bundesschießen 1912 ausrichten wollte.

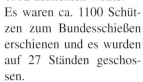

Es waren ca. 1100 Schützen zum Bundesschießen erschienen und es wurden auf 27 Ständen geschossen.

Ca. 5000 Festgäste waren angereist, um den großen Festumzug am Sonntag (14. August) zu sehen. Groß umjubelnder Gast aber war Se. Majestät der König Friedrich August III von Sachsen.

Vom 11.-16. August 1912 fand in Löbau das **X. Wettin-Bundes-Schießen** statt.

Das **XI. Bundesschießen** wurde, bedingt durch den 1. Weltkrieg, erst im Jahre 1920 in der Stadt Annaberg abgehalten. Trotz der vielen schlimmen Auswirkungen, die dieser Krieg mit sich brachte, nahmen 633 Schützen am Schießen teil.

Leider gab es aber bei den Schießwettkämpfen erstmalig größere Streitigkeiten und eine etwas schlechte Schützendisziplin. Es wurde über das Einstellen der Gewehre gestritten, was nicht sein brauchte, denn es war eine bestehende Schießvorschrift vorhanden. Oder ein Schütze ging in den Stand und schoss mit den Patronen eines fremden Schützen, die dieser aus Versehen auf seinem Tisch abgelegt hatte. Nach dem Schießen bekam der Schütze, welcher geschossen hatte einen Wutausbruch, bedingt durch sein schlechtes Schießergebnis. Es wurde auch gestritten über die Art und Weise der Durchführung des Aufgelegtschießens.

In Döbeln fand das **XII. Bundesschießen** im Jahre 1922 vom 13.-20. August statt. Hier wurden auch die Festlichkeiten zum 30-jährigen Jubiläum des Bundes gefeiert.

Vor dem Festumzug wurde das Bundesbanner in feierlicher Form von Annaberg an Döbeln übergeben. Zum Bund gehören zur Zeit 278 Gesellschaften. Der Bundesvorstand besprach auf seiner Sitzung u.a. das eine feste Organisation

der Bezirks- und Gauunterverbände angestrebt werden soll.

Weiterhin wurde der Bundespräsident, Justizrat Dr. Lehmann, als eigentlicher Gründer des Bundes durch die Bekanntgabe geehrt, dass eine Denkmünze mit seinem Bildnis als Festmünze ausgeschossen werden soll.

Die kleine Bergstadt Schneeberg richtete das **XIII. Wettin-Bundes-Schießen** vom 02.-09. August 1925 aus. Auf dem festlichen Empfang betonte der Bundespräsident Justizrat Dr. Lehmann, das Bundesschießen größte sportliche Betätigungen seien, bei denen der Gedanke des Vaterlandes im Vordergrunde steht.

Am großen Festzug nahmen 130 Schützengesellschaften teil. Hieran schloss sich die Ehrung der im Weltkrieg gefallenen „Helden des Sächsischen Wettinschützenbundes".

Ca. 660 Schützen schossen auf 30 Ständen um Ruhm und Ehre.

Auf der stattfindenden Bundesversammlung wurde u.a. beschlossen, für 25-jährige Tätigkeit in einem Amt oder im Vorstand eine Bundes-Ehrennadel einzuführen. Ebenso wurde eine neue Unfall- und Haftpflichtversicherung speziell für die Schießwettkämpfe abgeschlossen.

Ein Ehrenhauptmann der Schneeberger Schützengesellschaft nahm den Jungschützen das Gelöbnis der Treue zur deutschen Schützensache und damit zum deutschen Vaterlande ab. Danach wurde das Deutschlandlied gesungen. Die Ausprägung des Nationalstolzes kam auf diesem Feste besonders zum tragen.

An den Festen des XIII. Bundesschießen nahmen mehr als 30000 Schützen teil.

Auszug aus der Siegerliste:

Standfestscheibe „Sachsen" (175m freih.)	Standfestscheibe „Wettin" (175m aufgelegt)
1. Platz E.Drechsler, Eibenstock	1. Platz O.Schumann, Oschatz
2. Platz G.Tafel, Bockau	2. Platz E.Korb, Oelsnitz i.V.
3. Platz P.Böttcher, Chemnitz	3. Platz B.Kirchner, Zittau

Über dieses Bundesschießen gab es aber auch viel kritisches zu berichten bzw. gab es einige Streitigkeiten zwischen Festverein und Bundesvorstand, bzw. brachten die Stadtväter von Schneeberg dieser Veranstaltung sehr wenig Interesse entgegen.

So z.B. war die Schießanlage der Schneeberger Schützen für das Bundesschießen zu klein und diese musste mit hohem finanziellen Aufwand erweitert werden. Auch der Schneeberger Stadtrat war der festgebenden Gesellschaft (Schneeberger Schützen) nicht besonders gut gesinnt und es gab sehr viele Ungereimtheiten. Drei Tage vor Festbeginn erhielt die Gesellschaft die Mitteilung, bevor nicht die Erweiterungsanlagen vom Deutschen Schützenbund abgenommen seien, könne das Fest nicht stattfinden. Der Stadtrat war aber nicht richtig mit den gesetzlichen Vorschriften

vertraut, denn die örtliche Polizeibehörde ist für diese Abnahme zuständig – nicht der Deutsche Schützenbund, wenn dann höchstens der Leiter des Schießamtes des Wettin-Schützenbundes. Trotzdem mussten die Anlagen von einem Vertreter des Deutschen Schützenbundes (er kam aus dem Bezirk Chemnitz) abgenommen werden. Am letzten Tage vor Beginn des Festes hat der hohe Rat sogar noch beschlossen, eine Vergnügungssteuer von 20% zu verlangen. Dies löste bei den Schützen, besonders bei den Schneeberger Schützen als Festausrichter, sehr große Entrüstung aus und man teilte daraufhin den Vertretern der Stadt mit, sie mögen den angesetzten Veranstaltungen fern bleiben und wären nicht erwünscht. Es wurde sogar abgelehnt, dass der Bürgermeister von Schneeberg das Bundesbanner vom Bürgermeister der Stadt Döbeln übernahm, welches dann ja im Rathaus von Schneeberg aufbewahrt werden sollte. Zum ersten Male übernahm daraufhin die festgebende Gesellschaft das Bundesbanner selbst zur Verwahrung.

Stimmen wurden sogar laut, sofort eine außerordentliche Bundes-Hauptversammlung einzuberufen, um dem Rate der Stadt flammenden Protest zuzustellen, was aber abgelehnt wurde.

Sonderbar war, das von dem „Sabotierungsversuch" des Stadtrates zu Schneeberg der Bundesvorstand erst aus der Presse davon erfahren hat. Die Festleitung in Schneeberg hat dem Bundesvorstand darüber keine Mitteilung gemacht. Es wurde durch dem Bundesvorstand stark kritisiert, dass der Festverein keine Anfragen diesbezüglich an den Bundesvorstand gerichtet hat, um bestehende Probleme auch mit den Stadtvätern zu klären. Der Bundesvorstand war auch nicht dafür, dass das Bundesbanner durch den Festverein übernommen wurde, dadurch sei der Bundesvorstand in eine üble Lage gekommen. Das Bundesbanner ist nämlich verfassungsmäßig der jeweiligen Feststadt zu übergeben, nicht der festgebenden Gesellschaft. So gab es doch allerhand Meinungsverschiedenheiten zwischen dem Bundesvorstand und dem Schneeberger Schützenverein. Selbst eine Abrechnung über das Fest durch den Festverein lag bis zum Dezember 1925 dem Bundesvorstand noch nicht vor bzw. waren einige Preise durch den Festverein an Sieger der Schießwettbewerbe noch nicht ausgehändigt oder ausgezahlt wurden.

Im Mai 1927 forderte der Bundesvorstand die Priv. Schützengesellschaft zu Schneeberg letztmalig auf, „die Bereinigung der Differenz aus Anlass des 13. Wettin-Bundes-Schießens" vorzunehmen (es gab finanzielle Probleme in der Abrechnung). Der Wettin-Schützen-Bund hatte zur Zeit

ca. 38000 Mitglieder.

Das **XIV. Wettin-Bundes-Schießen** fand vom 07.-14.

Bundesschiessen
Freiberg i. Sa. 7.-14. Aug 1927

August 1927 in Freiberg statt. Vorher war auch als Ausrichterort Meißen genannt worden. Dieses Bundesschießen war besonders durch die Abhaltung einer Hauptversammlung geprägt. Am 08. August wurde eine Hauptversammlung des Bundes im Schützenhaus, unter dem Vorsitz von Justizrat Dr. Lehmann, durchgeführt. Dabei waren 80 Gesellschaften durch 110 Vertreter anwesend.

Hier wurden einige Neuerungen geschaffen, wie z.B. die Neueinführung von tragbaren Ehrenzeichen für bestimmte Verdienste, die Einführung von Bundesmeisterschaftsmünzen usw. Gut wurde auch befunden, die seit Januar 1926 gedruckt erscheinenden Mitteilungen des Bundes, die jeder Gesellschaft unentgeltlich zugeht. Der Hinweis wurde gebracht, dass die Schützengesellschaft Schneeberg kurz vor dem Bundestage ausgeschieden ist und diese hat gleichzeitig ein Rundschreiben an sämtliche sächsische Schützengesellschaften ausgeschickt, in dem sie ihr von der Bundesleitung getadeltes Verhalten nach Ausrichtung des 13. Bundesschießens zu rechtfertigen versucht und heftige Angriffe gegen den Bundesvorstand erhebt. Die Versammlung wies, bis auf eine Stimme, schärfstens das Verhalten der Schneeberger Gesellschaft zurück.

Als nächster Festort ging nach längerer Debatte Zittau hervor, das im August 1929 das 15. "Wettin-Schießen" ausrichten soll. Als übernächster Festort war schon Chemnitz im Gespräch.

Im August 1929 stand die Stadt Zittau unter dem Einfluss des **XV. Wettin-Bundes-Schießen**.
Auf der Bundesversammlung wurde der Präsident Dr. Alfred Lehmann zum Ehrenpräsidenten des Wettin-Schützenbundes ernannt und es konnte festgestellt werden, dass dem Bund 375 Schützengesellschaften angehören.
Ein großer historischer Festzug mit 5000 Personen (davon 3500 Schützen aus Sachsen) zog durch die Zittauer Innenstadt. 15 Festwagen und unzählige Fahnen gaben dem Festumzug ein farbenfreudiges Gepräge.
Besonders erfreut war man, dass zum XV. Wettin-Bundes-Schießen auch Gäste und Vereine aus der Tschecheslowakei und Schlesien begrüßt werden konnten.

Das **XVI.** und somit **letzte Wettin-Bundes-Schießen** wurde vom 13.-21. August 1932 in Chemnitz durchgeführt. Auf diesem Bundesschießen wurde sehr feierlich das 40-jährige Bestehen des Bundes gefeiert und dazu waren viele Schützen, Gäste und Ehrengäste erschienen.
Aber leider war es auch die letzte Feier die im Wettin-Schützen-Bund abgehalten wurde. Es fanden keine Wettin-

Bundes-Schießen mehr statt, da der Wettin-Schützenbund im Jahre 1933/1934 in den Deutschen Schützenbund eingegliedert wurde. In der „Deutschen Schützenzeitung" vom 15. Dezember 1933 hieß es dazu:

„Eingliederung des Wettin-Schützenbundes in den Deutschen Schützenbund
Am 20. November 1933 fand im Hotel "Hansa" in Dresden unter dem Vorsitz des Führers des Schießsportverbandes zwischen dem Führer des Deutschen Schützenbundes und dem Vorstand des Wettin-Schützenbundes in Anwesenheit des Landesbeauftragten des Reichssportführers Verhandlungen über die Eingliederung des Sächsischen Wettin-Schützenbundes statt, bei denen auch Oberschützenmeister Rank der Schützengesellschaft 1443 Leipzig anwesend war. Auf Vorschlag und in Anbetracht der Verdienste wurde der langjährige Führer des Wettin-Schützenbundes, Justizrat Lehmann, Dresden, zum vorläufigen Gausportleiter ernannt. Der hochbetagte Gausportleiter Herr Justizrat Lehmann hat mit Zustimmung des Führers der betreffenden Schießsportabteilungen Herrn Rank – Leipzig mit seiner Stellvertretung und als Sportleiter vertraut.

Der Wettin-Schützenbund führt künftighin den Namen:

„Gau Sachsen des Deutschen Schützenbundes"
(Sächsischer Wettin-Schützenbund
wird als traditionsmäßiger Hinweis beigefügt)

Diesen müssen sich alle dem Deutschen Schützenbund angehörenden Schützenvereine des Gaus Sachsen eingliedern. Die noch bestehenden diesbezüglichen Bünde und Verbände im Gau Sachsen haben sich demzufolge aufzulösen. Die Besprechung des Satzungsentwurfes des Sächs. Wettin-Schützenbundes muß solange zurückgestellt werden, bis die Satzungen des Deutschen Schützenbundes fertiggestellt sind.
gez. Lorenz,
Führer des Deutschen Schützenbundes. "

Man kann abschließend sagen, dass alle 16 Wettin-Bundes-Schießen tolle Schützenfeste und Schießerlebnisse gewesen sind. Alle Bundesschießen waren hervorragend besucht und für jeden, ob Schütze oder Bürger, alle nahmen sie viele schöne Erinnerungen mit nach Hause.
Mit dem Justizrat Dr. Alfred Lehmann hatte der Wettin-Schützen-Bund den ersten und zugleich auch den letzten Vorsitzenden. Er war in sämtlichen Schützenkreisen, sowie in den Bereichen der Politik und Wirtschaft eine geachtete Person, das war auch ein Beweis dafür, dass er immer wieder zum Vorsitzenden des Bundes gewählt wurde.
Ein kleines Problem gab es aber trotzdem noch. Der Deut-

sche Schützenbund billigte nicht so richtig bzw. war sogar dagegen (gerade in der Zeit des Nationalsozialismus), dass bei den Wettin-Bundes-Schießen aufgelegt geschossen wurde. So hieß es u.a. in einem Artikel in der „Deutschen Schützenzeitung" 1933 von R. Schmuck aus Chemnitz:

„ . . . beim Deutschen Schützenbund steht der Schießsport in erster Linie im Vordergrund, sein Ideal ist vor allen Dingen das Freihandschießen! Hier im Sachsenlande heißt es immer, ja ohne Aufgelegtschießen ist bei uns ein Schützenfest undenkbar, wir können kein ausschließliches Freihandschießen halten, dass sogenannte Rammelschießen muß das Geld bringen. Wenn sich die Führer des Wettin-Schützen-Bundes aufraffen und in sachlicher Weise den kleineren Verbänden an die Hand gehen, das Freihandschießen zu pflegen, so wird auch dieser Bund in die Lage kommen, dem Ideal des Deutschen Schützenbundes folgen zu können."

Der Bundesvorstand des Wettin-Schützen-Bundes war aber der Meinung, dass man mit der Kombination Freihand- und Aufgelegtschießen mehr Publikum und Teilnehmer bei den Schießwettkämpfen anspreche und das auch Mitglieder kleinerer Vereine, welche sehr wenig schießen (hier waren besonders die „Landvereine" gemeint) gerade beim Aufgelegtschießen vordere Plätze belegen könnten. Es wurde auch bemängelt, dass der Wettin-Schützen-Bund Mitteilungen an seine Bundesmitglieder nicht in der „Deutschen Schützenzeitung" veröffentlichte.

Heute betrachtet sich der Sächsische Schützenbund als Nachfolger des Sächsischen Wettin-Schützen-Bundes.

Schützenteller aus Zinn des Wettin-Schützenbundes
Über dem Bildnis des Präsidenten dr. Alfred Lehmann ist die Burg wettin und darüber das Wappen des Wettin-Schützenbundes zu sehen. Auf dem Tellerrand sind die Wappen der Städte mit den Jahreszahlen der durchgeführten Wettin-Bundes-Schießen zu erkennen.

Anmerkung:

Bedanken möchte ich mich bei Herrn Stefan Grus, Wiesbaden - Archivar des Deutschen Schützenbundes, welcher mir diverse Artikel alter Schützenzeitungen aus den Jahren 1894 bis 1927 zum Studium zur Verfügung stellte.
Ebenso möchte ich mich bedanken bei Herrn Dr. Werner Müller, - Erlangen, für die Bereitstellung des gesamten Bildmaterials (Postkarten und Festmedaillen) in diesem Artikel.

Rüdiger Hill
Landesbrauchtumsleiter
des Sächsischen Schützenbundes

Sportschützenkreis 1 „Vogtland"

Mitgliedsvereine im SSK VII „Oberlausitz/Niederschlesien"

Kreisschützenmeister Siegfried Gentsch

1. Schützenverein „Treffer" Plauen e. V.
2. Königlich Sächsische Militärverein Jößnitz e. V.
3. Schützengesellschaft Treuen e. V.
4. Schützenverein Rothenkirchen e. V.
5. 1. Schützenverein Reichenbach e. V.
6. Schützengesellschaft Auerbach/V. e. V.
7. Schützenverein Bad Elster e. V.
8. Sportschützenverein Schönbach e. V.
9. Armierte Schützengesellschaft Elsterberg 1912 e. V.
10. Schützenverein Falkenstein e. V.
11. 1. Vogtländischer Großkaliberschützenverein Plauen e. V.
12. 1. Königlich Sächsische Jägerschützengilde Grünbach e. V.
13. Schützengesellschaft 1802 Pausa e. V.
14. 1. Adorfer Schützenverein e. V.
16. Vogtländischer Schützenverein Kleingera e. V.
17. Privilegierte Schützengesellschaft Markneukirchen e. V.
18. Privilegierte Schützengesellschaft Netzschkau e. V.
19. Schützenverein und Traditionsverein Schloß Voigtsberg e. V.
20. Schützenverein Schneckengrün e. V.
21. Schützengesellschaft Lengenfeld e. V.
22. Freie Vogtlandschützen „Weidagrund" e. V.
23. Schützengesellschaft zu Leubnitz e. V.
24. Voigtsberger Schützengilde e. V.
25. Klingenthaler Schützenverein „Zum Lämpelberg" e. V.
26. Schützenverein Langenbach SVL 1994 e. V.
27. 1. Schützenverein Grünbach e. V.
28. Tannenbergsthaler Schützenfreunde e. V.
29. Sport- u. Schwarzpulverschützenverein Klingenthal 1999 e. V.
30. Schützengesellschaft Oelsnitz e. V.
31. 1. Vogtländischer Schützenverein Zwota e. V.
32. Schützenverein Raschau e. V.
33. Privilegierte Schützengesellschaft 1763 Mühltroff e. V.
34. Western-Club Falkenstein e. V.
35. „Freie Schützen" Pausa e. V.

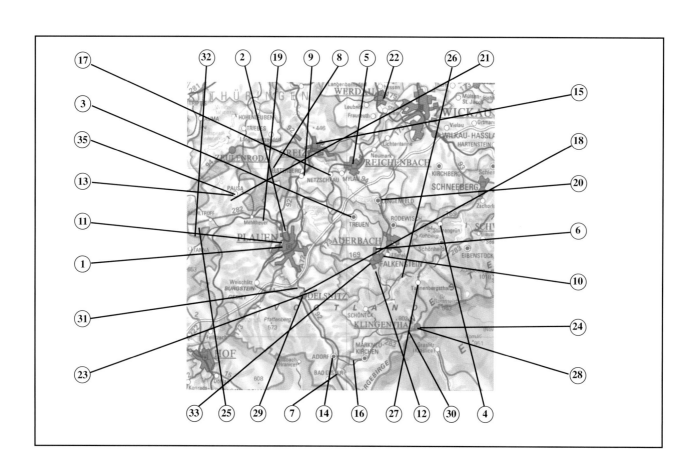

Vogtländischer Schützenverein Kleingera e. V.

Die Gründung

Der am 03.10.1990 gegründete Schützenverein feierte in diesem Jahr bereits sein 11. Schützenfest. Nun ist das sicherlich nichts besonderes, man sollte jedoch wissen, dass Kleingera nur ein kleines Dorf mit nur ca. 400 Einwohnern ist. Es gehört jetzt zu Elsterberg, direkt an der Landesgrenze zu Thüringen gelegen. Die ehemalige Kreisstadt Reichenbach/Vogtland pflegt schon seit längerer Zeit eine Partnerschaft mit der Stadt Nordhorn in der Grafschaft Bentheim in Niedersachsen.

Wir haben den Schützenbrüdern des Bookholter SV aus Nordhorn zu danken, besonders dem Schützenbruder Hans Peters, dass unser Verein in Kleingera gegründet wurde. Dieser gehört auch zu den Gründungsmitgliedern.

Dank der tatkräftigen Unterstützung in den vergangenen Jahren durch diesen Verein, und auch den Verein von Windischeschenbach, ist es uns gelungen, einen Verein in Kleingera zu schaffen, der mit der Zeit gewachsen und heute nicht mehr aus dem Ortsbild wegzudenken ist.

Wenn auch die Anfangsjahre oft durch Sorgen und Nöte gekennzeichnet waren und nicht mehr alle Gründungsmitglieder im Verein tätig sind, können wir umsomehr mit Stolz und Zuversicht auf das Geschaffene zurückblicken.

2. Reihe: Manfred Sperber (Gast), Hans Wolf, Christina Wolf, Martina Heinig, Werner Heinig, Udo Röder, Ralf Pippig
1. Reihe: Klaus Wolf, Rico Wolf, Ingolf Klapka, Antje Klapka, Sieglinde Wolf, Hans Wolf, Andreas Vaupel

Aus unserem Vereinsleben:

Nachdem wir anfangs ein Quartier in der „Gaststätte Sonneneck" und später bei unserem Schützenbruder Werner Schröder in Dölau hatten, wurde es langsam zu eng und wir mussten uns nach einer neuen Bleibe umschauen. Diese fanden wir bei unserem Schützenbruder Klaus Krause in Kleingera. In Eigeninitiative bauten wir hier einen ehemaligen Schweinestall zu einem gemütlichen Vereinsraum aus. Auch eine 10 m Schießanlage mit 3 Bahnen entstand. So konnten wir jetzt in eigenen Räumen schießen, fahren aber auch zum Schießen einiger Disziplinen nach Schneckengrün oder Zeulenroda. 1x wöchentlich treffen wir uns, schießen oder pflegen die Gemütlichkeit. Auch das spielt eine große Rolle in unserem Verein.

Einige Höhepunkte im Vereinsleben sind zum Beispiel:
- Ausschießen des Schützenkönigs
- Vereinsmeisterschaften
- Jahreshauptversammlung und Mitgliederversammlungen– Auszeichnung unserer Besten
- Teilnahme einiger Mitglieder an Wettkämpfen
- Teilnahme an Schützenumzügen in der Umgebung
- gemütliche Weinabende, Weihnachtsfeier, Silvesterfeier und Neujahrsschießen
- Gegenseitige Besuche mit den Vereinen von Nordhorn und Idar-Oberstein

Unsere Vereinsfahne

Zum 5. Schützenfest konnten wir uns dann endlich einen lang gehegten Wunsch erfüllen – eine wertvolle Schützenfahne. Sie trägt auf der Vorderseite das Wappen des Schützenvereins Kleingera mit dem Gründungsjahr 1990, auf der Rückseite das Wappen des Freistaates Sachsen und der Stadt Elsterberg. Im Zentrum der Fahne ist die Burgruine unserer Stadt Elsterberg eingestickt.

Erste offizielle Gründungsversammlung (Nov. 1990)

Fahnenweihe im Juni 1995, als Gäste anwesend; 1. Präsidenten des SSB Dr. E. Bauer und den 1. Vorsitzenden des SSK 1 S. Jentsch

Der Präsident des Sächsischen Schützenbundes, Professor Bauer, der bei unserer Fahnenweihe zu Gast war, zeigte sich sehr erfreut über den großen Zuspruch der befreundeten Vereine und Besucher des Festes. Seit der Gründung unseres Vereines ist es ein guter Brauch geworden, Vereine aus Niedersachsen, Bayern, Sachsen, Thüringen und Rheinland Pfalz begrüßen zu können.

Schützenfeste und Könige

Unsere Feste beginnen am Freitag mit einer Disco und am Samstag mit dem großen Schützenumzug, der natürlich von einer Blaskapelle begleitet wird, die immer gleich für die richtige Stimmung sorgt. Am Denkmal für gefallene Soldaten aus beiden Weltkriegen wird ein Blumengebinde niedergelegt. Danach beginnt der Festbetrieb. Das Adlerschießen für Gäste gehört zu den Höhepunkten. Bei Platzkonzert, Kaffee, hausgebackenem Kuchen und leckeren Dingen vom Grill kommt jeder auf seine Kosten. Auch eine Schießbude und Tombola fehlen nicht. Abends, bevor im Zelt der Tanz beginnt, findet die Proklamation unseres Schützenkönigs statt. Dieser wird mit dem Luftgewehr schon einige Tage vorher ermittelt. Am Sonntag beginnt mit dem Frühschoppen der letzte Teil des Festes. Kaffee, Grill und eine traditionelle Modenschau lassen den Tag ausklingen.

Ehrung der Gefallenen beider Weltkriege

Unsere Schützenfeste und ihre Könige

1991 Hans Peters
1992 Hans Hermann Lorber
1993 Ursula Dorst
1994 Frieder Dorst
1995 Manfred Petzold
1996 Wolfgang Künzel
1997 Knut Dietsch
1998 Werner Schröder
1999 Christina Wolf
2000 Manuela Häußler
2001 Klaus Wolf

Auch eine wertvolle Königskette, gesponsert von unserem Schützenbruder Hartmut Gutendorf, schmückt dann den Sieger.

Schützenscheiben
Adler für das Adlerschießen →

Schützenscheiben
Adler für das Adlerschießen →

Sportschützenkreis 2 „Oberes Erzgebirge" e. V.

Der Sportschützenkreis 2 Oberes Erzgebirge e. V. wurde am 01.02.1992 in Schwarzenberg im ehemaligen Altlandkreis gegründet. Dem SSK 2 gehören derzeit 38 Vereine an. Bei dieser Gründungsversammlung wurde auch die zukünftige Satzung des SSK 2 beschlossen. Der Gründer dieses Sportschützenkreises war Peter Gräßler, der 1. Vorsitzende des Schützenvereins Breitenbrunn. Für seinen Einsatz bei dieser Gründung muss man ihm den Dank aussprechen. Zur Gründungsveranstaltung waren folgende Vereine anwesend:

- Schützenverein Breitenbrunn
- Privilegierte Jäger Corps 1862 Grünhain
- Privilegierte Schützengesellschaft Schwarzenberg
- Schützenverein Pöhla
- Schützenverein Bockau
- Privilegierte Schützengesellschaft Schneeberg
- Schützenverein Zschopau

Zum 1. Kreisschützenmeister wurde Peter Gräßler, 2. Kreisschützenmeister Bernd Rossius und Schatzmeister Bernd Franke gewählt. Aus beruflichen Gründen legte 1998 Peter Gräßler sein Amt nieder.

1. Kreisschützenmeister   *2. Kreisschützenmeister*   *Schriftführer*
Dieter Auerswald   *Hans Jürgen Panzer*   *Norbert Kaaden*

Seit 1998 gibt es einen neuen Vorstand. Zum ersten Kreisschützenmeister wurde Dieter Auerswald vom Privilegierte Jäger Corps Grünhain gewählt. Zum Vorstand gehören als 2. Kreisschützenmeister Hans Panzer von der Kameradschaft Annaberg/Kleinrückerswalde, Schatzmeister Bernd Wurm von der Privilegierte Schützengesellschaft Schneeberg, Schriftführer Norbert Kaaden vom Schützenverein Zschopau und als Sportleiter Peter Gäbler vom Schützenverein Neudorf.

Auch der neue Vorstand tut alles um das Sportschießen im SSK 2 noch attraktiver zu machen. Es wurden seitdem neue Wettkämpfe eingeführt. Die Akzeptanz und die Beteiligung seitens der Vereine hat sich wesentlich erhöht. Auch die Kreismeisterschaften werden seit 1999 im SSK 2 ausgetragen. Vorher mussten die Schützen aus Mangel an Schießständen mit der nötigen Ausstattung, zur Kreismeisterschaft zum Schützenverein Chemnitz auf den Schießstand am Hartweg. Das war für alle ein großer Aufwand. Dem SV Chemnitz muss man für die Unterstützung über viele Jahre danken. Seit 1999 wurden die Kreismeisterschaften beim Privilegierte Jäger Corps in Grünhain durchgeführt. Das PJC Grünhain verfügt über die nötigen Anlagen um alle KK Disziplinen ob Lang oder Kurzwaffe durchzuführen. Seit 2002 kommt noch die KK Disziplinen über 50m Freie Pistole und 100m KK Gewehr hinzu.

Damit kann man auch beim SSK 2 die Kreismeisterschaft zentral durchführen. Dadurch entfallen für viele Sportschützen, die mehrere Disziplinen schießen, unnötige Fahrten.

Im SSK 2 werden die verschiedensten Möglichkeiten und Disziplinen angeboten, um sich schießsportlich zu betätigen. Hier kann man im KK Bereich von Kurzwaffe bis Langwaffe alles schießen. Dasselbe gilt auch beim Großkaliber. Außer dem Schießen mit Feuerwaffen kann man auch im Bogenschießen versuchen sich zu profilieren. Dafür ist der Bogensport - Verein aus Ehrenfriedersdorf der richtige Partner. Diese Sportart ist immer mehr in Kommen und erfreut sich immer größerer Beliebtheit.

Die Ergebnisse die von Sportschützen aus dem SSK 2 bisher erreicht wurden, können sich durchaus sehen lassen. Wir möchten hier einige unserer erfolgreichen Schützen nennen.

<u>Zu den erfolgreichsten Kurzwaffenschützen gehören z. B.:</u>

Wolfram Koch	Olympischschnellfeuer DM 1996 6 Platz im Finale SK
Wolfram Koch	Luftpistole DM 1998 6 Platz im Finale SK
Wolfram Koch	Olympischschnellfeuer LM 94 - 95
Stephan Mario	Olympischschnellfeuer seit 1996 mehrfach Bezirks- und Landesmeister 2001 – 8. Platz DM SK
Peter Gräßler	mehrfach Bezirksmeister, einmal Landesmeister, einmal zweiter Platz
Thomas Müller	Vordere Plätze bei den Bezirks und Landesmeisterschaften
Annett Müller	Erfolgreichste Schützin im Jun. - Bereich Bezirks- und Landesmeister LP

<u>Zu den erfolgreichsten Gewehrschützen gehören:</u>

Siegfried Dietrich	Mehrfach Bezirks- und Landesmeister beim SSB. Teilnehmer bei der DM. Drei mal Landesmeister bei den Luftdruckwaffen und Teilnehmer an den DM.
Jens Freund	Vordere Plätze bei der Bezirks- und Landesmeisterschaft
K.-H. Knischka	Bezirksmeister und Teilnehmer an den Landesmeisterschaften AK
M. Tuchscherer	Zweite Plätze bei den Bezirks- und Landesmeisterschaften 2001 AK
Dieter Auerswald	fordere Plätze bei den Bezirks- und Landesmeisterschaften-Landesmeister 1998
Tobias Edelmann	Vordere Plätze bei den Bezirks- und Landesmeisterschaften Bezirksmeister

Auch die Brauchtums- und Traditionspflege wird im Erzgebirge sehr groß geschrieben. 39 Vereine davon 32 aus dem SSK 2 haben sich seit 1992 zum Erzgebirgischen Schützenbund ESB zusammengeschlossen. Dieser ist keine Konkurrenz zum SSB, sondern wir arbeiten in allen Dingen eng zusammen. Der ESB ist für die Brauchtums-

und Traditionspflege zuständig. Hier werden z.B. alle Schützenfeste und Aufmärsche koordiniert, und sich gegenseitig unterstützt. Zum Jahresabschluss findet seit 1993 immer ein großer Schützen- und Königsball statt. Durch solche Veranstaltungen wird die Kameradschaft zwischen den Vereinen gepflegt. Diese Veranstaltungen sind eine nicht zu unterschätzende Werbung für den Schießsport und somit auch für den Sächsischen Schützenbund. Damit wird auch die Akzeptanz bei den Bürgern für diese Sportart größer. Wir glauben das wir mit unseren Einsatz, und diesen Veranstaltungen mithelfen können, dem Schützenwesen in den neuen Bundesländern wieder den Stellenwert den es vor 1945 hatte zu verschaffen. Hier ist noch viel Nachholbedarf vorhanden.

Schützen des SSK 2 bei der Bezirksmeisterschaft beim SV Chemnitz

SV Kameradschaft Annaberg/Kleinr. 97 in Grünhain vorn 1. Vorsitzender H.J. Panzer dahinter die original erhaltene Kanone von 1842 aus Scheibenberg

Schützenaufmarsch 97 in Grünhain vorn SV Mildenau mit Schildträgerin Silke Müller, Fahnenträger Helmut Süß, in der Mitte der 1. Vorsitzende Eckhard Vogel rechts der 2. Vorsitzende Ulrich Buschmann

PFSG Annaberg beim Salutschießen mit ihrer Kanone beim Heimatfest in Scheibenberg

PJC Grünhain 97 Schildträger Tobias Edelmann und Carsten Anger, Fahnenträger links Matthias Edelmann, Mitte 1. Vorsitzender Dieter Auerswald, zweiter Fahnenträger Stefan Schramm

Schützenfest 97 in Neundorf. hier sieht man die Vereine aus Zwönitz, Grünhain, Gelenau, Oberwiesenthal, Neudorf, Zschopau und Annaberg beim Salutschießen

Mitgliedsvereine im SSK 2 „Oberes Erzgebirge" e. V.
Kreisschützenmeister Dieter Auerswald

01 Privilegierte Schützengesellschaft Schwarzenberg e. V.

02 Privilegierte Schützengesellschaft zu Schneeberg 1489 e. V.

03 Schießverein Pobershau 1887 e. V.

04 Schützenverein Rübenau e. V.

05 Schützengesellschaft Sosa 1889 e. V.

06 Schützengesellschaft Bockau e. V.

07 Schützengesellschaft 1 e. V. Beierfeld

08 Schützenverein Zschopau e. V.

09 Privilegiertes Jägercorps Grünhain e. V.

10 Pöhlaer Schützenverein e. V.

11 Mildenauer Schützenverein 1656 e. V.

12 Weißbacher SV e. V.

13 Neudorfer Schützenverein e. V.

14 Schützenverein Breitenbrunn e. V.

15 Schützenverein Dörnthal/Haselbach e. V.

16 Priv. Freischützengesellschaft Annaberg-Buchholz e. V.

17 PFK Crottendorf e. V.

18 Schützenverein Preßnitztal/Mittelschmiedeberg

19 Schützenverein Wünschendorf e. V.

20 Schlettauer Schützenverein e. V.

21 Schützenverein Zschorlau 1887 e. V.

22 Schützenvereinskameradschaft Annaberg/Kleinrückerswalde e. V.

23 Königlich Privileg. Schützengilde Geyer gegr. 1587 e. V.

24 Privilegierte Schützengesellschaft Lauter 1880 e. V.

25 Marienberger Schützenverein 1531 e. V.

26 Greifensteiner Schützen und Jägerverein e. V.

27 Privilegierter Schützenverein zu Wiesenthal e. V.

28 Privilegierte Schützengesellschaft Königswalde e. V.

29 Privi. Schützengesellschaft 1997 e. V. Ehrenfriedersdorf

30 Schützengesellschaft Schwartenberg e. V.

31 Schützengesellschaft priv. Schützengilde Aue e. V.

32 Zöblitzer Schießgesellschaft 1886 e. V.

33 Erzgebirgische Feuerschützengesellschaft Jöhstadt e. V.

34 Bogensport-Verein e. V. Ehrenfriedersdorf

35 Schützenverein Bernsbach e. V.

36 Schützenverein Mittweidatal Markersbach e. V.

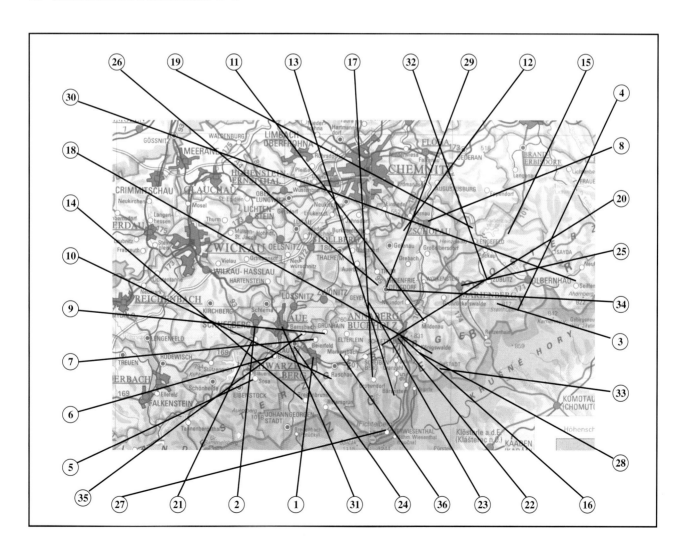

Schützenverein Rübenau e. V.

Vorwort

Der Schützenverein Rübenau e.V. beging im Jahr 2001 den 25. Jahrestag seiner Wiedergründung.

Jahrestage sind Tage der Rückschau und neuer Vorhaben. Leider ist es nicht möglich, einen gesamten Überblick des Schützenwesens im Ort Rübenau darzustellen, da fast alle Unterlagen des schon vor dem 2. Weltkrieg bestehenden Schützenverein bei einem Brand des Schützenhauses von Rübenau zu Ende des 2. Weltkrieges ein Opfer der Flammen wurden.

Geschichtliches

Die Fehden und Kriege zwangen im frühen Mittelalter die Bürger sehr oft dazu, ihre Städte und Dörfer gegen feindliche Angriffe zu verteidigen. Das Üben des Umgangs mit Waffen war daher eine lebensnotwendige Aufgabe. Aus dieser Notwendigkeit heraus lässt sich auch der Zusammenschluss von Bürgern zum gemeinsamen Erlernen eines treffsicheren Schießens erklären.

Man schrieb das Jahr 1919, die meisten der Soldaten des 1. Weltkrieges waren wieder zu Hause. Man hatte in diesem Krieg viel Schlimmes erlebt, aber es hatte sich in den Schützengräben auch ein starkes Kameradschaftsgefühl entwickelt, welches auch nach dem Krieg weiterwirkte.

Um diesem Gemeinschaftssinn eine reale Basis zu geben, entschlossen sich einige Rübenauer Männer einen Militärverein zu gründen. Aus dem Militärverein bildete sich ein paar Jahre darauf der damalige Schützenverein. Die damalige Gründung erfolgte wohl aus der Überlegung heraus, dass zum Vereinsleben auch die Geselligkeit gehörte. Vereinsführer war damals der Bäckermeister Ernst Hänel aus Rübenau.

Die Geschichte und Gegenwart der Vereins

Die Geschichte der Entstehung des Schützenwesens im Ort Rübenau beginnt nach Überlieferungen und Fotodokumenten wahrscheinlich erst um 1918. Alle weiteren Aktivitäten vor dieser Zeit von Schützen in Rübenau sind auf Grund von fehlenden Unterlagen nicht belegbar. Der Brand des damaligen Schützenhauses hat fast alle Unterlagen und Protokollbücher vernichtet. Die erste belegbare Schützenvereinigung in Rübenau gründete sich etwa um 1918. Es waren meist Soldaten die den 1. Weltkrieg überlebt hatten. Auch die nach dem Krieg fehlende Geselligkeit im Ort sollte wieder mehr belebt werden. Der Militärverein nahm schon in den zwanziger Jahren an vielen festlichen und historischen Anlässen mit Mannschaft und Kapelle teil. Aus dem Militärverein ging in den dreißiger Jahren der alte Schützenverein des Ortes hervor. Dies ging daraus hervor,

dass die alten Kameraden auf Grund des Alters immer weniger wurden, aber der Wunsch des Schießens weiter bestand.

Vereinsführer war beim Militärverein sowie beim späteren Schützenverein der Bäckermeister Ernst Hänel.

Die Schützenfeste des Vereins fanden hinter und am Gebäude des Schützenhauses an der heutigen Zöblitzer Straße statt. Die Gaststätte Schützenhaus war das Vereinslokal des Vereins. Die Vereinsmitglieder trugen damals schon Uniformen. Auch eine Vereinsfahne war vorhanden. Leider ist diese heute, trotz vieler Bemühungen, nicht mehr auffindbar.

Nach dem 2. Weltkrieg verbot die Sowjetische Militäradministration alle Vereine.

In den 50 Jahren begann man zwar in der DDR mit dem Aufbau der Gesellschaft für Sport und Technik (GST), um die Jugend unter anderem für den Schießsport zu begeistern. Aber Schützenvereine wie sie es vor dem Krieg gab, waren nicht erwünscht.

Erst durch die Gründung der Kulturgemeinde entstand auch der Dorfclub des Ortes. So führte der Dorfclub 1976 sein Meilerfest auf dem Festplatz an der Gaststätte „Klubheim" durch. Bei dem Vorbereitungsgesprächen zum Fest wurde das damalige Dorfclubmitglied Wolfram Matthes die Gründung einer Schützengilde in Rübenau vorgeschlagen. Schnell fanden sich einige Interessenten die sich zur Rübenauer Schützengilde zusammenschlossen. Zu den Gründungsmitgliedern gehörten damals: Wolfram Matthes, Burkhard Siegert, Günter Porstmann, Heinz Spindler, Bernd Trübenbach, Arnfried Hetze, Ulrich Neubert, Dieter Langer, Eberhard Hinkel, Roland Freier und Buschi.

Das war die eigentliche Geburtstunde des heutigen Schützenvereins. Diese neugegründete Schützengilde organisierte ab dem gleichen Jahr ein erstes Schützenfest. Das erste Schützenfest 1976 wurde an die alte Tradition der Schützenfeste vor dem 2. Weltkrieg angeknüpft. Allerdings stand kein Schießplatz am Schützenhaus mehr zur Verfügung sondern es wurde ein Platz unmittelbar am Meiler zum Vogelschießen gefunden. Nun wurde mit der Armbrust und dem Bolzen auf den Vogel geschossen. Die neue Schützenordnung sagt dazu aus, das der Schütze, der das letzte Stück des Vogels abschießt, der Schützenkönig ist.

Beim ersten Schützen- und Meilerfest 1976 hatte die Schützengilde noch keine eigenen Armbrüste, sie wurden damals von Niederlauterstein ausgeliehen. Bereits 1977 begannen einige Mitglieder der Gilde gemeinsam mit weiteren Bürgern des Ortes eigene Armbrüste zu bauen. Dass dies keine leichte Aufgabe zu dieser Zeit war, ist vielleicht vielen noch bekannt. So wurden die ersten 3 Holzschäfte von Herrn M. Frenzel gefertigt, die Abzugs- und Visiereinrichtung wurde vom Matthes Wolfram gefertigt bzw. beschafft. Die Federn wurden in Pobershau bei einem Schmied erbettelt. Die Pfeile hat der Spindler Heinz damals gedrechselt und die Metallbolzen wurden vom Siegmund gefertigt. So konnte bereits 1977 zum Schützenfest mit eigenen Armbrüsten geschossen werden.

Die Schützenfeste wurden von 1976 bis heute, jedes Jahr durchgeführt. Alle 2 Jahre fand dazu das Meilerfest statt. 1984 und 1985 fanden jeweils zu den Schützenfesten Reitsportfeste mit vielen Disziplinen des Pferdesportes auf dem Sportplatz an der Zöblitzer Straße statt. Das letzte gemeinsame Schützen- und Meilerfest fand 1990 statt.

Die Schützenfeste haben auch heute noch die gleiche Tradition wie früher. So wird jedes Jahr der Schützenkönig des Vorjahres mit einer Pferdekutsche von zu Haus abgeholt. War der letzte Schützenkönig kein in Rübenau wohnender, so wird er am Ortseingang abgeholt. Die Pferdekutsche mit einem Teil der Schützen fährt anschließend eine größere Strecke meist im Wald bis zu einem Grillplatz oberhalb des Ortes. Dort bewirtet der Schützenkönig des Vorjahres noch einmal die Anwesenden Schützen und Gäste mit Steaks, Bier und Bratwürsten. Anschließend fährt die Kutsche mit den Schützen zur Eröffnung des Vogelschießens auf dem Festplatz. Während des Schießens finden weitere Programme zum Fest statt. Nachdem der neue Schützenkönig ermittelt wurde, gibt es am Abend einen zünftigen Schützenball.

Die Herstellung des Vogels für das Vogelschießen, bedarf viel Erfahrung und Geschick, vor allem bei der Wahl der Holzstärke. Der Vogel wird seit vielen Jahren vom Schützenbruder Reinhard Spindler hergestellt. Umfangreiche Wartungs- und Erneuerungsaufgaben übernimmt bis heute mit guter fachlicher Kenntnis Schützenbruder Andreas Schönfelder. Der Schützenbruder Günter Porstmann ist, seit dem es das Vogelschießen gibt, der Sprecher beim Vogelschießen. Er ruft nicht nur mit viel Humor und Witz die jeweiligen Schützen zum Schießen auf, sondern informiert auch die Zuschauer über die Gegebenheiten und den Stand des Schießens. Der Schützenbruder Gunter Porstmann ist aber auch der jährliche Organisator der Kegelmeisterschaften im Verein. Nicht zuletzt führt er mit seinem Sohn Lars, die Beleuchtungs- und Elektroarbeiten im Zelt sowie für den Festplatz seit vielen Jahren aus.

Mit den Jahren wurde der vorhandene Platz für die Austragung der Schützenfeste zu klein. So wurde im Rahmen der Verbindung zum Vereinslokal der „Bergschänke" Rübenau eine Möglichkeit auf deren Privatgelände gefunden und die Nutzung der noch sehr schrägen Wiese für viele Jahre vertraglich vereinbart. Schon im späten Frühjahr 97 wurde mit großer Unterstützung der Mitglieder und der Technik vom Tiefbaubetrieb des Schützenbruders Wolfram Matthes der neue Platz bis zum Schützenfest im August 1997 zur Nutzung fertiggestellt. 1997 wurde somit das erste doch schon größere Schützenfest erstmals mit Böllerschüssen und Gastvereinen auf dem neuen Platz mit einem großen Festzelt gefeiert.

Der Schützenverein ist aber nicht nur Veranstalter des Schützenfestes sondern noch weiterer Veranstaltungen im Ort wie Pfingstfest und Weihnachtsmarkt. Weiterhin stellt der Verein den Vereinseigenen Festplatz zu jährlich stattfindenden Gastspielen des Zirkus zur Verfügung.

Um auf dem Festplatz bei allen Veranstaltungen die Versorgung sowie das Gesamtansehen des Festplatzes weiter zu verbessern, wurden durch die Mitglieder in den letzten Jahren 1 großes Versorgungsgebäude , 1 neue Luftgewehrschießbude sowie 4 Verkaufsstände neu gebaut bzw. in Stand gesetzt. Einen wesentlichen Anteil bei der doch sehr großen und aufwendigen Arbeit der Zeltbewirtschaftung hat seit dem Jahr 1997 der Schützenbruder Andreas Oehmichen und seine Zeltgruppe geleistet. Aber auch ohne die ständige und zum Teil uneigennützige Unterstützung der Gaststätte Bergschänke wäre manches schwieriger und vor allem aufwendiger gewesen.

1999 wurde die vom Ordnungsamt des Landratsamtes ausgegebene Genehmigung für das Betreiben unserer Schießbude auf dem Festplatz leider nicht mehr verlängert.

So waren wir kurzfristig gezwungen 4 Wochen vor dem geplanten Schützenfest eine Lösung für eine Schießbude zu finden. Nach einigen Überlegungen wurde mit der Anschaffung eines Containers und dem Umbau - Innen und Außen - begonnen. Dank der Mithilfe vieler Mitglieder, aber auch Sponsoren, konnte die neue doch moderne Schießbude pünktlich zum Schützenfest in Betrieb gehen. Auch die gesamte Elektroanlage auf dem Platz wurde komplett erneuert.

Der Schützenverein hat natürlich nicht nur Fortschritte im Bereich der Kultur gemacht sondern auch in anderen Bereichen. So führten die Schützen aller Kaliber oft Trainingsschießen auf dem Schießstand in Mildenau oder auch anderen Schießständen wie Annaberg und weiteren durch. Auch ein Tontaubenschießen hat der Verein nun schon mehrmals im Nachbarland Tschechien mit großem Erfolg durchgeführt. Höhepunkte im Schießsport sind die jeweils im Frühjahr und Herbst stattfindenden Vereinsmeisterschaften. Dort wird der jeweilige Vereinsmeister bei den Klein- und Großkaliberwaffengattungen bei den Damen und Herren für ein Jahr ermittelt. Die Ehrung der Sieger sowie die 2. und 3. Platzierten erfolgt in feierlicher Form mit Pokalen, Orden und Urkunden. Aber auch bei ausgeschriebenen Schießwettbewerben in vielen anderen Regionen haben die Schützen oft erfolgreich teilgenommen.

Der Verein besitzt seit 1997 10 vereinseigene Waffen aller Waffengattungen und Kalibergrößen. Auch für die Schießbude, die von Ulli Neubert betreut wird, wurden neue Luftdruckwaffen angeschafft.

Viele Schützen haben im Laufe der Jahre zum Teil mehrere Lehrgänge für Befähigungsnachweis zum Führen von verschiedenen Waffen besucht. Um alle schieß- und waffenrechtlichen Vorgaben im Verein fachgerecht und sicher

Gesamtaufnahme des Schützenverein Rübenau e. V.

43

einhalten zu können wurden die beiden sehr sachkundiger Schützenbrüder Burkhard Siegert und Günter Reichmann am 16.07.1997 einstimmig zum 1. und 2. Schützenmeister gewählt. Viele Interessierte Bürger werden sich fragen, wie es 1976 in der DDR möglich war, eine Schützengilde ins Leben zu rufen. Dazu kann heute nur gesagt werden, die Gründung der Schützengilde wurde bei keiner staatlichen Institution bekanntgegeben. Die Schützengilde gehörte zum Dorfclub des Ortes. Da die Schützengilde nur Schützenfeste mit Armbrustschießen durchführte, und keine anderen Waffen besitzen durfte, hat man dies als kulturelle Bestätigung geführt, obwohl die Armbrüste die im Besitz der Gilde waren, mehrmals als unerlaubten Schusswaffenbesitz hingestellt wurden.

Bis 1989 gab es bei der Schützengilde keinen Vorsitzenden, sondern nur einen Kassierer und Kassenwart. Kassierer war damals der Schützenbruder H. Mühl. Bis zur Wende waren es immer ca. 17 - 20 Mitglieder die zur Gilde zählten.

Wie vieles zur Wendezeit, drohte auch 1989 der Schützengilde die Auflösung. Einer Hand voll alter Mitglieder ist es zu verdanken, dass nach einigen Zusammenkünften und viel Überzeugungsarbeit am 08.05.1990 in der damaligen Gaststätte „Klubheim" die Gründungsversammlung mit etwa 15 anwesenden Personen stattfand. Versammlungsleiter zur Gründungsversammlung war damals der Schützenbruder Günter Porstmann und Protokollführer war Karl-Heinz Hetze. Die Anwesenden 15 Personen sprachen sich einstimmig für die Gründung des Schützenverein Rübenau e.V. aus. Der neue Verein soll Nachfolger der bis dahin bestandenen Schützengilde werden, und die alten Traditionen weiter pflegen. Alle zur Gründungsversammlung anwesenden Personen stellten den Antrag zur Aufnahme in den neu zu gründenden Verein. Somit war dies die Geburtstunde des heutigen 25-jährigen Schützenverein.

Aus den Reihen der 15 neuen Gründungsmitglieder wurden folgende Mitglieder in den Vorstand gewählt. Zum Vorsitzenden des Vereins wurde Karl-Heinz Hetze gewählt, stellvertretender Vorsitzender wurde Gottfried Steyer, Kassierer Burkhard Siegert und Schriftführer Frank Oertel.

Der Schützenverein wurde am 19.06.1990 in das Vereinsregister des Kreisgerichtes Marienberg Rechtskräftig eingetragen. Von nun an stieg die Mitgliederzahl jedes Jahr ständig. Waren es 1990 15 Mitglieder so waren es 1992 18 Mitglieder. 1997 waren es bereits 32 , 1999 waren es 47 und bis Jahresende 2000 ist die Mitgliederzahl auf 53 gestiegen.

In der Satzung des Vereins ist festgelegt, das der Vorstand des Vereins alle 2 Jahre neu zu wählen ist. So wurde zur Jahreshauptversammlung am 29.11.1991 der Schützenbruder Gottfried Steyer zum Vorsitzenden und der Schützenbruder Karl-Heinz Hetze zum Stellvertreter gewählt. Weitere langjährige Vorstandsmitglieder sind Burkhard Siegert, Günter Porstmann sowie Günter Reichmann.

Der doch hohe Mitgliederzuwachs ist vor allem auf das gemeinsame Motto des Vereins „Brauchtum - Sport und Unterhaltung" zurückzuführen. So konnte vor allem in den letzten Jahren zur weiteren Pflege und der Erhaltung des Brauchtums, durch die großzügige Unterstützung von Sponsoren wie die Firma Gunter Krauß und die Firma Werner Langer 4 historische Uniformen (Sächsische Feldartillerie) 7 Trachten für die Marketenderinnen mit allem Zubehör sowie 5 weitere historische Uniformen für die Ortsherolde beschafft werden.

Eine neue Vereinsfahne konnten wir uns Dank der genannten Sponsoren anschaffen. Seit dem Jahre 1996 tragen ca. 90% der Mitglieder die Einheitliche grüne Uniform.

Der Besuch von Schützenaufzügen und öffentlichen Auftritten nahm durch die Anschaffung der historischen Uniformen sowie der Beschaffung der Böllerkanone und dem privaten Kauf von 3 Handböllern und Böllergewehren bis manchmal zum kaum Möglichen zu.

Nicht zuletzt ist es allen Mitgliedern zu verdanken, ob es die Kanoniere mit Ihrer Kanone oder die Ortsherolde mit den Handböllern oder auch die Böllerschützen sind, fast überall wurden wir auf Grund unserer vielseitigen Kostümvielfalt bewundert und manchmal auch ein wenig beneidet. Es sei auch nicht vergessen zu erwähnen, die Anschaffung von fast einheitlichen Landhaustrachten der oft mit auftretenden Ehefrauen.

Die vom Schützenbruder Werner Langer geborene Idee, zum Vertrieb von 3 - 4 eigen entworfenen Schnapssorten die Namen wie, Rübenauer Schützenbrüder, Zielwasser, Büchsenöl tragen, wurde vielerorts hocherfreut und teils mit Erstaunen aufgenommen.

Beim Verkauf haben die Marketenderinnen viel Initiative gezeigt. Wir waren bei Schützenaufzügen in Annaberg zur Käteröffnung schon mehrmals Gast, aber auch in Lößnitz, Grünhain, Frauenstein oder auch Oberwiesenthal, Zschopau und Sehma, Marienberg, Satzung oder Kühnhaide. Überall konnten wir viel Aufmerksamkeit erlangen.

Aber auch in die alten Bundesländer hat der Verein Freund-

Die Ortsherolde des Vereins

Feldartilleriekorps um 1790 mit Kanone

schaften aufgebaut. So besteht seit 1991 eine freundschaftliche Verbindung zu Schützenverein Linden/Leihgestern in Hessen. Der Gastverein hatte unseren Besuch mit vielen kleinen und großen Höhepunkten organisiert. Eine der Höhepunkte war der Besuch und die große Führung im Frankfurter Flughafen. Auch die Schützenbrüder von Leihgestern waren öfters bei uns, vor allem zu Schützenfesten zu Gast. Bei einer der Besuche des Vereins aus Leihgestern erhielten wir unsere kostbare Schützenkette als Gastgeschenk überreicht. Dafür sind wir den Vereinsmitgliedern aus Leihgestern sehr dankbar.

Das anlässlich des 25-jährigen Bestehens durchgeführte Jubiläumsschützenfest im Jahre 2001 stellte uns vor große Herausforderungen im Bereich der Vorbereitung und Organisation. Aber Dank der Mithilfe aller Schützen und vieler Sponsoren wurde es ein großer Erfolg.

Der SV Rübenau e.V. vorm Rathaus der Stadt Linden/Hessen anlässlich des Besuches zum 75-jährigen Bestehens des Partnervereins

Das Rübenauer Schützenfest in den dreißiger Jahren
Kindheitserinnerungen von Helmut Eilenberger

„… Einmal im Jahr, in der Zeit der großen Sommerferien, fand das Schützenfest statt. Vor allem für uns Kinder war das immer ein großes Erlebnis. An einen Sonntagmorgen wurde mit einer mit Girlanden und Blumen geschmückten Pferdekutsche der Schützenkönig des Vorjahres von seiner Wohnung abgeholt. Anschließend wurde die Schützenkönigin abgeholt. Begleitet von den Schützen, in ihren schmucken grünen Uniformen, ging es hinauf zum Schützenplatz am Gasthof „Schützenhaus" oder wie vom Volksmund genannt „Reichelfried". Dort wartete ein Frühstück und ein erster Umtrunk auf die Schützen. Dann begann das Schießen auf einen künstlerisch gestalteten Vogel, der hoch auf einer Stange montiert war. Geschossen wurde nicht mit der Armbrust, wie es heute der Fall ist, sondern mit Kleinkalibergewehren aus dem Schießstand heraus. Der Vogel war so konstruiert, dass außen herum mit dem Abschießen der Federn begonnen wurde.

Dann ging es weiter mit den Beinen, dem Kopf und dem Körper, bis dann am späten Nachmittag nur noch das Herz übrig blieb. Alle Teile des Vogels waren mit kleinen Scheiben versehen, auf die geschossen werden musste. Als es „um die Wurst" ging, schossen einige absichtlich daneben, denn Schützenkönig zu werden war zwar eine große Ehre, aber auch ein teurer Spaß. Freibier, Essen für die Schützenkameraden, Kutsche und Kinderfest und vieles mehr musste bezahlt werden.

Manchmal soll sogar vorher abgesprochen gewesen sein, wer der neue Schützenkönig wird. Trotzdem blicken alle gespannt hinauf zur Stange, zum Herz, das als letztes abgeschossen werden musste. Plötzlich ein großer Jubel! Das Herz aus Spiegelglas zersplitterte durch die Kugel. Aber wer war der neue Schützenkönig? Es dauerte eine Weile, bis alle auf dem Schützenplatz wussten, wer der neue Schützenkönig war. Der „alte" Schützenkönig hängte feierlich die Schützenkette dem „neuen" um den Hals. Unter

großem Jubel ging es nun ans Freibier, welches im Bierzelt ausgeschenkt wurde. Freitouren auf Riesenrad, Reitschule und Luftschaukel, Jubel und Trubel auf dem Festplatz bis in die Nacht hinein beendeten den ersten Tag. Einer der aktivsten Mitiniatoren war der damalige Vereinsvorsitzende der Hänel - Bäck. Wenn er Zeit hatte, stand er in seiner Eisbude und rief unermüdlich: „Wer einmal leckt, der weiß wie`s schmeckt, der leckt den ganzen Hänel-Bäck weg". Für uns Kinder begann das eigentliche Fest erst am Montag. Am Nachmittag begannen die Freuden mit dem Klettern auf der Kletterstange. An einem Kranz, den man hochziehen und runterlassen konnte, hingen eingepackte kleine Geschenke. Wenn die Jungen danach griffen, wurde der Kranz höher gezogen und man musste noch ein Stück zulegen. Natürlich wurden die Kinder der Schützen etwas bevorzugt, am Ende aber hatten sich alle ein Päckchen, wenn auch oft recht mühselig, erklettert. Sehr lustig für alle Zuschauer war das „Kuchen - Wettfressen". Ein runder Schwarzbeer- oder Heidelbeerkuchen wurde auf ein Holzkreuz welches mittels eines Pfahles in die Erde geschlagen wurde, aufgespießt. Vier Jungen mussten sich hinknien, die Hände auf den Rücken und auf Kommando sich bis in die Mitte „durchfressen". Der Eifer war dabei so groß, dass bald Backen, Hals und am Ende das ganze Gesicht über und über mit Schwarzbeerbrei beschmiert waren. Mitunter auch das Hemd. Wer zuerst in der Mitte war, hatte gewonnen und bekam noch ein paar Freikarten für Riesenrad, Reitschule oder Luftschaukel.

Für die Mädchen gab es Vogelschießen. Ein Vogel aus Blei, der an einem Faden hing, musste auf eine Zielscheibe anvisiert werden. Wer traf, hatte etwas gewonnen. Dazu muss man vielleicht noch sagen, dass die Kinder damals auch noch viel bescheidener waren, als die heutigen.

Ich hatte mir einmal ein kleines bescheidenes Päckchen erklettert, es enthielt ein Taschenmesser und bedeutete für mich „die Welt".

Mit Freitouren auf der Reitschule endete für uns Kinder dieser herrliche Tag.…"

Privilegierte Schützengesellschaft Königswalde e. V.

Wie viele andere Schützenvereine wurde auch die „Privilegierte Schützengesellschaft Königswalde" in der Euphorie des Jahres 1871 gegründet. Die Gründungsversammlung fand im ehemaligen „Gasthof Ratsgericht" statt.

Wie uns einige Belege erzählen, wurden in jedem Jahr mehrere „Schießtage" abgehalten, wobei jeweils ein „König" als 1. Sieger ermittelt wurde und begehrte Sachpreise gewann. Gravierte Zinnteller, Bierhumpen, Porzellangeschirr oder silberne Becher waren beliebte Preise.

Die für heutige Begriffe einfachen Vorschriften zum Erwerb und Umgang mit Schußwaffen machten es unseren Großvätern leicht. Sie brauchten keine großartigen Schießanlagen und geprüfte Waffenschränke, ein Teil des Ratsgerichter-Weges (Fußweg nach Grumbach) reichte aus für die sonntäglichen Schießübungen, Preisschießen und Schützenfeste. Vor dem Schießen wurden Absperrmaßnahmen getroffen und eine Genehmigung der Königlichen Amtshauptmannschaft eingeholt. Wurde anfangs noch mit Vorderlader-Büchsen geschossen, tauchen später auf den Fotos (um 1895) die begehrten Scheibenbüchsen im Kaliber 8,15 x 46R auf, die Feuerstutzen mit Feinvisierung oder Diopter. Es waren die kleinkalibrigen Sportgewehre dieser Zeit mit der präzisen sogenannten Deutschen Einheitspatrone mit Bleigeschoss und schwacher Ladung, die von den Schützen meist gleich auf dem Stand von Hand wiedergeladen wurde. Die Ladung gab es abgemessen und in Seidenapier eingewickelt in der örtlichen Apotheke oder Drogerie zu kaufen ...

1895 wurde neben dem Tischer-Weg ein neuer Schießstand gebaut, der allen Anforderungen entsprach, mit seitlichen Böschungen und einem Erdwall als Kugelfang. Auch ein kleines Schützenhaus aus Holz mit den Schützenständen im massivem Unterbau und einem darüberliegenden Aufenthaltsraum entstand.

1896 feierte der Verein sein 25-jähriges Bestehen und es wurde die neue Fahne geweiht. „Von den Frauen und Gönnern des Vereins zum 25. Bestehen gewidmet" lesen wir auf der Rückseite der Fahne mit dem Sachsenwappen. Auf der Vorderseite ist das herrliche Vereinswappen der Königswalder Schützen zu sehen. Angefertigt von einer Leipziger Stickerei, so können wir sie noch heute, 1997 frisch restauriert, bewundern.

Der Vorsteher des Vereins war damals (1896) Alwin Riegel und der Verein hatte 25 Mitglieder.

Ab 1910 übernahm Otto Bergelt den Vorstand, ab 1919 Max Nestler.

Am 31. Juli und 1. August 1921 feierte die Privilegierte Schützengesellschaft ihr 50jähriges Bestehen und das 25jährige Jubiläum der Fahnenweihe mit einem großen Schützenfest.

Privilegierte Schützengesellschaft Königswalde um 1930 Gruppenbild mit Fahne

Mit dem Beginn des II. Weltkrieges kam für den Schützenverein das vorläufige Ende. Die Gewehre mußten abgegeben werden, die Männer mussten an die Front, das Vereinsleben kam zum Erliegen. Zum Glück trennten sich nicht alle Schützen von ihren wertvollen Waffen. Zum Abliefern hatte man billige Teschings und Vogelflinten. Einige der teuren Scheibengewehre verschwanden in Dielen und Verschlägen, wie uns ein glücklicher Dielenfund eines Feuerstutzens 1997 bewies.

Nach dem Krieg waren Schützenvereine undenkbar. So blieb es auch in den 40 Jahren DDR hindurch. Außer dem Luftgewehrschießen in der Schule oder dem vormilitärischen KK-Schießen bei der GST war hier im Ort kaum Schießsport möglich.

Das änderte sich schlagartig nach der Wende 1989. In Annaberg kam es schnell zur Gründung eines Schützenvereins, dem sich Interessierte aus den umliegenden Orten anschlossen, auch einige Königswalder. 1996 ergriff Erhard Pöttrich in Königswalde die Initiative.

Um 1910, sonntags nach dem Scheibenschießen auf dem Schießstand

1. Juni 1996, genau 100 Jahre nach der Fahnenweihe und zum 125-jährigen Bestehen des Schützenvereins wurde die alte Vereinsfahne auf dem Dachboden des Freund-Gutes wiedergefunden!

Mit einem ersten Aufruf zur Wiedergründung des Königswalder Schützenvereins. Zu einer ersten Zusammenkunft hatte er alle Interessenten am 10.4.96 ins Deutsche Haus eingeladen. Über 20 waren gekommen. Den 12 Gründungsmitgliedern ist es zu verdanken, dass bereits zwei Wochen darauf, am Mittwoch, den 24.4.1996, die Gründungsversammlung der „Privilegierten Schützengesellschaft Königswalde" im Deutschen Haus stattfand.

Den Vorstand übernahmen Andre Mandt, Erhard Pöttrich, Uwe Körner und Wolfgang Süß.

In der Satzung des Vereins stehen die Förderung des Schießsports, die Pflege und Wahrung des traditionellen Schützenbrauchtums in Königswalde, das sportlichen Schießen als populären Breiten- und Wettkampfsport, ein reges Vereinsleben und Geselligkeit im Vordergrund.

Nach über 50 Jahren ist es nicht einfach, altes Brauchtum wieder mit neuem Leben zu erfüllen. Es war so gut wie nichts mehr aus den Zeiten des alten Schützenvereins vorhanden. Einige historische Fotos fanden sich bald, auch schöne alte Ehrenscheiben und die alte Tracht vom Großvater (Oskar Pöttrich) unseres Vorstandsmitglieds Wolfgang Süß. Sie diente uns als Vorbild für unsere neue Schützentracht: mit grüner Weste unter der Jacke, den dunklen Ärmelaufschlägen und Revers, Hirschhornknöpfen, einer grünen Schützenschnur mit Bommeln, der Spielhahnfeder am Hut.

Für den wiedergegründeten Schützenverein begann das Vereinsleben erst einmal mit viel Arbeit aber auch vielen fröhlichen Stunden. Ständig auf der Suche nach Belegen vom alten Königswalder Schützenverein kam bald die erste glückliche Überraschung: Nachdem Hartmut Melzer und Wolfgang Süß am 31. Mai 1996, wieder einmal vergeblich auf dem Boden des Ratsgerichtes und in Schuppen und Scheune des Freund-Gutes herumstöbern durften, auf deren Grundstück vor dem Krieg der Schießstand und das Schützenhaus waren, brachte tags darauf Gerd Freund die alte Fahne der Königswalder Schützen - er hatte selbst noch einmal auf dem Dachboden gesucht !

Welch glückliche Stunde, genau zum hundertsten Jubiläum der Fahnenweihe kam diese Fahne wieder zum Vorschein, wieder in die richtigen Hände, wehte sie über unseren Schützenverein. Noch mehr kam hinzu: Mit den Jahreszahlen „1871" und „1896" auf dieser Fahne wussten wir es nun ganz genau, da stehen 1996 gleich 2 Jubiläen an:
125 Jahre Privilegierte Schützengesellschaft Königswalde und 100 Jahre Fahnenweihe !!!

Und so erlebte Königswalde am 26. Oktober 1996 nach langer Zeit wieder ein Schützenfest. Einen Schützenaufzug unseres Vereins, eingekleidet in neuer Tracht, mit Schützenfreunden aus Mildenau und Neudorf, mit Blasmusik und Salutschüssen und einen stimmungsvollen Abend im neuen Amtsgerichtsaal.

Für die nächste Überraschung sorgte ebenfalls wieder unser Gerd Freund: Ob wir für die Ausgestaltung des Schützenfestes nicht noch die alten Scheiben haben wollten? Es waren alte Ehrenscheiben, die von Mitgliedern des Schützenverein oder anderen Bürgern zu einem besonderem Anlaß gestiftet worden waren und gleichzeitig als Ziel und Preis eines Wettschießens dienten, und natürlich wurde damals wie heute der Schützenkönig auf solch besonderen Scheiben ausgeschossen. Gemalt wurden die meisten der hier erhaltenen Ehrenscheiben von dem hier ansässigen Malermeister Fritz Hübner.

Das besondere an den hier in unserem Verein erhaltenen Scheiben ist, daß auf fast allen Scheiben Gebäude unseres Ortes dargestellt sind und damit zusammenhängende Anlässe /Ereignisse gewürdigt werden. So zeigt eine Scheibe mit der Jahreszahl 1926 das Bild unserer Schule und erinnert an den Erweiterungsbau der Schule. Sie ist stark verwittert. Bestimmt hatte sie der damalige Gewinner viele Jahre am Giebel seines Hauses aufgehängt, wie das mit Ehrenscheiben und Königsscheiben damals wie heute üblich war und ist.

Wesentlich besser erhalten und wirklich kunstvoll gestaltet sind die anderen Scheiben. Eine Scheibe von 1923 zeigt die Westansicht unserer Kirche (o. l.) und ist dem 400jährigem Kirchenjubiläum gewidmet. Wie wir darauf lesen können hatte Max Bräuer dieses Preisschießen gewonnen und früher hing diese Scheibe beim Tobak-Max, wie er gerne genannt wurde, im Hausflur.

Aber auch anderen Ereignissen wurde mit solchen Ehrenscheiben gedacht: so ist auf einer weiteren Scheibe mit der

Historische und neue Ehren- und Königsscheiben

Jahreszahl 1927 die Ansicht des alten „Gasthof zum Rathsgericht" (o. m.) zu sehen und es wird vermerkt, dass dies das Gründungslokal der Privilegierten Schützengesellschaft Königswalde war und am 25.5.1908 durch Feuersbrunst zerstört wurde.

Eine weitere Scheibe ist dem Bau unseres Rathauses im Jahre 1929 gewidmet (o. r.)

Ebenfalls war es üblich, dass der Spender sein Haus oder Gut darstellen ließ, so wie eine Scheibe von 1930 belegt, die das (neue) Ratsgericht-Gut zeigt und es ist zu lesen, dass sie von Otto Freund gestiftet wurde (Mitte).

Die alten Ehrenscheiben sind heute im Besitz unseres Vereins und schmücken unser Vereinszimmer.

Jetzt fehlt uns eigentlich bloß noch die alte Königskette ... vielleicht kommt auch diese eines Tages wieder zum Vorschein. Wir kennen ihr Aussehen nur von den alten Bildern. Es ist ein halbmondförmiges silbernes Brustschild, auch Ringkragen genannt, das an einer Kette getragen wird.

Auch unsere neue Königskette hat diese Form.

Vom alten Schießstand und Schützenhaus ist natürlich nichts mehr übrig. Er wurde in den 60iger Jahren im Zuge der Vergenossenschaftung der Landwirtschaft eingeebnet.

Adlerschießen mit der Armbrust, Jjuli 1997

Königsschießen 1998

Unser gemütliches Vereinszimmer

Glückliche Sieger zur Vorderlader-Landesmeisterschaft 5.6.99

Auf unserem LG-Schießstand

Auch der Schützenstand wurde abgerissen. Einen eigenen Schießstand zu bauen war in unserem kleinen Verein mit 18 aktiven Mitgliedern nicht machbar, außerdem waren in der unmittelbaren Umgebung die Schießstände Mildenau und Wiesa (PFG Annaberg) schon vorhanden, die wir für unser Training nutzen. Doch ein eigenes Vereinszimmer und ein Luftgewehr-Stand sollte schon noch werden. Es begann die Suche nach einem geeigneten Objekt, der Dachboden der Turnhalle oder die Amtsgerichts-Scheune standen zur Auswahl.

Im September 1998 begannen wir mit Unterstützung der Gemeinde und 2 ABM mit dem Ausbau der Amtsgerichts-Scheune. Nach vielen freiwilligen Arbeitsstunden und der Initiative unserer Mitglieder wurde im Frühjahr 1999 ein gemütliches Vereinszimmer und ein LG-Schießstand mit drei 10-m-Bahnen fertiggestellt. Am 1. Mai 1999 erfolgte die feierliche Einweihung.

Seit 1996 wird wieder jedes Jahr ein Schützenkönig ermittelt. Ein gezielter Schuss aus 50m auf die Königsscheibe entscheidet, wer unser neuer Schützenkönig wird. Am Königsschießen nehmen alle Vereinsmitglieder teil. Der Schützenkönige erhält die Einlage für die Ausrichtung der abendlichen Königsfeier und legt natürlich selbst noch was dazu.

Schützenkönig waren bisher:
1996:	Mario Klitzke
1997:	Christian Müller
1998:	Wolfgang Süß
1999:	Andre Mandt
2000:	Horst Groschopp
2001:	Wolfgang Süß

Die Tradition mit den Ehrenscheiben wird weiter fortgeführt. Wichtige Anlässe im öffentlichen Leben unseres Ortes werden auf einer Ehrenscheibe festgehalten und diese ausgeschossen. So gibt es inzwischen Scheiben zur Einweihung der Amtsgerichts-Brücke, zur 750-Jahr-Feier, der Einweihung unseres Luftgewehrschießstandes, zur Eröffnung des Gasthof Brettmühle usw.. Natürlich wird auch das Königsschießen auf solch eine individuell gemalte Scheibe ausgeschossen. Stiften muss sie der König des Vorjahres, so sagt es die Ausschreibung zum Königsschießen und meist zeigt die neue Königsscheibe dann sein Geburtshaus oder ein anderes Schützenmotiv, oft von unserem Vorstandsmitglied Wolfgang Süß gemalt.

Unsere Königsscheibe von 1996 zeigt das Wappen unserer Fahne und ist dem 125jährigem Jubiläum des Schützenvereins gewidmet. Und unser Schützenkönig Mario Klitzke stiftet für 1997 eine Königsscheibe, auf der das Deutsche Haus zu sehen ist, sein Haus, und gleichzeitig das Lokal der Wiedergründung unseres Vereins !

Weitere Wettkämpfe, die wir auf Ehrenscheiben ausschießen, sind;

das Pfingstschießen: gemeinsam mit dem Schützenverein Mildenau schießen wir zu Pfingsten auf eine Ehrenscheibe mit Vorderlader-Gewehr, 50m stehend frei, und ermitteln den Pfingst-König,

das Traditionsschießen: ein jährliches Schießen mit einer historischen oder seltenen Waffe auf eine Ehrenscheibe, die der Vorjahressieger dieses Schießens stiftet. Er stellt auch die Waffe und bestimmt die Durchführung dieses Schießens, z. B. mit der Steinschlossbüchse, 50m stehend frei, auf eine Stülpner-Scheibe, oder ein Schießen mit dem wiedergefundenen Feuerstutzen!

und auch das jährliche Freundschafts-Schießen mit dem Schützenverein Mildenau ist ein Preisschießen mit dem KK-Gewehr auf eine Ehrenscheibe.

Eine wirklich schöne Tradition.

Weitere traditionelle Wettkämpfe und Veranstaltungen führen wir regelmäßig jedes Jahr innerhalb unseres Schützenvereins und mit befreundeten Vereinen durch:

Bürgermeister-Pokal: jährlicher Wettkampf im Verein in den Disziplinen Luftgewehr + Luftpistole um den Wanderpokal des Bürgermeister,

Adlerschießen: Armbrustschießen auf den Adler als Preisschießen für Jedermann,

Freundschafts-Schießen mit dem Schützenverein Neudorf als Wettkampf in den Disziplinen Luftgewehr und Luftpistole,

Weihnachtsschießen: Glücksschuss auf ein verdecktes Ziel um einen Weihnachtsbraten

Die Vereinsmeisterschaften werden ebenfalls jährlich, jeweils in 3 ausgewählten Disziplinen des DSB und zusätzlich in den Disziplinen Luftgewehr und Luftpistole durchgeführt.

Die bisher erreichten sportlichen Erfolge unseres Schützenvereins sind bemerkenswert:

Landesmeisterschaft 1998 Vorderlader-Pistole
    2. Platz AK   (W.Süß)
Landesmeisterschaft 1999 Vorderlader-Pistole
    1. Platz AK   (W.Süß)
Landesmeisterschaft 1999 Vorderlader-Gewehr
    3. Platz AK   (W.Süß)
Landesmeisterschaft 1999 Vorderlader-Gewehr 100m
    3. Platz SK   (A.Mandt)
Landesmeisterschaft 2000 Vorderlader-Pistole
    1. Platz AK   (W.Süß)
Landesmeisterschaft 2000 Vorderlader-Gewehr 50m
    1. Platz AK   (W.Süß)
Landesmeisterschaft 2001 Vorderlader-Pistole
    2. Platz AK   (W.Süß)
Landesmeisterschaft 2001 Vorderlader-Gewehr 50m
    3. Platz AK   (W.Süß)
Deutsche Meisterschaft 2000   Vorderlader-Pistole
    11. Platz AK   (W.Süß)
Kreismeisterschaft 1998   Sportrevolver
    1.Platz SK   (A.Mandt)
Kreismeisterschaft 1999   Sportrevolver
    1.Platz SK   (A.Mandt)
Kreismeisterschaft 2000   Sportrevolver
    2.Platz SK   (A.Mandt)
Kreismeisterschaft 1999   Luftpistole
    1.Platz AK   (W.Süß)
Kreismeisterschaft 1999   Luftpistole
    2.Platz Mannschaft SK   (Bräuer,
                                 Mandt, Schreiter)
Kreismeisterschaft 1999   Luftgewehr
    2.Platz Mannschaft SK   (Bräuer,
                                 Mandt, Schreiter

Wolfgang Süß

Traditionsschießen 1999

Der Schützenverein beim Festumzug zur 750-Jahr-Feier am 18.06.2000

Schützenverein Aue e. V.

In Aue, der Erzgebirgsstadt am Zusammenfluss der Mulde und des Schwarzwassers, wird Tradition noch groß geschrieben.

So hat sich der Schützenverein von 1879 nach einer langen Pause neu gegründet. Seit dem 13.06.1996 gibt es in Aue wieder eine privilegierte Schützengilde.

Aller (Neu-) Anfang ist schwer! Insbesondere der Neuaufbau des ehemaligen Schützenhauses – jetzt Domizil von insgesamt drei Vereinen. Der desolate Zustand des alten Gebäudes erlaubte nur kleine Fortschritte.

Aber der Wunsch, auf einer eigenen Schießanlage im Schieß-Wettkampf um hohe Ringzahlen zu kämpfen, wuchs bei den Auern. Und nachdem Vereinschef Reiner Pöschl das „Parkschlösschen" erwarb, entstand der Plan, den bereits existierenden Luftgewehrstand zu erweitern. Mit unzähligen Arbeitsstunden erbrachten die Schützenschwestern und -brüder die benötigten Eigenleistungen beim Bau eines modernen Pistolenschießstandes.

Nach fast zwei Jahren konnte endlich die Schießanlage für Luftdruckwaffen in Betrieb genommen werden und seit dem 25.07.2000 ist unser Verein stolzer Besitzer einer 25 m Schießbahn für Pistole und Revolver bis 2000 Joule.

Unsere Vereinsgaststätte „Schützenstübel" wurde zu einem Raum der Gastlichkeit. Alles war nur durch Fördermittel, Spenden und etliche freiwillige Arbeitseinsätze unserer 23 Mitglieder zu schaffen.

Bei so viel Engagement ließen dann auch sportliche Erfolge nicht lange auf sich warten. In unserer Jugendgruppe zum Beispiel, haben wir schon einen frischgebackenen Kreismeister!

Wir haben uns noch viel vorgenommen. Uns macht es Freude Traditionen zu pflegen. Der Zuspruch der Auer Bevölkerung zeigt uns, dass das Vereinswesen zwar jahrelang totgeschwiegen wurde, aber niemals seine Anhänger verloren hat!

Schießsportinteressierte sind natürlich herrlich bei den Schützen willkommen.

R. Pöschl

Der Vorsitzende R. Pöschl schreibt sich ins Schießbuch ein

Sitzung des Vereins

Landrat Karl Matko eröffnet mit seinem ersten Schuss den 115.000 DM teuren Pistolenstand

Vereinsgaststätte „Schützenstübel"

Wer gearbeitet hat, darf auch feiern …

Sportschützenkreis 3
Großraum Chemnitz-Zwickau e. V.

Der Sportschützenkreis 3 (SSK 3) des Sächsischen Schützenbundes e.V. wurde am 01. Februar 1992 in Reinsdorf bei Zwickau gegründet.

Gründungsmitglieder waren vom SV Chemnitz 1990 e.V. Angela Sättler, von der Priv. SG zu Rochlitz 1456 e.V. Rolf Winter, vom 1. Zwickauer SV'90 e.V. Heike Aue, vom SV Glück Auf e.V. Reinsdorf Gabriele Schmidt, Wolfgang Meier und Joachim Jurisch, vom 1. Wilkau-Haßlauer SV 90 e.V. Rolf Trapp, vom SV Rödelbachthal 1990 e.V. Peter Springer, vom Königswalder SV 1990 e.V. Michael Müller, vom SV 1525/1990 Waldenburg e.V. Herbert Stein. Damit waren acht Vereine als Gründungsmitglied vertreten.

Als Gast war anwesend Wilhelm Fischer, Vizepräsident des Sächsischen Schützenbundes e.V.

Die ersten Vorstandsmitglieder waren Thomas Winter und Heike Aue von Zwickau, Angela Sättler von Chemnitz, Michael Müller von Königswalde und Joachim Jurisch von Reinsdorf.

Zur Vorstandswahl im März 2000 wurden folgende Mitglieder gewählt: Kreisschützenmeister Joachim Jurisch, Stellvertreter Matthias Heyne, Kreisschatzmeister Michael Müller, Kreisschriftführerin Gabriele Schmidt, Kreiskassenprüfer Wolfgang Draheim und Wolfgang Meier.

Im Verlauf der Jahre hat die Anzahl der Vereine zugenommen. Im Jahr 1999 waren es 37 Vereine. Im Jahr 2000 stieg die Zahl auf 40 Vereine und 2001 auf 42 Vereine an.

Territorial umfasst der SSK 3 als Außengrenzen die Städte Crimmitschau, Glauchau, Hohenstein-Ernstthal, Rochlitz, Höhe Frankenberg, Chemnitz, Thalheim, Stollberg und Kirchberg.

Im Mittelpunkt der Tätigkeit des SSK 3 stehen die sportlichen Schießwettkämpfe in vielen Disziplinen. Dazu gehören hauptsächlich die Druckluft- und Kleinkaliberwaffen, Großkaliber und Vorderlader sowie Wurfscheibe. In diesen Disziplinen werden in jedem Jahr Kreismeisterschaften durchgeführt. Träger der Wettkämpfe sind die Vereine SV Chemnitz 1990 e.V., der 1. Zwickauer SV'90 e.V., SG Reinsdorf Glück Auf e.V., die PSG zu Rochlitz 1456 e.V. sowie der Wurfscheibenclub e.V. 1990.

Hinzu kommen in Zusammenarbeit mit den SSK 1, 2 und 4 die Durchführung der Bezirksmeisterschaften der Druckkluft- und Kleinkaliber-Waffen.

Die bei diesen Wettkämpfen erreichten Ergebnisse bringen viele Schützen zu den Landes- und Deutschen Meisterschaften. Hierzu zählen die Vereine aus Zwickau und Chemnitz sowie Rochlitz.

Als gute Vorbereitung für die Schützen zu den Meisterschaften dienen die Staffeln der Kreisliga in den verschiedensten Disziplinen.

Groß im Mittelpunkt der Vereine steht die Sanierung, sowie der Neubau von Schießständen an. Im Vereinsleben ist eine Vielzahl von Aktivitäten zu verzeichnen. Diese reichen von der Fortsetzung ehemaliger Traditionen in der Bekleidung bis zu Schützenfesten mit Umzügen.

1999 wurde erstmals ein Treffen Westsächsischer Schützenvereine organisiert. In Zusammenarbeit mit den Organisatoren des Stadtschützenfestes in Chemnitz wurde diese Veranstaltung ein schöner Erfolg. Die Schirmherrschaft übernahm der Oberbürgermeister von Chemnitz, Dr. Siefert. Geplant sind diese Treffen alle zwei Jahre. 2001 fand das Treffen in Glauchau statt. Die Priv. SG Glauchau 1551 e.V. hatte zu diesem Zeitpunkt ihr 450-jähriges Bestehen zu feiern. Drei Tage wurde mit anderen Vereinen gefeiert. Auch hier übernahm der Oberbürgermeister Stetter die Schirmherrschaft. Weitere Bereitschaften der Vereine für die nächsten Jahre liegen vor in Abstimmung mit den Bürgermeistern.

Ausdruck großer Bereitschaft zeigte der Verein SV Rödelbachtal 1990 e.V.. Er übernahm im Jahr 2000 das Treffen Sächsischer Schützenvereine. Die Kommune, Vereinsmitglieder und der Sächsische Schützenbund organisierten eine Vielfalt an Angeboten für diesen Höhepunkt.

Der Vorstand konnte durch finanzielle Wirtschaft für jeden Kampfrichter eine einheitliche Weste erwerben. Gestickt wurde darauf der Name des Kampfrichters und der SSK 3.

Für jeden Verein, welcher Mitglied im SSK 3 ist und seine Mitarbeit erklärt hat, wurde als äußeres Zeichen ein Teller gefertigt und übergeben. Auf dem Teller sind das Logo des SSK 3, der Name des Vereins und der Schriftzug „Sächsischer Schützenbund e.V." aufgebracht. Im Jahr 2000 wurde eine Anstecknadel mit dem Logo des SSK 3 für alle Vereinsmitglieder im SSK gefertigt.

Zum gegenwärtigen Zeitpunkt zeigt sich eine hohe Mitarbeit der Vereine, welche eine gute Basis für die weitere und zukünftige Arbeit sein sollte.

(v.l.n.r.) Wolfgang Draheim, 1. Kreiskassenprüfer; Joachim Jurisch, Kreisschützenmeister; Michael Müller, Kreisschatzmeister; Michael Heyne, Stellv. Kreisschützenmeister; Wolfgang Meier, 2. Kreiskassenprüfer und Gabriele Schmidt, Kreisschriftführerin

Teilnehmerkreis der Delegiertenkonferenz 2000

Mitgliedsvereine im SSK 3 „Großraum Chemnitz-Zwickau" e. V.

Kreisschützenmeister: Joachim Jurisch

1. Gelenauer Schützengesellschaft seit 1874 e.V.
2. **Schützenverein Chemnitz 1990 e.V.**
3. **1. Zwickauer Schützenverein '90 e.V.**
4. Sächsischer Schützenverein Mülsen e.V.
5. Wurftaubenclub 1990 e. V. Lauterbach
6. 1. Lichtensteiner Schützenverein e.V.
7. **Schützenverein 1525/1990 Waldenburg e.V.**
8. **Privilegierte Schützengesellschaft zu Rochlitz 1456 e.V.**
9. **Schützengesellschaft Reinsdorf Glück Auf e.V.**
10. Schützenverein Niederalbertsdorf e. V.
11. Schützenverein Karl May e.V.
12. **Schützenverein Rödelbachtal e.V.**
13. Schützenverein Hoheneck e.V.
14. **Schützenverein Burgstädt e. V.**
15. Chemnitzer Polizeisportverein e.V.
16. **Schützenverein 1809 Seifersbach e.V.**
17. Neumarker Schützenverein 1865 e. V..
18. **Schützengemeinschaft Oelsnitz e.V.**
19. Verein zur Fortführung und zur Förderung der Tradition der Schießgesellschaft Leukersdorf 1898 e.V.
20. Schützengesellschaft Diethensdorf e.V.
21. Schützengesellschaft Rußdorf e.V.
22. Priv. Schützenges. Thalheim/Erzgeb. 1895 e.V.
23. Priv. Schützengesellschaft 1525/1994 Waldenburg e.V.
24. Schützenverein Altchemnitz e.V.
25. **Schützengesellschaft zu Langenhessen e.V.**
26. Priv. Schützengesellschaft Burkhardtsdorf seit 1868 e.V.
27. Schützengesellschaft Mittelbach e.V. 1875
28. **Schützenverein Lauenhain e.V.**
29. Schützenkameradschaft Chemnitzer Land e.V.
30. Privilegierte Schützengilde Claußnitz 1785 e.V.
31. Privilegierte Bürgerschützengesellschaft e.V. zu Stollberg im Erzg.
32. Privilegierte Schützengesellschaft Glauchau 1551 e.V.
33. **Privilegierte Bogen- und Scheibenschützengesellschaft Geringswalde 1498 e.V.**
34. Schützengesellschaft zu Fraureuth e.V.
35. Schützenverein Milkau e.V.
36. Rußdorfer Landsknechte e.V.
37. Jäger- und Sportschützenverein Erzgebirge e.V.
38. Schützenverein Göritzhain 1992 e.V.
39. Schützengesellschaft Lichtenau e.V.
40. Schützengilde Niedersteinbach e.V.
41. Schützenverein „Lucky Luke" e.V. Lichtenwalde
42. **Sommerbiathlon und Schützenverein „Pluto" e.V. Gersdorf**
43. 1. Sächsische Artilleriekompanie August des Starken e. V.

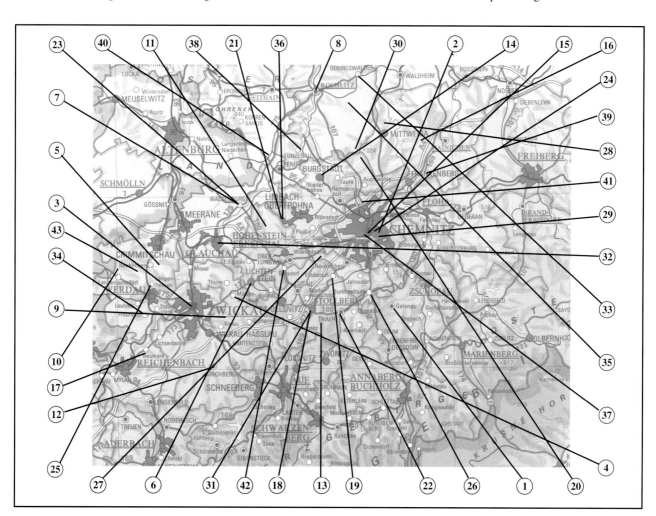

Schützenverein Chemnitz
1990 e. V.

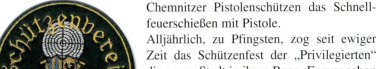

Das Schützenwesen ist in unserer Stadt seit mehreren hundert Jahren nachgewiesen. Eine lange Tradition!

Erstmals 1414, als Markgraf Friedrich (von Meißen) befohlen hatte, für die Mannschaften der vier Stadtviertel je ein Banner anfertigen zu lassen, wird in Chemnitz von einer „Schützenkorporation" geschrieben. Doch schon 1434 reisten Chemnitzer Schützen an einen derzeit noch unbekannten Ort, um an einem Landesschießen teilzunehmen, zu welchem die Stadt mit 20 anderen Städten ein „Kleinod" gebildet hatten. Die alten Chemnitzer Schützen müssen in gutem Ruf gestanden haben: so verfügte 1526 Kurfürst Albrecht „der Bärtige" ausdrücklich, dass die Chemnitzer Schützen zu einem Leipziger Landesschießen mit einzuladen waren. Der gleiche Fürst definierte einige seiner Städte so: „Leipzig, meine schöne; Freiberg, meine reiche; Chemnitz, meine feste Stadt". Wobei er „fest" im Sinne von Wehrhaftigkeit gebrauchte.

Seit 1794 tragen die Mitglieder der Chemnitzer Büchsenschützengesellschaft eine einheitliche Kleidung.

Sie wurde im Laufe der Jahre wiederholt in Farbe und Schnitt geändert. Während und nach den Napoleonischen Kriegen mussten die Chemnitzer Büchsenschützen in der Stadt mehrere Jahre Dienste der in Russland untergegangenen Grenadiere des Chemnitzer Regimentes „Prinz Maximilian" (1500 zogen im Frühsommer 1812 aus, 50(!) kehrten im Winter 1812/13 zurück) leisten.

1817 wird per Dekret des aus seiner Kriegshaft zurückgekehrten Königs Friedrich August I. die Chemnitzer Scheibenschützengesellschaft in das Verzeichnis der „Privilegierten Schützengesellschaften" aufgenommen. Sie nennt sich nun „Privilegierte Scheibenschützengesellschaft Chemnitz".

In Gotha (Thüringen) wird 1861 der „Deutsche Schützenbund" gegründet und in Zwickau 1892 der „Wettin-Schützenbund".

Die „Privilegierte Scheibenschützengesellschaft Chemnitz" richtet mehrfach Landes-, Bundesschießen sowie Schützentage des Mitteldeutschen- und des Wettin-Schützenbundes aus. Bei den Schützen, auch den „Privilegierten", gewinnt der sportliche Aspekt des Schießens an Boden.

Um 1900 beginnt bei den „Privilegierten" auch das Pistole-Schießen. Ein Pistolenschützenverein - Teil der bestehenden Gesellschaft - wird gegründet. Zum 10. Schützentag des Wettinbundes, 1910 in Chemnitz, kreieren die Chemnitzer Pistolenschützen das Schnellfeuerschießen mit Pistole.

Alljährlich, zu Pfingsten, zog seit ewiger Zeit das Schützenfest der „Privilegierten" die ganze Stadt in ihren Bann. Es war schon ein Ereignis, wenn Musikcorps der Schützen den Weckruf absolvierten, danach mit der uniformierten Schützenkompanie den Schützenkönig des Vorjahres abholte und zum Schützenplatz geleiteten.

Die Schützenfeste waren wahrhafte Volksfeste mit Karussells, Schaubuden und vielerlei Belustigung. Sie beginnen es heute durch die Tätigkeit der „Arbeitsgemeinschaft Stadtschützenfest Chemnitz", in welcher auch unser Verein maßgeblich mitarbeitet, wieder zu werden.

Das letzte 1876 in Betrieb gegangene Schützenhaus der alten Chemnitzer Schützen steht noch heute. Auf dem Areal des Schützenplatzes und der ehemaligen Schießbahnen, ein Teil davon für Distanzen von 300 m, steht heute ein Garagenkomplex.

Die „Privilegierten" schossen nach 1918/19 auch mit den kleineren Kalibern und bildeten eine Jugendabteilung. Es sind Äußerungen nachzulesen, dass man befürchtete, das kleinkalibrige Schießen (LG und KK) könne dem Schießen mit ordentlichen Waffen Abbruch tun. Es stellte sich als Argwohn heraus!

Von den heute (2001) 19 bei der zuständigen Behörde unserer Stadt registrierten Schützengemeinschaften hat unser Verein das Druckluft- und KK-Schießen, auch mit Jugendlichen, in seinem Programm. Wir, der SV Chemnitz 1990 jedenfalls, bedauern, dass sich nur zu wenige Jugendliche (auch Ältere) mit Druckluftwaffen die Grundkenntnisse sportlichen Schießens erwerben, um später mit KK und größeren Kalibern hohe und Höchstleistungen anzuvisieren.

Die schon vor 1933 bestehenden drei deutschen Schützenverbände waren 1935/1936 gezwungen worden sich aufzulösen, ihre Rechte dem faschistischen „Deutschen Schützenverband" - dieser war, als „Fachamt Schießen", Bestandteil des NSRL - zu übertragen. Die „Privilegierten" waren zu einer faschistischen Gliederung gezwungen worden. Ob sie nun in und außerhalb des Vereins der faschistischen Ideologie unterlagen, sie auch praktizierten, konnte nicht ermittelt werden.

Ab Herbst 1939 ruhte jeglicher sportlicher Schießbetrieb in Chemnitz, auch bei den „Privilegierten".

Tief steckte 1945, nach Ende des II. Weltkrieges, in den Völkern die Furcht vor dem erneuten raschen Wiederaufleben preußisch-deutscher, militaristischer und kriegerischer Traditionen, so dass zunächst auch die Tätigkeit langjährig vor 1933 bestehender, traditioneller Organisationen verboten wurde.

Erfolgreiche „Heckert"-Schützen 1983 in Cottbus, J. Zacharias als „Medaillenträger"

Anfang der 50er Jahre konnten wir in Chemnitz auch wieder den Schießsport betreiben. Leider wurde dann bald sehr streng nach Leistungs- und Breitensport differenziert. So blieben auch in unserer Stadt viele Talente und erhaltenswerte Traditionen sportlichen Schießens auf der Strecke. Trotz den, Schützen des „Breitensportes" aus unserer Stadt (aus dem Fritz-Heckert-Kombinat und der Generaldirektion SDAG Wismut) waren bei vielen Meisterschaften und Pokalwettkämpfen auf vorderen Plätzen.

Ein „Externer", unser Mitglied Alfred Planert, wurde sogar mehrfach DDR-Meister mit der freien Pistole und der Luftpistole, Disziplinen, die zu jener Zeit nur Clubschützen und Leistungssportlern vorbehalten waren.

Die Ereignisse des Herbstes 1989 führten auch zur Veränderung der Strukturen in unserem Sport.

Am 15.03.1990 fanden sich 15 Sportler, trainierte Schützen, deren Übungsleiter, Schiedsrichter des DSV sowie Schützen und Übungsleiter bis dahin erfolgreichster Sektionen Sportschießen unserer Stadt zusammen und gründeten unseren „Schützenverein Chemnitz 1990 e. V.".

In der Satzung erklärt er, dass er die progressiven Traditionen der alten Chemnitzer Schützen weiterführen will.

Den Namen der vor 1933 größten, bekanntesten und erfolgreichsten Schützenvereinigung unserer Stadt, „Privilegierte Scheibenschützengesellschaft Chemnitz", mit ihrem Pistolenschützenverein und ihrer Jugendabteilung, mochte man jedoch nicht annehmen.

Bald waren aus der guten Handvoll Gründungsmitglieder 100 und nun 130 geworden. Neben den Schützen der „übernommenen" Disziplinen Druckluft und KK, gibt es auch Mitglieder, welche mit Gebrauchswaffen und Ordonnanzgewehren z.T. recht erfolgreich schießen.

Galerie der Landesmeister im Vereinsheim

Seit 1990 errangen Schützen unserer Gemeinschaft 56 mal den Titel eines Meisters des Sächsischen Schützenbundes, belegten nicht gezählte Male zweite und dritte Plätze. Nur bei der Teilnahme an den Deutschen Meisterschaften in München kamen unsere Teilnehmer leider noch nicht auf Medaillenränge.

Wir belebten die wohl älteste Tradition des wettkampfmäßigen Schießens unserer Stadt, das Pfingstschießen, wieder und entwickelten angeregt und oft auch organisiert, durch das stets gleiche Vereinsmitglied, auch neue Traditionen:

- Seit 1994 rufen wir zu Pfingsten, in Erinnerung an das bekannte „Pfingstschießen" der alten Chemnitzer Schützen, zum Schießen um den „Wanderpokal des Oberbürgermeisters der Stadt Chemnitz" (KK, 60lgd), den die Schützen von Chemnitz'90 endlich 1999 und auch 2000 erringen konnten;
- nach den Landesmeisterschaften jeden Jahres laden wir ein zum „Freie-Pistole-Cup";
- im spätesten Herbst bzw. frühen Winter treffen sich jetzt alljährlich Schützen aus Sachsen und anderen Bundesländern um den jeweils neuen Besitzer des „Metten-" (SpoPi), des „Fuchs-" (SpoPi) und des „Nussknacker-Pokals" (GP) zu ermitteln. Die Veranstaltung des Mettenpokals (Pokal: eine von einem ehemaligen Bergmann gestiftete, von erzgebirgischen Volkskünstlern gestaltete Figur in der Tracht eines „Schneeberger Berghauptmannes") klingt jahreszeitlich, bei Kaffee und Stollen aus und man stößt, in Erinnerung an den Brauch der bergmännischen Mettenschicht, mit „Akzisefreiem" auf das Wohl der Sieger und Platzierten an.
- Kurz darauf, Anfang Februar, findet dann das „Chemnitzer Ordonnanzwaffen Schießen" (OG, GP, GR) statt.
- Natürlich ermitteln wir auch im Verein unseren Schützenkönig und schießen am „Männertag".
- Zur „Walpurgisnacht" macht das Geräusch unserer Büchsen den Flug der „Weiber" zum Tanz auf dem Brocken hörbar.

Nicht versäumen wollen wir, mitzuteilen, dass unsere Gemeinschaft bei entsprechenden Anlässen auch durch eine, z.Zt. 24 Rohre starke, Gruppe von Salutschützen lautstark vertreten wird.

Doch, nicht nur hören soll man uns! Unsere Devise: „Man redet oft viel über uns Schützen – nicht immer Kluges, häufig Falsches –; man soll jedoch von uns sprechen".

Was wir dazu brauchen? Mehr Teilnehmer an den regelmäßigen Übungsveranstaltungen, bei welchen unsere Trainer jedem, der es wünscht, fundierten und fachlichen Rat erteilen; Teilnehmer, die sich das Ziel setzen erfolgreich in Wettkämpfen abschneiden zu wollen, am besten eine große Zahl junger Schützen im Schüler- und Jugendalter. Und dazu, vor allem: mehr Übungsleiter!

Und mehr die „tun", als solche, „man müsste"!

Ein zäh zu bearbeitender Boden! Doch man sagt uns Schützen ja auch Beharrlichkeit nach.

Mitglieder des SV Chemnitz 1990 e. V. mit Vereinsfahne

1. Zwickauer Schützenverein `90 e. V.

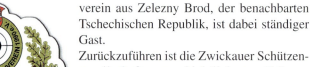

Am 21. März des Jahres 1990 gründeten 21 begeisterte Anhänger des Sportschießens in der Stadt Zwickau den „1. Zwickauer Schützenverein 90 e.V.".

Das war ein wichtiger Tag in der über 600-jährigen Tradition des Schützenwesens der Stadt. Der erste urkundliche Nachweis einer Schützengesellschaft stammt aus dem Jahre 1393. Vereine haben für das Zusammenleben der Bürger von Zwickau, für das gesellschaftliche Leben überhaupt, eine große Bedeutung. Heute gibt es mehrere Hundert im Vereinsregister eingetragene Vereine in der Stadt. Der „1. Zwickauer Schützenverein 90 e.V." hat die Eintragsnummer 02.

Alljährlich begingen bereits vor über 100 Jahren in Zwickau die privilegierten Schützengesellschaften ihr Vogelschießen. Dieses alljährliche Hauptvolksvergnügen auf dem städtischen Schießanger, dem heutigen Platz der Völkerfreundschaft, war stets gut besucht. Zahlreiche Zwickauer und Gäste fanden sich an Schaubuden, Karussels, Schankzelten, zu Zirkusvorführungen und theatralischem Spektakel sowie musikalischen Genüssen ein. Das Vogelschießen war ein Magnet für alle Vergnügungssuchenden.

Vom 4. bis zum 13. Juli 1891 beispielsweise sollte aus den Schützengesellschaften der Stadt der Schützenkönig gekürt werden.

Mit Zapfenstreich und Salutschießen wurde das Fest auf dem Schießanger eingeleitet. Von der Bedeutung des Ereignisses in der damaligen Zeit zeugt der besonders stattliche Auszug der Schützen mit eigenem Orchester und berittener Abteilung. Der Weg der Schützen führte vom Gasthof „Zum Becher" in der Äußeren Leipziger Straße über die Moritz-, die Römer- und die Schulstraße, den Kornmark, die Amtsgerichtsstraße, Reichenbacher, Werdauer und Crimmitscher Straße zum Schützenplatz.

Das eigentliche Schützenfest fand seinen krönenden Abschluss am 14. Juli 1891 im Hotel „Deutscher Kaiser" mit dem sogenannten Königsfrühstück, nachdem der Chronik zufolge dem Fotografen Jobst am Vortrag der Königsschuss gelungen war. Zur Freude der Öffentlichkeit wurde sogar während dieser Tage und trotz des anhaltenden schlechten Wetters ein großes Feuerwerk veranstaltet, welches viele Zwickauer ins Freie Land lockte. „Die Schankzelte füllten sich im nachhinein bedeutend" - so zeichnete das damals erscheinende „Zwickauer Tageblatt" den Ausklang dieses Vogelschießens auf. Der 1. Zwickauer Schützenverein `90 e.V. hat diese Tradition neu aufleben lassen und 1991 erstmals wieder ein Vogelschießen veranstaltet, dem 1990 ein Schützenfest vorausgegangen war.

Schützenfeste und Adlerschießen finden seit dem in jährlicher Folge statt, an denen nicht nur die Vereinsmitglieder, sondern auch viele Gäste teilnehmen. Der Partnerschützenverein aus Zelezny Brod, der benachbarten Tschechischen Republik, ist dabei ständiger Gast.

Zurückzuführen ist die Zwickauer Schützengesellschaft geschichtlichen Belegen zufolge, auf die Bogen- oder Rüstungsschützen der Wehrmannschaften Ende des 13.-/ Anfang des 14. Jahrhunderts, als Zwickau dem Hansabund angehörte. Um etwa 1400 wurde die Armbrust mit dem Stahlbolzen

Gruppenbild vom 1. Königsschießen Mai 1991 auf dem Zwickauer Brückenberg

Delegation aus u zu Gast beim Schützenverein von Zelezny Brod in der Tschechischen Republik im Oktober 1991

Auf dem Schießstand des Partnervereins in Zelezny Brod.

Vom Zwickauer Fürstenschießen ist ein Kupferstich aus dem Jahre 1573 erhalten geblieben, anschaulich Auskunft gebend über Sitten und Gebräuche jener Zeit. Ähnlich wie dargestellt: Brot und Spiele, ehrgeiziger Wettkampf und Volksbelustigung, würdiges Erscheinen der Repräsentanten und derbe Späße
Original im Germanischen Museum Nürnberg

eingeführt. Nach der Erfindung des Schießpulvers bildete sich der Gesellschaft der Armbrustschützen die der Büchsenschützen heraus. Obwohl die Gesellschaft der Armbrustschützen als die Vornehmere galt, bestanden beide eine zeitlang nebenher, bevor sie in einer gemeinsamen Gesellschaft aufgingen. In der Historie des Zwickauer Schützenwesens immer wieder als „das" kulturgeschichtliche Ereignis genannt „Das große Fürstenschießen".

In den letzten Augusttagen des Jahres 1573 fand in Zwickau ein großes Armbrustschießen statt. Es wurde mehrere Tage hintereinander und mit viel Pomp gefeiert und erfreute sich regster Beteiligung der gesamten Bürgerschaft aus Zwickau und Umgebung sowie sogar dem ganzen Land. Besonders Glanz sollte dem Volksfest die Teilnahme des Kurfürsten August, dessen Gemahlin Anna nebst 13jährigen Sohn Christian und von Gefolgsleuten verleihen. Bei dem Schießen auf halbem Stand errang auch Kurfürst August selbst das „Best", einen vom Rat der Stadt gestifteten silbervergoldeten Becher im Wert von 25 Talern. Zwar hatte Zwickau schon vorher große Schieß- und Volksfeste gefeiert, aber keines war so glanzvoll wie das vor über 400 Jahren. Anlässlich der Gewerbe- und Industrieausstellung 1906 in Zwickau wurde das Schützenereignis des Jahres 1573 „wiederholt". Es wurde wiederum ein großes Volksfest und lockte viele Schützen und Gäste nach Zwickau. Der 1. Zwickauer Schützenverein hat sich die Aufgabe gestellt, die 600-jährige Geschichte der Zwickauer Schützen lebendig zu erhalten, weiter zu erforschen und fortzuführen.

In den einst selbstständigen Gemeinden und heutigen Stadtteilen von Zwickau, gibt es ähnliche langjährige Schützentraditionen wie in der Stadt. Wie aus Aufzeichnungen zu erfahren ist, gründeten anno 1865 vaterländisch gesinnte Bürger die „Marienthaler Schützengesellschaft". Am 24. August 1865 fand in Marienthal mit der Gründung der Schützengesellschaft auch das erste Schießen statt. Niederschriften jener Zeit zufolge wurde mit Großkaliber, Vorderlader und Zündnadelgewehr auf eine Entfernung von 175 Meter geschossen. Doch die damals zur Verfügung stehende Handfeuerwaffen reichten in der Tragweite des Schusses auf diese Entfernung nicht aus, so dass zum Erzielen besserer Resultate der Scheibenstand auf 100 Meter zurückverlegt wurde. Das Schießhaus war ein kleiner Holzschuppen, in dem kaum zwei Schützen Platz hatten. Im Jahre 1833 errichtete der Schützenbruder und Gastwirt Albin Schröder ein neues, massives Schützenhaus. Die nach damaligen Grundsätzen modern angelegte Schießstandanlage wurde mehrere Jahre auch von Offizieren des Infanterie-Regiments 133 mit genutzt.

In wirtschaftlicher schwerer Zeit entstand 1932/33 der neue Schießstand an der Waldstraße. Seine Weihe am 17. September 1933 war ein Höhepunkt in der Vereinsgeschichte der Schützengesellschaft Marienthal. Die Anlage gehörte schießtechnisch zu den Besten in Westsachsen.

Fast auf den Tag genau, zehn Jahre nach der Gründung der Marienthaler Schützenbrüder, gründeten die Mitglieder des Gesangsvereins „Harmonie" im Juni 1875 die „Schützengesellschaft Zwickau-Pölbitz". Zum Gründungslokal hatten sie sich den damaligen Wagner'schen Hof ausgesucht. Bis zum Jahre 1901 befand sich der Stand auf dem gegenüber dem Pölbitzer Gasthof gelegenen Wagner'schen Grundstück.

Dann wurden mit dem Bau einer neuen Anlage auf dem Grundstück des Gutsbesitzers Friedrich Sarfert begonnen. Am 4. Juni 1902 konnte auf fünf Bahnen zu je 175 das erste Schießen auf der neuen Anlage stattfinden.

Da zu jener Zeit das Kleinkaliberschießen immer populärer wurde, fand im Jahre 1928 eine Erweiterung der Schießanlage „Idyll" um vier 50-Meterbahnen statt. Schließlich konnte ab August 1933 auf weiteren drei 300-Meterbahnen geschossen werden.

Bei der „Schützengesellschaft Zwickau-Pölbitz" stand das Sportschießen immer an erster Stelle. Trotz verhältnismäßig geringer Mitgliederzahlen, die bei etwa 50 lagen, belegten Pölbitzer Schützen bei Wettkämpfen immer vordere Plätze. Dem Deutschen Schützenbund gehörte der Verein seit 1894 an. Auf dem Schießstand im „Idyll" wurde bis Anfang der 60-iger Jahre noch regelmäßig wettkampfmäßig geschossen.

Als Gründungstag des „Freihandschützenvereins XXer Zwickauer-Eckersbach" ist der Himmelfahrtstag 1877 in die Stadtgeschichte eingegangen. Der Schießstand auf dem Brückenberg, mehrfach umgebaut und modernisiert, zum Schluss sogar mit einer Telefonanlage zu Anzeigerdeckung im Scheibenstand, galt als einer der Besten zu seiner Zeit. Die Jahre des Ersten Weltkrieges, und jene unmittelbar danach, waren auch für das deutsche Schützenwesen schwere Zeiten. Die Mitgliederzahl des Deutschen Schützenbundes ging von 40.000 auf 10.000 zurück. Trotzdem haben die „XXer" nur in den ersten vier Kriegswochen ihre Schießübungen eingestellt. Aber in den Jahren 1920 bis 1923 verlor der Verein sein gesamtes Vermögen, denn bekanntlich hatte Geld nur noch Papierwert.

Ab 1924 jedoch stabilisierte sich nach und nach auch der Eckersbacher Verein wieder. Immer öfter waren seine Mitglieder in den Siegerlisten zu finden, vor allem im Pistolenschießen. So 1925 beim Bundesschießen in Annaberg und beim Wettin-Schießen in Schneeberg oder 1926 in Weißenfels, in Chemnitz und in Planitz. 1931 bauten sich die Eckersbacher Schützen einen neuen Kleinkaliberstand. Er existierte heute noch und wurde bis 1989 durch die Zwickauer Gewehr- und Pistolenschützen rege als Trainings- und Wettkampfstätte genutzt. Eine ganze Reihe von Nachwuchsschützen konnten von hier aus nach Suhl und Leipzig delegiert werden. Heute konzentriert sich das Sportschießen in Zwickau auf den Stand des „1. Zwickauer Schützenvereins `90 e.V." am Lerchenweg.

Sportschießen von 1945 - 1990

Das Ende des verheerenden 2. Weltkrieges war auch vorerst das Ende der Schützenvereine und deren Traditionen. In der ehemaligen DDR wurde das Sportschießen 1952 vorerst nur im Rahmen der gegründeten GST (Gesellschaft für Sport und Technik) ermöglicht. Erst am 08. Oktober 1958 wurde der Deutsche - Schützen - Verband - (DSV d. DDR) gebildet. Mit dessen Gründung war es erst wieder möglich, dass Sportschützen auch international an Wettkämpfen teilnehmen durften.

Fast an jeder Schule der Stadt bestanden „Arbeitsgemeinschaften Junge Schützen". Hier wurde überwiegend mit dem Luftgewehr trainiert. An diesem Training durften Schüler und Schülerinnen ab dem 12. Lebensjahr teilnehmen und es wurde auf vier Meter bzw. ab dem 15. Lebensjahr auf eine Entfernung von zehn Meter auf die international gültige Luftgewehrscheibe geschossen.

In diesen Trainingszentren (TZ) gab es bereits sehr gute Trainer, welche ein hochqualifiziertes Training durchführten. Diese TZ's schaften die Voraussetzungen dafür, dass sich Talente des Sportschießens für eine weitere Ausbildung an den Kinder- und Jugendsportschulen des Landes vorbereiten und qualifizieren konnten. Die TZ's waren auch die „Kaderschmiede" für Schützen der Stadt Zwickau, welche erfolgreich an einer Vielzahl nationaler Wettkämpfe teilnahmen.

Innerhalb dieses Entwicklungsprogrammes gab es ein gut funktionierendes Wettkampfsystem. Von Rundenwettkämpfen zwischen Schulen über Kreis- und Bezirksmeisterschaften bis hin zu Vergleichswettkämpfen und Meisterschaften verschiedener Ebenen.

Erinnerungen von Achim Müller Schützenkönig des Jahres 1991

Um sportlich schießen zu können oder anders gesagt, den Schießsport ausüben zu können, trat ich 1955 der GST, der damaligen Gesellschaft für Sport und Technik, bei. Trotz den zu jener Zeit eher bescheidenen Möglichkeiten, wie Waffen und Munition, ungenügende Schießstände usw. war für mich eines wichtig: Es konnte sportlich geschossen werden.

Ab 1961, nach meiner Zeit in der Nationalen Volksarmee (NVA), wurde der Schießsport zur Freizeitbeschäftigung, was sie zunächst für mich auch bis zur Wende blieb.

1967 wurde ich mit noch drei Schützen vom RAW Zwickau in die Auswahl der Eisenbahner der DDR berufen. Von den Kreismeisterschaften qualifizierten wir uns bis zur DDR-Meisterschaft. 1969 fanden in Leipzig die Internationalen Eisenbahnmeisterschaften (USIC) statt, an denen wir teilnahmen und bis 1972 mehrfach als Mannschaft DDR-Meister wurden.

Im Mai 1972 gab es die nächste USIC in Hannover. Drei Schützen vom RAW Zwickau waren dabei, und zwar Günter Kühn, Egon Fischer und ich. Das war für uns eine kleine Sensation. Von 13 Mannschaften belegten wir den zweiten Platz, ich selbst „erschoss" mir Platz 13.

Ab 1972 wurden dann die Trainingszentren (TZ) gebildet. Damit war das Schießen für die Erwachsenen zu Ende. Als „Nachwuchs" konnten nur noch Kinder und Jugendliche schießen. Nun, mir machte es auch Freude, als Übungsleiter für Kinder tätig zu sein. Einige unserer „Schützlinge" konnten zur Kinder- und Jugendsportschule (KJS) delegiert werden. Darin sah ich auch ein Stück meines Erfolges.

Mit der Wende und der Gründung unseres Schützenvereins kann nun jeder seinem Hobby nachgehen. 1990 nahmen wir als Verein an der ersten Sachsenmeisterschaft in Löbau teil. Dort konnte ich im Pistolenschießen den ersten Platz erzielen. Platz zwei ging an Jürgen Pflug. In den Jahren 1991, 92 und 93 wurde ich jeweils in der Altersklasse ab 46 bis 55 Jahre Sachsenmeister in KK-Pistole und Luftpistole. Seit 1991 bin ich als Sportlehrer tätig.

Achim Müller

Inzwischen kann der „1. Zwickauer Schützenverein '90 e.V." auf über 10 Jahre erfolgreiches Wirken für das Sächsische Schützenwesen zurückblicken.

Viele fleißige Hände sind gegenwärtig dabei, den Schießstand auf dem Zwickauer Brückenberg zu modernisieren, um jederzeit einen störungsfreien Schießbetrieb und ein geselliges Vereinsleben zu sichern.

Allen Schützenschwestern und -brüdern aus Zwickau ein herzliches „Glück Auf!" und „Gut Schuss!"

Wilhelm Fischer
Gründungs- und Ehrenmitglied des
„1. Zwickauer Schützenvereins
'90" und des Sächsischen Schüt-
zenbundes e.V.

Zwickauer Starter zur Deutschen Meisterschaft 1993. (v.l. Achim Müller, Bernd Richter, Thomas Winter)

Zwickauer Teilnehmer des 1. Treffens Sächsischer Schützenvereine 1993 in Waltersdorf.

Gäste aus Zelezny Brod zum 10. Jahrestag der Gründung des 1. Zwickauer Schützenvereins '90 e.V.

Schützenverein Waldenburg 1525/1990 e. V.

Am 6.6.1990 gründeten 16 Schießsportfreunde den Schützenverein Waldenburg 1525/1990.
Zum Vorsitzenden des Vereinsvorstandes wurde Herbert Stein gewählt.

Mit dem Zusatz der Jahreszahlen sollte auf die jahrhundertelange Tradition des Schützenwesens in der Fürstenresidenz Waldenburg und die Neugründung 1990 verwiesen werden.

Schon 1492 beteiligten sich Waldenburger abgeordnete Bürger an einem Gemeinschießen in Altenburg. Hierbei ist nicht belegt, dass diese Schützen waren. Aber von 1525 wird von der Teilnahme Waldenburger Schützen an einem Bundesschießen in Chemnitz berichtet. Auch von 1567 ist die Teilnahme von 4 Schützen aus Waldenburg an dem Vogelschießen in Meerane belegt.

Erst 1714 wird die Schützenkompanie in Waldenburg wieder erwähnt und am 23.7.1739 wurde das erste nachweisliche Vogelschießen in Waldenburg als Fest abgehalten. Aus dem Jahre 1763 sind die 5 Namen des Vorstandes und der 50 Compagniemitglieder bekannt.

Bereits 1991 begann eine erfolgreiche Partnerschaft mit dem Schützenverein Birkenhard unserer Partnergemeinde Warthausen in Baden/Württemberg. Mit ihrer Unterstützung fanden ab 1991 unsere jährlichen Schützenfeste statt. Unser Schützenverein, die Waldenburger Bevölkerung und ihre Gäste knüpften mit diesem Fest an historische Schützenfeste wie 1739, 1839 oder 1924 an.

Ein Höhepunkt der Vereinsgeschichte war zweifellos die Fahnenweihe während des Vereins- und Schützenfestes am 20.8.1996.
Damit existierte in Waldenburg wieder eine Schützenvereinsfahne, die an die Tradition der Fahnen von 1764, 1832 und 1908 erinnert.

Schießen mit der Armbrust beim Schützenfest

Leider ist es nicht gelungen, die Tradition der Schützenfeste nach 1996 fortzusetzen.
Eine weitere Tradition des Waldenburger Schützenwesens aufgreifend baute Vereinsmitglied Wolfgang Krause eine neue Kanone.
Die erste Artillerieabteilung der Schützengesellschaft wurde am 22. Januar 1890 gegründet und je eine Kanone wurden 1901 und 1903 angeschafft.

Diese dekorative und nicht zu überhörende Kanone hat schon mehrere Schützenhöhepunkte donnernd eröffnet

1993 schloss unser Verein mit der Stadtverwaltung Waldenburg einen langjährigen Pachtvertrag über das bereits genutzte ehemalige GST-Gebäude am Freiheitsplatz ab, auf jener historischen Waldenburger Flur, die früher der Schießanger war. In Chroniken ist vom Schießen nach dem Vogel seit Mitte des 16. Jahrhunderts und vom Vorhandensein einer Vogelstange auf dem Stadtanger 1546 zu lesen. Wohl 1844 ging der Stadt- oder Schießanger in das Eigentum der Schützengesellschaft zu Waldenburg über und 1895 erfolgte die Erbauung und Weihe der Konzerthalle. 1945 kam es zur Sprengung der Schießhalle, die in unmittelbarer Nachbarschaft der Konzerthalle und des Schützenhauses stand, da sie der Wehrmacht als Waffen- und Munitionslager diente. 1948 folgte die Enteignung der privilegierten Schützengesellschaft Waldenburg in Ausführung eines Befehles des Obersten Chefs der Sowjetischen Militärverwaltung in Deutschland und 1951 wurde es als Volkseigentum an den Rat der Stadt Waldenburg übertragen.

Ab 1980 wurde durch die Mitglieder der GST-Grundorganisation Waldenburg ein neues Gebäude für den Schießsport (10m - Luftgewehrschießstand und Versammlungsraum) und den Motorsport (Garagen und Werkstatt für Motorräder und Kleinkrafträder) gebaut.

Zögernd begann der weitere Ausbau des Vereinsgebäudes durch unseren Schützenverein. Eine Klärgrube wurde gebaut und in einem noch nicht fertiggestellten Gebäudeteil wurden Sanitärräume geschaffen. Der Luftgewehrschießstand, der gleichzeitig der große Versammlungsraum des Vereins ist, wurde neu gestaltet.

Die Außenfassade des Gebäudes wurde neu verputzt, die von einem in Holz geschnitzten Emblem geschmückt wird, welches unser Schützenfreund Wolfgang Krause schuf.

Der Schießraum wurde anlässlich der Fahnenweihe vom damaligen Schatzmeister Wolfgang Unfried mit Bildern und Dokumenten zur der Geschichte des Vereins ausgestaltet.

Seit 1998 pegelte sich die Mitgliederzahl unseres Vereines bei ca. 45 Mitgliedern ein, die vor allem aus der Umgebung von Waldenburg kommen.

Zum jetzigen Vorstand gehören:

Herbert Stein,   Vorsitzender
Werner Köhler,   stellvertretender Vorsitzender
Frank Kanta,   Schatzmeister
André Glauch,   Sportleiter
André Herzog,   Schriftführer

Vereinshöhepunkte im Verlaufe eines Kalenderjahres sind seit mehreren Jahren die Vereinsmeisterschaften im Groß- und Kleinkaliber für Lang- und Kurzwaffen, die Ermittlung des Schützenkönigs und der Schützenkönigin im Armbrustschießen anlässlich des Vereinsschützenfestes, der Vereinswettkampf um den Töpferpokal, die Ermittlung des Schützenkönigs im Luftgewehrschießen Distanz 10m, das Stollenschießen, das Weihnachtsgans-Schießen mit der Druckluftkanone während der Weihnachtsfeier des Vereins, die Teilnahme an den Sächsischen Schützentagen, den Treffen sächsischer Schützenvereine und die Teilnahme an Schützenfesten benachbarter Vereine.

Die neue Vereinsfahne

Die Vereinsfahne von 1908

Seit etwa 1995 führt unser Verein seine Wettkämpfe für Groß- und Kleinkaliberwaffen auf den Schießständen des Schützenhofes Berger in Chemnitz durch. Zum Training nutzen Schützen auch andere Schießstände von Vereinen in Glauchau, St.Egidien oder Crimmitschau.

Zur weiteren Bereicherung des Vereinslebens erwarb unser Verein einen Schießanhänger. Mit diesem präsentieren wir uns bei Vereins- und Dorffesten.

Schützen mit Kanone vor dem Vereinsgebäude

Privilegierte Schützengesellschaft zu Rochlitz 1456 e. V.

Die Rochlitzer Schützengesellschaft gehört mit zu den ältesten im Land Sachsen. Beim Schießhausbrand im 30-jährigen Krieg durch die Schweden, verbrannten die alten Vereinsunterlagen bzw. auch der Silberschatz der Gesellschaft. Aus diesem Grund ist ein genaues Gründungsjahr nicht mehr nachvollziehbar. Das Vereinsmitglied und Heimatforscher Prof. Dr. Clemens Pfau hatte seit der Jahrhundertwende bis in die 30iger Jahre die Vereinsgeschichte erforscht. Ihm ist es zu verdanken, dass einige Vereinsdaten erhalten sind, die durch beide Weltkriege verloren gegangen sind. Das 1456 veranstaltete Landesschießen der Wettinstädte in Borna wurde von einem Rochlitzer Schützen gewonnen. Es ist die erste urkundliche und nachweisbare Erwähnung des Vereins. In diesem Jahrhundert ist aus dem Jahre 1476 noch die Rede von dem Fabian-Sebastian Altar der Schützen in der Rochlitzer Kunigundenkirche,

welcher leider verschollen ist. Aus dem 16. Jahrhundert sind folgende Sachen bekannt: 1562 wird eine Vogelstange auf der Insel errichtet und 1574 eine neue Schießstätte für das Weitschießen im Stadtgraben errichtet, welches vom Kurfürst mit Klärung an den Stadtrat gerichtet ist.

1593 gewann ein Rochlitzer Schütze beim Landesschießen der Wettinstädte den Kranz. 1597 erfolgte das Landesschießen in Rochlitz. Aus dem 17. Jahrhundert sind folgende Überlieferungen erhalten geblieben: 1604-1607 entstand ein neues Schießhaus. 1618-1653 ruhte das Schützenwesen durch den 30-jährigen Krieg. Am 9. Juni 1653 begann man wieder mit dem Vogelschießen. 1654 entstand eine neue Schützenordnung und vom Kurfürst ein Braulos neu verbrieft. Genau im Jahre 1700 wendeten die Rochlitzer Schützen sich mit der Bitte an den Kurfürst Friedrich August (der Starke), das beigelegte

Original-Fahnenentwurf vom Juni 1700 (1. Fahne) und Vereinswappen (Vorderseite)

Original-Fahnenentwurf von 1784 (2. Fahne) und Vereinswappen (Vorderseite)

Original-Fahnenentwurf vom Juni 1700 (1. Fahne) (Rückseite)

Original-Fahnenentwurf von 1784 (2. Fahne) (Rückseite)

Wappen für die Fahne zu bestätigen und zu genehmigen. Diesem Wunsch, der Schützen, entsprach der Kurfürst am 21. August 1700 mit dem Vermerk: *„Die Rochlitzer Gilde wird die einzige im Lande sein, die ein eigenes regierungsmäßig anerkanntes Wappen führt."* (Foto Originalentwurf von 1700 Buch der Stadt Rochlitz über die Schützengesellschaft)

Im Jahre 1769, zur Erbhuldigung des Regierungsauftritts vom Kurfürst August des III. in Colditz, entschloss sich die Gesellschaft, eine Bekleidung anzuschaffen. Sie besteht aus „Rock grün, Beinkleider schwarz, ebenso Stiefel und um den Hut eine schmale silberne Tresse".

1784 entstand die 2. Fahne der Gesellschaft, aufgrund des Verschleißes der 1. Fahne. (siehe Foto - Original Buch wie Fahne 1)

Im Jahre 1933 stand das komplette Gelände des Schießstandes unter Wasser

Das 19. Jahrhundert: 1806 wurde eine neue Uniform eingeführt und 1853 entstand der große Salon mit 8 dorischen Säulen vor dem Schießhaus (heutigen Turnhalle am Sportplatz).

Am 8. September 1861 stiftete König Johann der Rochlitzer Gilde die neue (3.) Fahne. Sie war die Wertvollste der Gesellschaft und ist seit dem II. Weltkrieg verschollen.

Das 20. Jahrhundert:
Im Jahre 1912 wurde ein neuer Schießstand gebaut.
1904 beging man das 250-jährige Jubiläum der Rochlitzer Schützengilde. Es wurden mehrere Gauschießen des Mulden-Zschopautaler Schützengaus durchgeführt.
Am 1. März 1934 wurde der Schützenkreis des DSB Döbeln/Rochlitz gegründet, der bis 1939 bestand.
In der Zeit der DDR wurde in Rochlitz das sportliche Schießen in der GST, des ASV und der Sportvereinigung Dynamo durchgeführt. Es wurde sogar am 7. Oktober von 1986-1989 ein Stadtschützenkönigsschießen vollzogen.

älteste noch erhaltene Schützenscheibe von 1801 Friedrich August Werner wurde Schützenkönig

Privilegierte Schützengesellschaft zu Rochlitz 1933/34

links: Die neue Fahne (Vorderseite des Entwurfs von 1700), rechts: Die Rückseite nach dem Entwurf der 3. Fahne von 1861
Es ist damit die 4. Fahne der Schützengesellschaft, genäht 1995

Die Wiedergründung

Der 29. März 1990 war für das Schützenwesen in Rochlitz ein wichtiger Tag, wo an diesem die Entscheidung zur Vorbereitung der Wiedergründung von 7 Personen getroffen wurde. Es waren Bernd Großmann, Konrad Priller, Claus Berger, Klaus Heinze, Matthias Werner, Peter Friebel - seit 1990 Schatzmeister - und Rolf Winter seit 1990 Vorsitzender. Am 30. Mai 1990 wurde dann die Neugründung des Vereins mit folgenden Mitgliedern vollzogen: Detlef Henow, Mike Henow, Peter Friebel, Torsten Keil, Frank Keil, Giso Unger, Konrad Priller, Heinz Härtwig, Klaus Heinze, Jean-Pierre Guillache, Peter Tautorus, Matthias Werner, Claus Berger, Dieter Hellmuth und Rolf Winter. Die Neugründung wurde am 13. Juni 1990 im Vereinsregister unter der Nummer 7 des Kreisgerichtes Rochlitz vollzogen.

Der „neue" Schießstand im Urzustand 1994

Privilegierte Schützengesellschaft zu Rochlitz 1456 e.V. im Juni 2001 (Foto: B. Aurich, Rochlitz)

Zur Geschichte

Seit 1992 wird aktiv an den Landesmeisterschaften im Vorderladerschießen des SSB teilgenommen, wo in jedem Jahr, im Einzel aber auch in der Mannschaft, mehrere Plätze im Medaillenbereich errungen wurden. Ebenso wurden bei Landesmeisterschaften - Großkaliber Gewehr bzw. bei Internationalen Wettkämpfen im Vorderladerschießen Platzierungen unter den ersten 3 Plätzen erreicht. Im Jahre 1994 bis 3.10.1995 wurde der alte Schießstand (ehemalig Polizei) als Vereinswettkampfstätte umgebaut.

Es wurden mit vielen Arbeitsstunden, Fördermitteln des Freistaates bzw. der Stadt aber auch mit deren Hilfe und Unterstützung dieses Ziel erreicht.

Von 1996 bis 1999 wurde schrittweise das Vereinsgebäude um- und neugebaut.

Der Verein schießt wie in vergangenen Zeiten, Pfingstsamstag, auf einer gemalten Holzscheibe seinen Schützenkönig aus bzw. im Anschluss daran die ehemaligen Könige ihren Kaiser. Am Abend wird der neue König beim Schützenball gekürt. Desweiteren wird rege an öffentlichen Veranstaltungen teilgenommen und im November/Dezember eine Weihnachtsfeier durchgeführt. Es dürfen aber auch die Teilnahme an Schützentreffen und Festen bei Vereinen und SSB nicht fehlen.

Für die große Unterstützung bei der Zusammenstellung dieses Materials danke ich herzlich: Staatlicher Schlossbetrieb Rochlitz, Kreisarchiv Wechselburg und der Ratsschulbibliothek Zwickau.

Rolf Winter

Das Vereinshaus im Rohbau 1997

Das Vereinshaus nach Fertigstellung 1999

Das Vereinshaus 2000

Der Schießstand im Jahr 2000

Erste und bisher einzige Schützenkönigin Gabi Winter 1997

Die neue Schützenkette

Pokal der alten Schützengesellschaft

Königsordensspange v. 1820/78/55

Drei Silberplatten des Rochlitzer Silberschatzes aus dem 18. Jahrhundert (v. 26 erhaltenen)

Schützengesellschaft Reinsdorf „Glück Auf" e. V.

Der Verein

Mitglieder   33
Trainingsstätte   Kommunales Vereinshaus
                  Kirchstraße 12
                  08141 Reinsdorf
Disziplinen   10 Meter Luftpistole
                  10 Meter Luftgewehr
                  KK- möglich

Im Verein wird das Training mit sehr gutem Niveau geführt. Besondere Aufmerksamkeit wird dabei den Schülern und Jugendlichen gewidmet. Dieses wirkt sich bei den Wettkämpfen in guten Ergebnissen aus. Reinsdorfer Schützen nehmen bei den Luftdruck-Disziplinen, LG und LP, an folgenden Wettkämpfen teil:

- Vereinsmeisterschaften
- Kreismeisterschaften und Kreisliga des SSK 3
- Bezirksmeisterschaften von SSK 1 bis 4
- Landesmeisterschaften
- Deutsche Meisterschaften
- Königsschießen
- Freundschaftswettkämpfe

Gutes Training – gute Plätze, so konnten Reinsdorfer Schützen bei vielen Wettkämpfen Meister und Platzierte verzeichnen. Seit 1995 sind Reinsdorfer Schützen bei der Deutschen Meisterschaft in München vertreten.
In den Reihen der Schützenkönige qualifizierten sich die Reinsdorfer Schützen zur Teilnahme zum Landeskönigs-schießen und zum Bundeskönigsschießen.
Auch bei den KK-Disziplinen konnten Landesmeister und Platzierte verzeichnet werden.
Geschossen werden:

KK-Pistole   30 Schuss Genauigkeit
KK-Gewehr   60 Schuss liegend
              3 x 20 Schuss
              3 x 40 Schuss

Der Vorstand setzt sich aus 5 Personen zusammen
  - Vorsitzender
  - Stellvertretender Vorsitzender
  - Kassierer
  - Sportleiter
  - Schriftführer

Historischer Rückblick bis zur Gegenwart

1876   Gründung der Schützengesellschaft Reinsdorf
        Man nahm die Reihenfolge des Heeres
        Hauptmann
        Oberlieutn.   (Oberleutnant)
        Lieutn.   (Leutnant)
        Atjt.   (Adjutant)
        Feldw.   (Feldwebel)
        Fiezefeldw.   (Vizefeldw.)
        Serg.   (Sergeant-Unteroffiziersdienstgrad)
        Untofz.   (Unteroffizier)
        Fahnenträger
        Stellvertr.
        Schütze
        es waren 57 Vereinsmitglieder

1878   Fahnenweihe
        In zweijähriger Arbeit wurde die Vereinsfahne von den Frauen gestickt

1903   25-jähriges Fahnenjubiläum
        Vereine überbrachten ihre Glückwünsche in Form von Fahnennägeln. Sie wurden an der Fahnenstange bzw. Lanze befestigt.

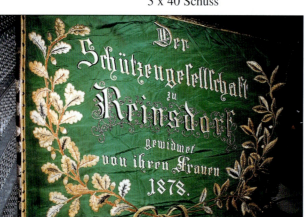

Fahne der Schützengesellschaft „Glück Auf" e. V. (Vorder. und Rückseite)

| 1926 | 50-jähriges Jubiläum | 1990 | Nachforschungen nach der Schützengesellschaft Reinsdorf blieben leider ohne Erfolg |

1926 50-jähriges Jubiläum
Von den Jubiläumsgästen sind noch 5 Fahnennägel erhalten. Insgesamt zieren die alte Fahne 43 Fahnennägel.
Im Verein ermittelte man pro Jahr einen Scheibenkönig und einen Hirschkönig.
Geschossen wurde auf eine Holzscheibe, diese wurde mit einem Ereignis des Ortes oder einer Familie bemalt. Der Hirsch war ebenfalls aus Holz. Indem man ihn zog, hatte man ein bewegliches Ziel.

1939 Letztes Hirschschießen

1944 Letzte öffentliche Sichtung der Vereinsfahne
ein Schützenbruder wurde zu Grabe getragen

1945 Verbot der Schützengesellschaft durch die Siegermächte. Es mussten alle Waffen abgegeben werden. Das Eigentum der Schützengesellschaft wurde konfisziert. Die Fahne konnte man im Verborgenen bewahren.

1945

Verbot der Schützengesellschaft Reinsdorf durch die Siegermächte.
Gewehre wurden beschlagnahmt und der Besitz der Schützengesellschaft liquidiert.
Nur die Vereinsfahne entzog sich der Beschlagnahme. Durch einen Reinsdorfer Bürger konnte sie sicher versteckt werden.

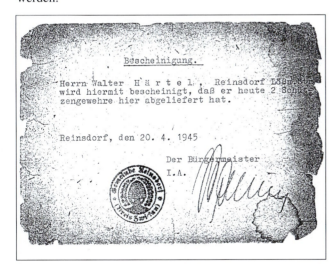

1974 Beginn der Aktivitäten im Schießsport
Aller Anfang ist schwer. Nur durch viel Fleiß kam man ans Ziel. Die Schützen aus Reinsdorf nahmen an Kreis- und Bezirksmeisterschaften teil. Sie belegten immer öfter vordere Plätze bei den Wettkämpfen.
Reinsdorf wurde zu einem Begriff beim Sportschießen.

1981 Teilnahme an der DDR-Meisterschaft

1990 Nachforschungen nach der Schützengesellschaft Reinsdorf blieben leider ohne Erfolg

1990 Gründung Schützenverein „Glück Auf" e. V.
In der Vereinsfahne wird die Tradition des Sportschießens mit der Tradition des Bergbaues im Ort verbunden. Durch ein gutes Training konnten die Schützen wieder gute bis sehr gute Plätze bei den Kreis-, Bezirks- und Landesmeisterschaften belegen.

1995 Ab diesem Jahr waren Schützen aus Reinsdorf bei den Deutschen Meisterschaften in München vertreten.

1996 Reinsdorf wird Talenteststützpunkt

1999 Ein Bürger von Reinsdorf gab in der Gemeindeverwaltung die Vereinsfahne von 1878 anonym ab

2000 10-jähriges Jubiläum Schützenverein „Glück Auf" e. V.

2000 Der Verein beschließt in seiner Mitgliederversammlung den Namen Schützengesellschaft Reinsdorf „Glück Auf" e. V. ab 01.01.2001 anzunehmen.

2001 Das Dublikat der alten Vereinsfahne von 1878 wird gefertigt

2001 125-jähriges Jubiläum Schützengesellschaft Reinsdorf „Glück Auf" e. V.
Nach 57 Jahren wird die Fahne der Schützengesellschaft wieder in der Öffentlichkeit getragen.

Der Vorstand mit der historischen Fahne vom Schützenverein „Glück Auf".
(v.l.: Wolfgang Meier, Kassierer; Heidi Wildt, Schriftführer; Uwe Lenk, Vorsitzender; Bertram Wildt, Sportleiter, Uwe Loos, Stellv. Vorsitzender

Schützenverein
Rödelbachtal 1990 e. V.

Vereinssitz
Am Steinbruch • 08107 Kirchberg
Tel.: 03 76 02 - 8 75 34

Am 30. Juni 1990 gründeten 15 am Schieß-sport interessierte Bürger unter Leitung des Sportfreundes Klaus Schmidt den Schüt-zenverein Rödelbachtal 1990 e. V. und übernahmen von der Treuhand einen Schießstand sowie einige Kleinkaliberwaf-fen der aufgelösten „Gesellschaft für Sport und Technik" im stillgelegten Steinbruch an der Auerbacher Straße im Ortsteil Sau-persdorf der Stadt Kirchberg.

Damit wurde der Anfang der Geschichte unseres Vereins begründet.

Auf der Gründungsversammlung wurde beschlossen, dass der Verein den Namen Rödelbachtal trägt. (Der Rödelbach entspringt auf dem nahegelegenen Kuhberg und fließt auf seinem Weg in die Zwickauer Mulde durch die Gemeinden Rothenkirchen, Bärenwalde, Hartmannsdorf, Saupersdorf, die Stadt Kirchberg, die Gemeine Cunersdorf und die Stadt Wilkau-Haßlau.)

Unser Ziel war und ist es, alle am Schießsport Interessier-ten und am Rödelbach Wohnenden in den Verein zu inte-grieren. Aber auch Bürger von außerhalb unseres Tales sind uns, wie der Mitgliederspiegel belegt, herzlich willkom-men. Gegenwärtig hat unser Verein 80 Mitglieder aller Altersklassen.

Mit der Übernahme des Geländes begannen für uns umfangreiche Instandsetzungs- und Erneuerungsarbeiten mit dem Ziel, eine Sportanlage zu errichten, die den gesetz-lichen Anforderungen entspricht und so die Möglichkeit bietet, unseren Sport auszuüben.

Schon seit 1991 werden Vereinsmeisterschaften durchge-führt, welche aber auf Grund der vorhandenen Anlagen bis 1994 nur in der Disziplin KK-Gewehr ausgeschossen wer-den konnten.

Einen wichtigen Schwerpunkt bildete die Klärung der Eigentumsfrage. Durch den Kauf unseres Geländes, mit den entsprechenden, notariell beglaubigten Verträgen, der anschließenden Vermessung und der Eintragung in das Grundbuch, konnte die Rechtssicherheit für den Verein geschaffen werden. Somit konnten die baulichen Verände-rungen zu einer modernen Schießanlage vorgenommen werden.

Bereits 1993 wurde mit dem Bau einer umschlossenen Kurzwaffenanlage (25 m) begonnen.

Unter Schützenbruder Helmut Polster, dem seit 1994 bis heute ohne Unterbrechung und mit Abstand am erfolg-reichsten amtierenden Vorsitzenden unseres Vereins, und mit tatkräftiger Unterstützung von Sponsoren, allen voran

Dachdeckermeister Rolf Dittrich aus Hart-mannsdorf, dem 2. Vereinsvorsitzenden, wurde die alte GST-Anlage in vielen Stun-den harter Eigenhilfe, durch alle Mitglie-der, zu einem modernen Schießstand umprofiliert.

1995 wurde erstmals die Vereinsmeister-schaft in der Disziplin Großkaliber Pistole/ Revolver in unseren Sportplan aufgenom-men.

Mit der Fertigstellung der Kurzwaffenan-lage wurde der Sportplan für 1996 noch umfangreicher. So sind die Disziplinen KK-Pistole/Revolver, Vorderladerpistole und auf unserer 4-bahnigen Gewehranlage (50 m), welche Dank unseres Partnervereins aus Groß Umstadt (Hessen) mit Scheiben-zuganlagen ausgerüstet werden konnte, die Disziplinen KK Liegendkampf und KK-Selbstladerbüchse hinzugekom-men.

Seit 1993 führt der Verein eine moderne Schützentracht. Eine Standfeder am Hut, Krawatte, Armschild mit Vereins-signet, geflochtene Epauletten auf dem hellen Sakko, Eichel geschmückter grüner Kragen, grüne Taschenpaspe-len, schwarze Hose, ein wahrlich prachtvoller Anblick.

1995 wurde das erste Schützenfest unseres Vereins durchge-führt. Anlass war das fünfjährige Bestehen des Vereins sowie die Fertigstellung der Vereinsfahne welche im Rah-men des 33. Borbergfestes und den Feierlichkeiten zum 140-jährigen Jubiläum der Freiwilligen Feuerwehr der Stadt Kirchberg festlich geweiht wurde.

In dem mit Silberfransen umfassten Tuch unserer Fahne sitzt mit breit ausladenden Flügelpaar ein Adler über einer runden Zielscheibe, darunter ein gestreckter Lorbeerhalb-kranz. Aufgestickt der Text: Schützenverein Rödelbachtal

(v.l.n.r.), Fähnrich Stefan Göschel und Sportleiter Wolfgang Dra-heim mit der Vereinsfahne

Vorn: (v.l.n.r.) Sportleiter Wolfgang Draheim, Vorsitzender Helmut Polster, Schatzmeister Klaus Wagner, Beisitzer Karsten Münch,
Mittlere Reihe: Beisitzer Dietmar Gerisch, Schriftführer und 2. Kreisschützenmeister im SSK 3 Matthias Heyne, Mitglied Werner Muhr,
Hinten: Fähnrich Stefan Göschel, Mitglied René Wolf

Schützenkönig, Schmiedemeister Uwe Riedel

1990 e. V., in allen vier Ecken fächerförmig Eichenlaub drapiert. Die Rückseite ziert ein Sachsenwappen. Auch bei anderen kulturellen Höhepunkten Kirchbergs und der Umgebung ist der Schützenverein präsent, gleich, ob es um Salutschüsse oder die Ausrichtung von Wettkämpfen geht. Im Sommer 1996 haben wir uns auf dem Vereinsgelände unseren eigenen Festplatz geschaffen, um die jährlichen Vereinsfeste sozusagen „vor Ort" durchführen zu können. In den Jahren 1998, 1999 und 2000 haben wir unser Vereinsheim komplett aus- und umgebaut.

Entstanden sind dabei ein Aufenthaltsraum für unsere Mitglieder und ein Raum, in dem das Schießen mit Luftdruckwaffen auf 10 m für Training und Wettkampf und für die Jugendarbeit eingerichtet wird, sowie moderne Sanitäreinrichtungen. Eine dem heutigen Stand der Technik entsprechende Heizungsanlage wurde ebenfalls eingebaut.

Am 7. Oktober 2000 hatte unser Verein die Ehre, Ausrichter des VII. Treffens sächsischer Schützenvereine zu sein, was bis auf die Wetterkapriolen (es regnete in Strömen), ein gelungenes Fest war, welches uns und unseren Gästen bestimmt in guter Erinnerung bleiben wird.

Für die hervorragende Organisation und Durchführung dieser Veranstaltung wurde der Verein mit dem Ehrenband zur Fahne durch den Sächsischen Schützenbund ausgezeichnet. Die seit 1995 jährlich stattfindenden Schützenfeste sind mittlerweile ein fester Bestandteil des kulturellen Lebens in der Borbergstadt Kirchberg. Aus diesem Anlass findet der Wettkampf um den Wanderpokal unseres Vereins statt, verbunden mit öffentlichen Preisschießen, um der Bevölkerung unser Vereinsleben noch näher zu bringen. Höhepunkt ist dabei der Schützenball, wo der Schützenkönig des Vereins proklamiert wird.

Unsere Mitglieder nehmen zahlreich an den ausgeschriebenen Vereinsmeisterschaften teil und qualifizieren sich somit für die entsprechenden Kreismeisterschaften. Hierbei konnte der Verein schon mehrmals den Kreismeister und sogar einen Kreisschützenkönig stellen. Bei den Bezirks- und Landesmeisterschaften wurden vordere Plazierungen durch unsere Sportler erreicht.

Helmut Polster   *Matthias Heyne*
1. Vorsitzender   *Schriftführer*

Schützenverein Burgstädt e. V.

Der Schützenverein Burgstädt e.V. wurde am 19. Juni 1990 gegründet.
Heute zählt der Verein 53 Mitglieder

Der <u>Vorstand</u> setzt sich wie folgt zusammen:
- 1. Schützenmeister   Erhard Schroth
- 2. Schützenmeister   Joachim Opitz
- Schatzmeister   Uli Mothes
- <u>Vorstandschaft</u>
- Sportwart   Anneliese Falkenberg
- Schriftführer   Ines Schmidt

Zur Historie:

Der Burgstädter Schützenverein zählt zu den ältesten Vereinen der Stadt Burgstädt. Er wurde als Privilegierte Schützengesellschaft im Jahre 1736 gegründet und bestand bis zum Ende des II. Weltkrieges.

Der wohl größte Höhepunkt in dem langjährigen Vereinsleben war, dass der Schützenkönigsschuss von König Johann von Sachsen im Jahre 1861 geschossen wurde. König Johann hatte die löbliche Gepflogenheit, sein Land jährlich zu besuchen, und so kam er 1861 nach Burgstädt, gerade zur Zeit des Schützenfestes, an dem er dann auch teilnahm.

Im Wandel der Zeiten hatte die Schützengesellschaft verschiedene Aufgaben zu erfüllen, u. a. Beistand bei Feuer- und Wassergefahr, Gefangenentransporte und Botendienste. 1887 kamen zum Jubiläums-Schützenfest (150 Jahre) und Einweihung der neuen Schützenloge hinter dem Wettinhain 800 Gäste, und ein Beauftragter überbrachte die von König Albert gestiftete Fahne, deren Weihe den Höhepunkt darstellte. Um den Neubau der Schützenloge zu finanzieren wurden 250 Aktien von je M 50,- ausgegeben, wobei der größte Teil von den Mitgliedern erworben wurde.

Aber die Burgstädter Schützengesellschaft leistete auch gern anderen Einladungen Folge. So waren sie mit ihren 2 Kanonen und ihrer „Musik" beim Schützenfest in Lunzenau, in Chemnitz und bei Festlichkeiten der gräflichen Familie in Rochsburg vertreten.

Im Jahr 1936, also nach 200 Jahren, waren 132 Schützen Mitglied der privilegierten Schützengesellschaft. Zu diesem Anlass wurde extra eine Chronik über die 200jährige Vereinsgeschichte durch Kurt Haller geschrieben.

Die Schützen der Schützengesellschaft sind in den letzten Jahren vor dem geschichtlich begründeten zwangsweisen Aussetzen jeglicher Schützenvereinstätigkeit durch ihre sehr guten Schießerfolge über die Stadtgrenzen hinaus bekannt geworden.

So errang z. B. Paul Strecker 1927 beim Deutschen Bundesschießen den 1. Preis.

Der Schützenverein Burgstädt e.V. heute

1991 wurde das erste Schützenfest nach der Neugründung gefeiert. Hier wurde auch der erste Schützenkönig gekürt.

1992 begannen wir mit dem Ausbau des Schießkellers im Gebäude des Polizeireviers Burgstädt, welcher durch den Verlauf des Hauses nie beendet werden konnte.

Er wurde nur als Luftgewehrschießstand genutzt. Nach Beratungen mit dem Reitverein Burgstädt und deren Zustimmung, wurde mit dem Einbau einer KK-Anlage begonnen und wir erhielten 1994 die Erlaubnis zum Betrieb dieser Schießstätte. Für Vorderlader- und Großkaliberdisziplinen werden die Schießstände anderer Vereine genutzt.

1994 fand als einer der Höhepunkte in der Vereinsgeschichte die Fahnenweihe statt.

Fahnenweihe 1994   *(Foto-König)*

1996 verwirklichte sich der Traum von einer eigenen Schießstätte. Nach Bewältigung aller Hürden erhielten wir die ehemalige Segelflughalle. Um dieses Gebäude irgendwann als Schießstand zu nutzen, musste es von Grund auf saniert werden.

Unser neues Schützendomizil befindet sich unweit der grünen Lunge von Burgstädt (Wettinhain), am Fuße des Taurasteinturms.

Da es sehr viel Arbeit gab, und nur begrenzte Mittel zur Verfügung standen, war Eigeninitiative sehr gefragt. Bis zum Jahr 2000 wurden 10.750 feiwillige Arbeitsstunden von Mitgliedern erbracht.

Im April 2000 konnte bereits die Luftgewehranlage in Betrieb genommen werden, sie wurde mit einem öffentlichen Preisschießen eröffnet. Hier sind 12 Stände mit moderner Seilzuganlage. Bereits im nächsten Jahr kann die 25-Meter-Bahn für Kleinkaliber genutzt werden. Weiterhin wird an einer 50-Meter-Bahn für alle Kaliber gearbeitet.

Mitglieder beim Bau unseres Schützenhauses 1999

Unsere Schützen in historischer Uniform beim Altstadtfest 1996 in Burgstädt   *(Foto-König)*

Im Jahr 2000 feierten wir als weiteren Höhepunkt unser 10-jähriges Jubiläum mit einem 3-tägigen Schützenfest.

Traditionen:

- Königsschießen und Schützenball
- Teilnahme am Altstadtfest
- Sonnenwendfeuer
- Eröffnungsschießen von städtischen Veranstaltungen
- Weihnachtsfeier mit Kegelabend
- Männertagsausflug
- Teilnahme am Treffen Sächs. Schützen
- Böllerschießen für Mitglieder bei Jubiläen

Schießerfolge:

In den letzten 10 Jahren, nach der Gründung des Vereins erreichten wir folgende Ergebnisse bei Meisterschaften:

Einzeln:

Kreismeister:	21
2. Platz:	31
3. Platz:	13
Bezirksmeister:	12
2. Platz:	8
3. Platz:	4

Landesmeister:	13
2. Platz:	7
3. Platz:	7

Deutsche Meisterschaften:

5 Starts,
beste Platzierung   15. Platz

Mannschaft:

13 Meistertitel (verschiedene Meisterschaften)
3 x   3. Platz

Kreisliga:

Luftpistole seit 1997:
2 x   2. Platz
1 x   3. Platz

Perkussionsgewehr seit 2000:
               1. Platz

Ines Schmidt

Der Schützenverein Burgstädt e.V., aufgenommen beim 10-jährigen Jubiläum im Jahr 2000   *(Foto-König)*

Schützenverein „1809 Seifersbach" e. V.

Der Tradition verpflichtet

Seit dem 03. Juli 1990 wurde unser Schützenverein unter der Nummer 54 im Vereinsregister des Kreisgerichts Hainichen eingetragen. Heute beträgt die Zahl der im Verein tätigen Schützen, 45.

Eigentlich beginnt die Sache mit dem Vogelschießen, nach dem II. Weltkrieg, schon im Jahre 1986. Wie war das damals?

In Seifersbach gab es einen Grund zum Feiern. Die im September 1886 gegründeten Freiwillige Feuerwehr hatte Geburtstag, nämlich den Hundertsten. Wieviel in den vergangenen Jahrzehnten Anlass zur Geburtstagsfeier war, oder der Geburtstag als Anlass zum Feiern genutzt wurde, soll an dieser Stelle nicht näher untersucht werden.

Gefeiert sollte werden, aber was wird geboten?

So lag es nahe, sich an alte Traditionen zu erinnern. Eine solche ist in Seifersbach das Vogelschießen. 1809 erstmals urkundlich erwähnt, sollte es zur Hundertjahrfeier der Freiwilligen Feuerwehr von Seifersbach der Umrahmung dienen.

Wer durfte überhaupt schießen und womit sollte geschossen werden?

Das waren die Fragen, die es damals zu beantworten galt. Von den zu der Zeit Regierenden war schon der Personenkreis, der schießen durfte und musste, ganz genau umgrenzt. Aber wer sollte dem "einfachen" Bürger erlauben, auf einen Holzvogel zu schießen?

Es bedurfte einer Menge Fragerei, Lauferei und Bettelei, um alle Amtsgewaltigen von dem Unterhaltungswert des Vogelschießens zu überzeugen. Jetzt durfte man, aber womit schießen? Dank der Tatsache, dass eine Familie einer Nachbargemeinde im Besitz von Armbrüsten war, und selbige uns zur Verfügung stellte, zumal diese Waffen auch noch behördlich registriert und lizenziert waren, stand dem Vorhaben nichts mehr im Wege. Nun fehlte nur noch ein Vogel aus Holz, der von Maß und Güte her, einem Vogelschießen würdig war. Die Organisatoren der Jubelfeier konnten sich des Ansturmes schießwilliger junger Männer kaum erwehren. Ging es doch nicht ums Töten, sondern in einem unblutigen Wettkampf, um das letzte Stück eines hölzernen Vogels. Der somit ermittelte Schützenkönig sollte dann vom Bürgermeister die Schützenschärpe um den Hals gelegt bekommen. Der anschließend lustigen und feuchtfröhlichen Huldigung des frisch gekrönten Schützenkönigs gewährte man freien Lauf. So stand es auch in dem mittlerweile erstellten Statut des Schützenvereins.

Das 1. Vogelschießen, am 07. September 1986, nahm seinen Lauf und wurde zu einer spannenden Attraktion. Am besagten Sonntag hatte Seifersbach noch eine weitere Besonderheit zu bieten.

In einer Pferdekutsche kam der Bürgermeister, mit dem einzigen damals noch lebenden Vereinsmitglied von der ehemaligen Schützengesellschaft, auf die Festwiese. Nachdem der aufgestellte Schlagbaum, der die Trennung zwischen Stadt und Land symbolisieren sollte, von zwei Zimmerleuten durchtrennt war und somit der Weg zum Vogelschießen frei wurde, durfte das Ehrenmitglied von der einstigen Schützengesellschaft, den ersten Schuss als Eröffnung des Schützenfestes 1986 auf den Vogel abgeben.

Schützenverein 1809 Seifersbach e. V. zur Fahnenweihe 1995

*Die große Tradition
der Seifersbacher Schützen
zeigen diese dekorativen historischen Aufnahmen*

Am frühen Nachmittag des 07.09.1986 wurde in Seifersbach der erste Schützenkönig nach dem II. Weltkrieg vom Bürgermeister gekrönt. Damit war der Weg frei für weitere Veranstaltungen in unserer Gemeinde. Künftig bekamen die Sommerfeste die Bezeichnung "Bauernmarkt und Schützenfest". Seit einigen Jahren ist es nun aber schon das traditionelle Seifersbacher Schützenfest, was alljährlich ein Höhepunkt im Vereinsleben der Gemeinde ist.

Die Vereinsmitglieder fördern die Interessen der Jugend und die sinnvolle Nutzung des Brauchtums. Die Jugend des Vereins wird von geschulten und zuverlässigen Mitgliedern angeleitet und betreut. Die jungen Schützen konnten schon erfolgreich an einigen Wettkämpfen teilnehmen. Hier schießt man natürlich nicht mehr mit der Armbrust, sondern mit Druckluft- oder Kleinkaliberwaffen. Das und vieles Andere wird vom Alter, von der Qualifikation und der Eignung des Schützen abhängig gemacht.

Großgeschrieben wird bei uns auch die Schützenkameradschaft zum Partnerverein "Schützenverein 1925 Weissenau e.V." bei Ravensburg nahe des Bodensees. Dort nehmen wir auch jährlich am "Herbst- und Königsschießen" teil. Selbstverständlich sind die Vereinsmitglieder ständig am Ausbau und der Erweiterung ihrer Übungsanlage interessiert und bieten dafür alle verfügbaren Kräfte auf. Die Arbeit der Schützenkameraden beschränkt sich nicht alleine auf das Schießen, sondern sie gilt allen Bürgern unserer Gemeinde. Auf der Suche nach weiteren Sachzeugen oder Dokumenten zur alten Schützengesellschaft Seifersbach sind wir für jeden Hinweis dankbar.

Der Vorstand
des „Schützenverein1809 Seifersbach e.V." i./Sa.

Seifersbacher Schützenlied

Seifersbacher Schützenfest, du bist sehr bekannt.
Gäste finden sich hier ein aus dem weiten Land.
Hängt der Vogel stolz am Mast, ist die Spannung groß,
und wenn das Kommando kommt, geht es auch schon los.

Seifersbacher Schützenfest, du hast Tradition.
1809 bereits kannte man dich schon.
Lange Zeit hast du geruht bis zum Neubeginn.
Seitdem zieht es jung und alt auf den Festplatz hin.

Seifersbacher Schützenfest, du wärst kaum beliebt,
hättest du nicht den Verein, der den Inhalt gibt.
Jeder Schütze, das ist klar, ist aus echtem Holz,
und wenn er gar König wird, ist er mächtig stolz.

Refrain:
Spannt die Armbrust, legt den Bolzen ein,
denn der Vogel will bezwungen sein.
Wenn das letzte Stückchen Holz dann fällt,
geht ein "Hurra" um die ganze Welt.

Text und Musik:
Günther Thümer
April 1994

„Schützenverein 1809 Seifersbach" e. V.

1. Stollberger Polizeisportverein e.V.
Schützengemeinschaft Oelsnitz

Die Schützengemeinschaft Oelsnitz kann auf eine lange Tradition im sportlichen Schießen verweisen. Schon zu DDR-Zeiten wurde aktiv das Sportschießen betrieben und die noch vorhandene Schießkladde ist aus dem Jahre 1962 datiert, 23.10.1962 konkret. Seit diesem Zeitpunkt waren Schützen innerhalb der Sportvereinigung Dynamo Stollberg als eigenständige Abteilung tätig.

Geschossen wurden anspruchsvolle Disziplinen und auch Wettkämpfe die volkssportlichen Charakter hatten.

Die Resonanz war groß, es war eine Jugendabteilung. Seit dieser Zeit wurde aber auch am Schießstand gearbeitet um überhaupt Möglichkeiten zu haben, um schießen zu können.

Jugendliche beim Standbau 1976

So kam es auch dann im Laufe der Zeit, dass die in der Regel jungen Schützen erwachsen wurden. Sie arbeiten schon eigenständig im Training und zu den Wettkämpfen.

Die Ausstattung der ehemaligen Sektion Sportschießen war ausgezeichnet, ob Bekleidung, Waffen oder Zubehör, alles war vorhanden und wurde von der Sportvereinigung Dynamo zur Verfügung gestellt.

1989/1990 kam dann die Wende. Mit einem Schlag war die Sektion ohne Waffen und ohne Schießstand. Alles wurde eingezogen, der Schießstand fiel Baumaßnahmen zum Opfer, ein Abwasserkanal musste durch das Gelände geführt werden. Ein jähes Ende für unseren Schießsport war besiegelt.

1990/1991 tauchten plötzlich Personen aus dem „Westen" unserer Heimat auf. Sie brachten Polizei und Polizeisport unter einen Hut.

Der uns allen unvergessene Robert Frings (†) war besonders aktiv und leitete eine Zusammenarbeit mit dem PSV Bad Neuenahr-Ahrweiler ein.

Er wollte und konnte nicht verstehen, dass wir die Flinte in das berühmte Korn werfen wollten. Er überzeute uns, auch ehemalige Sportfreunde wie Jens Leichsenring und Frank

Lämmel waren wieder zur Stelle, als sie hörten, es wird eventuell wieder geschossen.

Der KK-Schießstand in Oelsnitz wurde von der Stadtverwaltung zur Verfügung gestellt. Es wurden einige Waffen vom Polizeisportverein wieder zurückgeführt. Der Schießstand wurde konzipiert und unter breiter Mitarbeit von Sportfreunden, die neu hinzugekommen waren, wieder instand gesetzt.

Der größte Teil wurde in Eigenleistung geschaffen.

Robert Frings war zufrieden, so konnte die Arbeit weiter geführt werden

1993 hatte sich die Schießsportabteilung im 1. Stollberger Polizeisportverein e. V. mehr und mehr eigenständig profiliert.

Es wurde eine Satzung verabschiedet in der die Eigenständigkeit betont wurde und damit allen Bürgern die Schützengemeinschaft Oelsnitz für das sportliche Schießen offen stand.

Die Freunde aus Bad Neuenahr führten den ersten Sachkundelehrgang durch und es konnten die Prüfungen für den Besitz der WBK abgelegt werden.

Wettkampf mit den Reinländern

Robert Frings (†) und der Vorsitzende des SG Oelsnitz, Christian Böhm

1994 konnte dann unser Schießstand eingeweiht werden, Freunde vom Rhein stellten sich im Wettkampf und wie konnte es anders sein, sie gewannen.

Die Schützengemeinschaft entwickelte sich in den weiteren Jahren prächtig, neben dem Training wurden Wettkämpfe absolviert.

Unter der Einbeziehung von unserer Jugend wurde der Schießstand ständig instand gesetzt. Die Anlage kann sich schon sehen lassen.

Dem Schießsport gehen nun 16 Jugendliche und 52 Erwachsene nach. Es ist eine gute Mischung aus Jung und Alt.

Natürlich werden auch Wettkämpfe bestritten und die Erfolge brauchen wir nicht unter den Scheffel zu stellen.

Das Jahr 2001 war für die Schützengemeinschaft ein besonderer Höhepunkt. Als Verein kann man sich ja nicht der Öffentlichkeit entziehen, es musste also eine Vereinsfahne angeschafft werden. So wurde dann auch unter großer Teilnahme der Einwohnerschaft der Stadt Oelsnitz und 12 Schützenvereinen aus dem SSK 3, die Fahne geweiht.

Als Gäste waren der Herr Plügge vom Sächsischen Schützenbund, der Herr Landrat Hertwich und der Bürgermeister der Stadt Oelsnitz und der Herr Richter anwesend. Er vollzog die Weihe. Diese Veranstaltung war der bisherige Höhepunkt im Vereinsleben der Schützengemeinschaft Oelsnitz.

1999 die Mannschaft hatte den vom Landrat, Herrn Hertwich, gestifteten Wanderpokal gewonnen.

Fahnenweihe am 19.06.2001 im Rahmen 15 Jahre Bergbaumuseum Oelsnitz

Alte erfahrene Schützen wie, Wolfgang Dick und Hans Reifenschneider, seit mehr als 30 Jahren aktiv, fühlen sich der Schützengemeinschaft ebenso verbunden wie unsere Jungschützen.

Frank und Steffi Lämmel, Jens und Elke Leichsenring oder Joachim und Regina Schreiter sind ganz in Familie dabei und gehören zu den Stützen der Schützengemeinschaft Oelsnitz.

Nicht zu vergessen, Steven Walther und Holm Liebsch, die sich besonders unseren jungen Schützen widmen.

Alle genannten Schützen sind schon viele Jahre im Schießsport aktiv. Sie werden die langjährige Tradition der Schützengemeinschaft Oelsnitz weiterführen.

Der Schießstand mit neuem „Gesicht"

Alte Schießkladde aus dem Jahre 1962

Christian Böhm
Vorstand der SG

Schützengesellschaft zu Langenhessen e.V.

Historisches:

Die Schützengesellschaft zu Langenhessen wurde am 01.03.1878 gegründet.

Am 11.05.1878 wurde die Gründungsurkunde unterzeichnet. Bereits im Jahr 1879 waren über 65 Bürger als Mitglieder eingeschrieben. In den Jahren des 2. Weltkrieges wurden die Aktivitäten eingestellt. Unmittelbar nach Beendigung des Krieges erfolgte die Eingrabung der Vereinskanonen, um sie nicht der russischen Plünderung preiszugeben.

Die Gründungsurkunde

Der Neubeginn: Am 19.05.1995 erschienen zehn Personen in der Gaststätte „Zwei Linden" und gründeten die „Schützengesellschaft zu Langenhessen e. V." neu.

Anknüpfend an alte Traditionen und Brauchtum soll das Vereinsleben, die gegenseitige Hilfe und die Jugendarbeit der Hauptbestandteil der Arbeit im Verein sein.

Am 24.11.1995 wurde die alte Vereinsfahne von Bürgermeister Lothar Plehn feierlich an die „Schützengesellschaft zu Langenhessen e.V." übergeben.

7.- 9. Juni 1996 feiern wir unser erstes Schützenfest, verbunden mit der Fahnenweihe.

Höhepunkte des Vereinslebens

Übergabe der historischen Fahne von Bürgermeister Plehn

Erstes Schützenfest 1996

Feierliche Fahnenweihe zum Schützenfest 1996

Vereinshaus „Albertsruh"

Im Jahre 1996 wurde bei Bauarbeiten im Ort das Original-kanonenrohr des Vereins wiedergefunden. In mühe- und liebevoller Kleinarbeit wurde die Kanone restauriert und steht nun dem Verein im alten Glanz zur Verfügung.

1997 wurde die Gaststätte „Albertsruh" vom Verein gepachtet. Nach umfangreichen Baumaßnahmen konnte das Vereinshaus am 28.11.1997 eröffnet werden.

Die Firma Boltze übergibt das Kanonenrohr am 25. Oktober 1996. Noch sieht das alte Kanonenrohr recht unansehnlich aus …

Vereinshaus „Albertsruh"

Es ist den Mitgliedern der Schützengesellschaft gelungen, das Schützenhaus zu kaufen und eine eigene Schießanlage anzubauen.
Die bereits durchgeführten Veranstaltungen zeigen reges Interesse bei den Mitgliedern, Gästen und Jugendlichen, so das wir glauben, einen wesentlichen Beitrag zur Freizeit-gestaltung und Jugendarbeit in unserem Ort beitragen zu können.

… doch schon bald weckt sie den letzten ruhenden Schützen…

… mit unüberhörbarem Donnerhall • unsere Vereinskanone.

Schießwettkampf auf der eigenen Schießanlage

Schützenverein Lauenhain e. V.

Der Schützenverein Lauenhain e.V. ist Mitglied im

- Deutscher Schützenbund e.V.
- Sächsischer Schützenbund e.V.
- Sportschützenkreis 3 Chemnitz/Zwickau sowie im
- Landessportbund Sachsen e.V.
- Kreissportbund Zwickauer Land e.V.
- Stadtsportverband Crimmitschau e.V.

Der Vorstand:

Vorsitzender:	Eberhard Schröter, Schützenmeister
Stellvertreter:	Gerhard Bergmann
	Stellv. Schützenmeister
Schatzmeister:	Carsten Hupfer
Waffenmeister:	Lutz Gützold
Schriftführer:	Wolfram Endrigkeit
Sportleiter:	Kurt Glaser

Am Rande der westsächsischen Industriestadt Crimmitschau liegt in einem Seitental der Pleiße, umgeben von Wäldern und Feldern, die Ortschaft Lauenhain. Bereits 1881 würdigte König Albert von Sachsen während eines Manövers die schöne Landschaft von Lauenhain.

Im Mai 1995 gründeten 10 schießsportbegeisterte Einwohner im hiesigen Gasthof den Schützenverein Lauenhain. Auf der Suche nach den Wurzeln des Schützenwesens im Territorium und zum Selbstverständnis des Vereins fanden Mitglieder heraus, dass in der Ortschaft früher ein König-

lich Sächsischer Militärverein existierte und das Schützenwesen in Crimmitschau eine mehrhundertjährige Tradition hat. Ein guter Grund, die Sache genauer zu betrachten.

Das Jahr 1603 gilt als offizielles Gründungsjahr der Armbrustschützengesellschaft zu Crimmitschau. Jedoch weisen urkundliche Erwähnungen darauf hin, dass es Schützenvereinigungen im Territorium schon früher gab. So ist im Stadtbuch von Borna 1434 vermerkt, dass die Stadt Crimmitschau Beschwerde führte, weil ihre Schützen nicht eingeladen wurden. 1511 gab die Stadt ihren Schützen 30 Groschen Zehrgeld für die Teilnahme an einem Treffen in Glauchau.

1623 zählten zum Schatz der Schützengesellschaft zu Crimmitschau 50 Schilde und Vogelstange. 16 Schilde waren verkauft worden. Rechnet man je ein Schild einem Schützenkönig zu, dann hat man bereits 1557 einen Schützenkönig gekürt.

Die Recherchen zu den Traditionen erfolgten erst nach der Gründung und der Namensgebung des Vereins. Die Gründungsmitglieder waren in den ersten Jahren mit Fragen des Aufbaus und der Organisation des Vereins beschäftigt.

Die geschichtlichen Fakten wurden nach und nach, vor allem bei der Suche nach geeigneten Formen der Brauchtumspflege im Verein zu Tage gefördert. Der Name und die Fahne des Schützenvereins Lauenhain sind auf die Ortschaft Lauenhain fixiert. Sie weisen auf die Neugründung hin.

Gruppenbild des Schützenverein Lauenhain e.V. mit der Mehrzahl der Vereinsmitglieder

Vereinsfahne

Rückseite   Vorderseite

Der Verein sieht sich deshalb nicht als direkter Nachfolger früherer Vereinigungen in Crimmitschau. Jedoch fühlen sich die Vereinsmitglieder den Traditionen des Schützenwesens im Territorium verpflichtet, und sie haben getreu dem Goethewort

„Was Du ererbt von Deinen Vätern,
bewahre es, um es zu besitzen!"

viel getan, um Brauchtum zu pflegen und Traditionen wiederzubeleben.

Davon zeugen die Schützenkleidung des Vereins, das Königsschießen mit der Armbrust nach dem Adler, die Schützenfeste, das Salutschießen, der Königsball, die Schützenkette und Ehrenscheiben ebenso wie die Teilnahme an Schützenumzügen der benachbarten Vereine, die Ausgestaltung des Schützenhauses und traditionelle Schießwettbewerbe.

Wie überall, kam auch hier in der Region das Schützenwesen während des Krieges und in der Nachkriegszeit zum Erliegen. Aber 60 Jahre sind angesichts einer viele hundert Jahre alten Tradition nur eine Episode in der Geschichte.

Was über Jahrhunderte im Volke gewachsen ist, wird immer Bestand haben. Es gehört zu uns, zu unserer Geschichte, zu unserem Leben.

Die Mehrzahl der Bürger freut sich, dass es hier Menschen gibt, die Traditionen bewahren und für die Nachwelt lebendig machen. Die Akzeptanz zu den Aktivitäten des Vereins zeugen davon.

Von entscheidender Bedeutung für die Entwicklung des Vereins war ein Beschluss des damaligen Gemeinderates Lauenhain, ein Grundstück mit einem Bauernhof zu erwerben und die Scheune zu einem Vereinshaus umzubauen.

Im Oktober 1998 wurde das Schmuckstück der Gemeinde Lauenhain offiziell seiner Bestimmung übergeben. Die Gemeinde und der Schützenverein unterzeichneten eine Vereinbarung zur kostenlosen Nutzung des Vereinsraumes und der Luftgewehrschießanlage.

Durch Eingemeindung fiel das Vereinshaus an die Große Kreisstadt Crimmitschau. Im Mai 2000 übertrug die Stadt durch Vertrag die Verantwortung für das gesamte Haus dem Schützenverein Lauenhain e.V..

Höhepunkt im Jahr 2000 war die Fahnenweihe im vereinseigenen Festsaal des Schützenhauses. Der Vorsitzende, Schützenmeister Eberhard Schröter bei der Festrede flankiert von den Fahnen befreundeter Schützenvereine

Damit verfügt der Schützenverein über einen Saal mit 100 Plätzen, einen großen Spiel- und Gemeinschaftsraum, einen schönen Vereinsraum, Schießanlage, Kegelbahn, moderne sanitäre Einrichtungen und Nebengelass.

Das Schützenhaus ist aber nicht nur Heimstatt für die 40 Mitglieder. Es hat sich zum Zentrum des sportlich kulturellen Lebens der Ortschaft Lauenhain entwickelt. Gemeinsam mit den Einwohnern der Ortschaft und verschiedenen Interessengruppen organisiert der Schützenverein zahlreiche Veranstaltungen für alle Altersgruppen, natürlich auch für Kinder, Jugendliche und Senioren. Dazu gehören Fasching, Sportlerball, Silvesterparty, Schützenfeste, Weihnachtsfeiern und vieles mehr. Das Haus steht kleineren Gruppen und Vorhaben sowie zur individuellen Nutzung für Familien zur Verfügung.

Wie vor Jahrhunderten tragen in der Region die Schützen auch heute Verantwortung für das Gemeinwesen. Das wird von der Bevölkerung in hohem Maße anerkannt. Der Schützenverein Lauenhain genießt im Territorium großes Ansehen. Nicht umsonst wird er immer wieder gebeten, Veranstaltungen in Crimmitschau und Umgebung durch seine Teilnahme zu bereichern. Die Schützen halten Kontakt zu anderen Sportvereinen und dem Heimatverein

Gründungsmitglieder treffen sich nach fast 6 Jahren zu einem Fototermin

Crimmitschau. Anerkennung erfährt der Verein auch durch die Tatsache, dass es sich nicht um eine elitäre Vereinigung handelt, sondern der Verein jedem offensteht.

Mit zur Zeit 40 Mitgliedern hat der Verein eine gute Perspektive weiter zu wachsen, den Breitensport auszubauen, Heimatverbundenheit, Geselligkeit und Gemeinschaftsleben zu fördern, Traditionen, Brauchtum und Kultur zu pflegen.

Eberhard Schröter

Schützenkönig 2000 Dieter Worm mit dem 1. Ritter Steffen Hupfer und dem 2. Ritter Gerhard Bergmann
Der Adler für das Königsschießen 2001 wartet schon auf den neuen Schützenkönig

Das Schützenhaus ist sportlich-kulturelles Zentrum der Ortschaft Lauenhain (oben). Vor dem Saal befindet sich im Schützenhaus ein geräumiger Spiel- und Gemeinschaftsraum (unten).

Der Vorstand mit Fähnrich Rico Gräfe

Der Schützenverein begibt sich auf glattes Eis
Zur Fahnenweihe des Eishockey- u. Tennisclubs Crimmitschau (ETC) schießt der Schützenverein Lauenhain vor 5000 Zuschauern 3 Schuss Ehrensalut

Priv. Bogen- und Scheibenschützengesellschaft Geringswalde 1498 e. V.

Die Anfänge des Geringswalder Schützenwesens stammen wahrscheinlich, wie bei mehreren Orten der Region, aus dem Beginn des 15. Jahrhunderts. Geschichtlich nachweisbar ist die Existenz jedoch erst duerch einen Grundstücksverkauf von 1485 an die Schützengesellschaft. Als „Geburtsurkunde" gilt seit jeher aber die Privilegierungsurkunde des Bischofs Johannes von Meißen zur Weihe eines Schützenaltars in der Geringswalder Kirche vom 6. Februar 1498. Dieser den Schutzheiligen St. Fabian und St. Sebastian gewidmete Altar sowie die Einrichtung einer Stiftung brachten der Schützenbruderschaft Ansehen und Geltung.

Neben den Aufgaben zum Schutz der Bevölkerung sowie des Hab und Gutes konnten die Geringswalder Schützen bereits im Mittelalter auf ein Schützenfest mit Vogelschießen und Jahrmarkt verweisen, wie ein Dokument mit der Bezeichnung **„Ordnung und Artikels Brieff der löblichen Schutzen Gesellschaft des marcks Geringwalde"** vom 11 Juni 1569 beweist.

Diese Ordnung kann als eines der frühesten Statuten der Geringswalder Schützengesellschaft angesehen werden, denn neben den Regeln zum Vogelschießen gibt es eine Vielzahl von Verhaltensbestimmungen in der Gesellschaft. Bis zu Beginn des 2. Weltkrieges gab es ein reichhaltiges Vereinsleben im Geringswalder Schützenhaus mit seinen Schießbahnen unterhalb des Friedrich-August-Turmes, welches 1898 zur 400-Jahrfeier eingeweiht wurde, nachdem das 1485 erworbene Gelände wegen der städtischen Bebauung und des Eisenbahnbaues aufgegeben werden musste.

Nach dem Krieg wurden im Rahmen der Entmilitarisierung die Gebäude abgerissen und der Verein aufgelöst. Während der DDR-Zeit gab es in Geringswalde kaum Interessenten für das Schießen innerhalb der GST-Organisation.

Erst 1997 fanden sich einige Gleichgesinnte aus dem Heimat- und Gewerbeverein zur Wiederbelebung einer langen Schützentradition. Am 09.07.1997 fand in der Gaststätte und Pension „Am Zwinger" unter Leitung von H. Zöpfel die Wiedergründung der Privilegierten Bogen- und Scheibenschützengesellschaft Geringswalde 1498 e.V. statt. Von den 13 Gründungsmitgliedern wurde innerhalb kürzester Zeit mit viel Engagement Großes geleistet. Neben den üblichen bürokratischen Vereinshürden wurden die WBK-Prüfungen abgelegt, eine der Geringswalder Tradition angepasste Schützenkleidung erworben und die neue Vereinsfahne angeschafft.

Es war auch Eile geboten, denn im September 1998 konnte im Beisein des Präsidenten des Sächsischen Schützenbundes, Prof. Dr. Bauer, die Fahnenweihe anlässlich der 500-Jahrfeier der Gerinswalder Schützengesellschaft zusammen mit Partnervereinen der Region gefeiert werden.

Obwohl der Verein keinen eigenen Schießplatz besitzt, gibt es für die zwischenzeitlich auf 32 angewachsene Mitgliederschar ein abwechslungsreiches und interessantes Vereinsleben. Neben den regelmäßigen monatlichen Treffen des Vereins und den schießsportlichen Wettbewerben mit KK-Lang- und Kurzwaffen im Schießstand Milkau konnte 1999 ein Vogelschießstand nach den Vorlagen des DSB als Zentrum des jährlichen Schützenfestes und im Jahr 2000 ein transportabler LG-Schießstand eingeweiht werden. Das seit 1999 im Ortsteil Altgeringswalde stattfindende Schützenfest mit Festumzug, Vogelschießen und vielen weiteren Aktionen wurde bereits für die Geringswalder Bevölkerung und Partnervereine aus der Region zur schönen Tradition.

Als vorrangiges Ziel der Geringswalder Schützen gilt nun der Aufbau einer Jugendgruppe, um dem Nachwuchs eine sinnvolle Freizeitgestaltung zu bieten und auch zukünftig die Schützentradition weiter zu fördern.

Gruppenaufnahme der Privilegierten Bogen- und Scheibenschützengesellschaft Geringswalde e. V.

Sommerbiathlon und Schützenverein „Pluto" e.V. Gersdorf 1990-2000

Die Gründungsmitglieder waren:

Peter Parthum	Klaus Wollny
Dieter Wollny	Michael Jahn
Karl-Hermann Schreiter	Manfred Schauer
Norbert Stock	Dieter Müssig

Der Name resultiert aus einer alten Bergbautradition, wobei der damalige GST-Schießstand auf dem ehemaligen Gelände des Merkur- und Plutoschachtes übernommen wurde. Da es an finanziellen Hilfen fehlte, wurden die Mitglieder in Eigeninitiative sowie mit eigenen Mitteln aktiv, um einen attraktiven und wettbewerbsfähigen Stand zu errichten, auf dem ein regulärer Trainings- und Wettkampfbetrieb stattfinden konnte. So wurden die sechs Bahnen für 50 m Langwaffe ausgebaut. Später kamen dann drei weitere 25 m Bahnen für Kurzwaffe hinzu.

Der erste Vorstand des Sommerbiathlon und Schützenvereins setzte sich wie folgt zusammen:

Präsident	Peter Parthum
1. Stellvertreter	Dieter Wollny
2. Stellvertreter	Dieter Müssig
Schatzmeister	Norbert Stock
Sport- und Schieß-standwart	Klaus Wollny

Die erste Mitgliederversammlung fand am 06.09.1991 in der Gaststätte Haldenrausch in Gersdorf statt. Hier einige Auszüge:

Als Kassenprüfer wurden Walther Lankuttis und Sieghard Schmidt gewählt. Die Satzung wurde verlesen und in der vorliegenden Form von den anwesenden Mitgliedern bestätigt. Es wurde umfassend über das Vereinsvermögen diskutiert, um es ordnungsgemäß zu inventarisieren. Um ein funktionsfähiges Vereinsleben aufzubauen, wurde angestrebt, dass möglichst viele Mitglieder einen Sachkundelehrgang zum Erwerb einer WBK erfolgreich absolvie-

ren. Weiterhin wurde festgelegt, dass an jedem ersten Samstag im Monat auf dem Schießstand gemeinsam trainiert wird. Sollte sehr schlechtes Wetter herrschen, verschiebt sich das Schießen auf den zweiten Samstag des jeweiligen Monats. Es wurden noch einige Punkte besprochen, wie Aufnahmeverfahren bei nicht bekannten Personen, zukünftige Mitgliederzahl sowie Vereinsleben, wie Wettkämpfe, Ausfahrten und geselliges Beisammensein.

Der Verein entwickelte sich stetig weiter. Die Mitgliederzahl zeigte einen positiven Aufwärtstrend. Selbst viele Kinder und Jugendliche kamen in die Reihen des Schützenvereins um später einmal in die Riege der aktiven Schützen übernommen zu werden.

Nicht nur aktives Training, sondern auch eine ganze Reihe von gemütlichen Ereignissen zeugten von der Aktivität unseres Vereinslebens.

So durfte bei vielen solcher schönen Feste diese Art von Gemütlichkeit nicht fehlen. Die Mitglieder nahmen regen Anteil und wirkten selbst als Akteure mit. Die Organisatoren dieser Veranstaltungen zogen alle Register, um diese Highlights zum vollen Erfolg werden zu lassen. Selbst eine Schießbude wurde errichtet, von der auch reger Gebrauch gemacht wurde.

So entwickelte sich der Verein und wurde zum Austragungsort vereinsoffener Wettkämpfe. Zum Beispiel wird jährlich ein Wanderpokal zwischen den Vereinen Lichtenstein, Pleißa und St. Egidien, zu denen freundschaftliche Beziehungen unterhalten werden, ausgeschossen.

Die Erfordernisse der Zeit bestimmten, dass sich der Verein einem schießsporttreibenden Verband anschließen musste. Aus einer Reihe wichtiger Überlegungen heraus wurden wir Mitglied des Sächsischen Großkaliber Schützenverbandes im „Bund Deutscher Sportschützen" 1975 e. V. per 10.02.1996.

Gleichfalls begann in diesem Jahr der Bau einer sehr

Der Verein 1993

Wildschweinbraten

attraktiven Holzhütte, welche inklusive sanitärer Einrichtungen fertig gestellt wurde. Weihnachtsfeiern sowie Silvesterabende wurden hier bereits durchgeführt. Unterstützung bekam der Verein damals wie auch heute durch die Gemeindeverwaltung und die Glückauf-Brauerei Gersdorf. Im Laufe der Zeit machte sich der Gedanke breit, eine Vereinsfahne anzuschaffen. Im Vorfeld wurde viel darüber diskutiert. Man schaute sich historische Vorlagen an, um selbst daraus einen Entwurf zu formen. Unser damalige Schützenfreund Klaus Wollny hatte daran maßgeblichen Anteil. Nachdem man sich für den Entwurf von Klaus Wollny entschieden hatte, wurde die Fahne in Auftrag gegeben. Natürlich sollte nun in einem feierlichen Rahmen die Fahnenweihe stattfinden. Unser Präsident wurde beauftragt, mit Pfarrer Wolf Kontakt aufzunehmen, denn eine Fahnenweihe ohne Segen eines kirchlichen Beistandes kam nicht in Frage. Selbstverständlich bot sich als Termin das Brauereifest am 07.06.1997 an. Frau Scheibner war von der Idee, die Fahnenweihe zum Brauereifest durchzuführen hocherfreut.

Selbstverständlich wurde, um den feierlichen Akt würdig zu untermauern, ein Salutschießen mit historischen Vorderladerwaffen durchgeführt. Die Schützenfreunde Werner Trommler, Karl-Heinz Rimpler, Holger Schindler und

Unsere Fahne

Rene Trommler wurden mit dieser ehrenvollen Aufgabe betraut.

Nachdem das Fahnenkommando eingerückt war, konnte mit der Fahnenweihe begonnen werden.

Unter der Anteilnahme der sehr zahlreich erschienenen Gäste und befreundeter Schützenvereine wurde die Fahnenweihe vollzogen.

Dieser feierliche Akt war in dieser Form für unseren Verein der absolute Höhepunkt. Der damalige stellvertretende Bürgermeister als Vertreter der Gemeinde Gersdorf würdigte unseren Verein als beispielgebend.

Ganz feierlich wurde es nach der Weiherede von Herrn Pfarrer Wolf, als unser Präsident das Kommando gab: „Hut ab zum Gebet". An den Gesichtern konnte man die Tragweite des Augenblickes ablesen.

Auch die Schützenfreunde von den befreundeten Vereinen waren beeindruckt.

Als die Fahnenweihe beendet war, ging es zum gemütlichen Teil über.

Als gute Tradition stellte sich die Ermittlung des Schützenkönigs heraus. Im Laufe der Jahre konnte eine ganze Reihe von Mitgliedern den Titel eines Schützenkönigs erringen. Der Höhepunkt war im Jahre 1996, als unsere Schützenfreundin Bärbel Oberländer zur Schützenkönigin gekürt werden konnte.

Diese Ehrungen finden immer am jährlich stattfindenden öffentlichen Schützenball im „Grünen Tal" in Gersdorf statt. Die Riege der jährlich ermittelten Schützenkönige setzt sich wie folgt zusammen:

1994	Rene Trommler
1995	Eckhardt Selbmann
1996	Bärbel Oberländer
1997	Jörg Rebentisch
1998	Jens-Peter Michel
1999	Sieghard Schmidt
2000	Heiko Gravenhorst
2001	Sven Viertel

Nicht nur Ehrungen verdienter Mitglieder, sondern auch die Showeinlagen des Gersdorfer Karnevalvereins tragen zum Gelingen des Schützenballs bei. So beteiligt sich der Verein am festlichen Umzug des GFK zur jährlichen Eröffnung der fünften Jahreszeit. Innerhalb der Gemeinde Gersdorf, nimmt diese Präsenz des Vereines einen hohen Stellenwert ein.

Fahnenweihe durch Pfarrer Wolf

Schützenkönigehrung 1996

Diese Umzüge haben sich in der Gemeinde Gersdorf einen repräsentativen Stellenwert erobert. Am besten kann man das beurteilen bei der Rathausschlüsselübergabe an die Närrinnen und Narren.

Außer diesen gemütlichen Aktivitäten bestreiten wir auch eine ganze Reihe von attraktiven Wettkämpfen. Angefangen von vereinsinternen Wettkämpfen wie das Kämpfen um den Titel eines Vereinsmeisters in der jeweiligen Disziplin Lang- und Kurzwaffe. Weiterhin bieten wir eine ganze Reihe offener Wettkämpfe für jeden interessierten Sportschützen an.

Was unseren Schützenverein einen guten Ruf bei allen Sportschützen einbrachte. Selbst die Teilnahme und Ausrichtung an überregionalen Wettkämpfen hat einen großen Anteil bei der überaus positiven Entwicklung unseres Vereins. So können wir im Laufe der Jahre auf die Erringung von zahlreichen Landesmeistertiteln sowie Zweit- und Drittplazierte in den entsprechenden Disziplinen zurückblicken.

Um Wettkämpfe weiterhin in guter Qualität anzubieten, macht es sich erforderlich, für das Auswertungsteam unter Leitung von Sieghard Schmidt eine gesonderte Unterkunft zu errichten. Unter Beteiligung sehr vieler Mitglieder wurde ein entsprechender Bau begonnen.

Schwere Technik bei der Bewältigung der Erdarbeiten kam zum Einsatz. Da unsere Vereinsmitglieder die verschiedensten Berufe ausüben, können wir in allen Gewerken, die für so einen Bau erforderlich sind, selbst Hand anlegen.

Die folgenden Fotos sollen dies nachhaltig untermauern.

Ob das Betonarbeiten, Zimmerei- und Dachdeckerarbeiten sowie Trockenbautätigkeiten sind, wir haben fast alle Gewerke in unserem Verein vorhanden.

An dieser Stelle gilt ein besonderer Dank unserem Vereinsmitglied Norbert Stock, der den gesamten Bauablauf und die Organisation der Arbeitseinsätze bis ins kleinste Detail koordinierte.

Einen besonderen Stellenwert in unserem Verein nimmt die Arbeit mit unseren Jugendlichen ein. Dieses Thema liegt unserem Präsidenten, Peter Parthum, sehr am Herzen.

Maßgeblichen Anteil am Aufbau unserer Jugendgruppe hat unser langjähriger Schützenfreund Manfred Schulz. Aus gesundheitlichen Gründen übergab er später dieses Amt an unsere Schützenfreundin Bärbel Oberländer. Es wurden Wettkämpfe zwischen den verschiedensten Vereinen orga-

nisiert und durchgeführt, wobei an Hand von Erfolgen unser Verein eine bestimmte Vorbildwirkung innehat. Das spiegelt sich auch darin wider, dass ein paar Jugendliche in der Riege der Schützen mitmischen.

Die gipfelte in der diesjährigen Beteiligung an Rundenwettkämpfen und der Landesmeisterschaft.

Ab dem Jahr 2000 hat das Amt des Jugendbetreuers Karl-Heinz Rimpler inne, der es von Bärbel Oberländer übernahm.

Aber auch der gemütliche Teil kommt bei unseren Jugendlichen nicht zu kurz.

So wurde ein Bowlingabend organisiert mit dem Präsidenten als Ehrengast.

Der Abend war hochspektakulär, da sich Peter Parthum als ein sicherer Bowlingexperte präsentierte.

Das kam bei unseren Jugendlichen sehr gut an.

Mit solchen Aktivitäten in allen Bereichen kann man sehr zufrieden sein. Zeugt es doch von einem gut funktionierenden Vereinsleben.

Ob das Ausfahrten ins Nachbarland Tschechien zur Klamm, oder in schöne Gegenden unserer Heimat, wie den Spreewald sind, es sind die schönsten Erlebnisse in unserem Vereinsleben.

Aufgrund einer Neuorientierung in unserer sportlichen Entwicklung wechselten wir Anfang 2001 den Dachverband. Somit sind wir Mitglied im SSK 3 im Sächsischen Schützenbund des Deutschen Schützenbundes.

Jens-Peter Michel

Gratulation zum 10-jährigen Vereinsjubiläum

Arbeitseinsatz mit schwerer Technik

Gemütlichkeit nach Wettkämpfen

Sportschützenkreis 4
„Mittleres Erzgebirge und Vorland" e. V.

Kreisschützenmeister Dr. Reinhard Kleeberg

Mitgliedsvereine im SSK 4 „Mittleres Erzgebirge und Vorland" e. V.

01 Schützengesellschaft Galenz e. V.

02 Teschin Schützengesellschaft Flöha 1897 e. V.

03 Privilegierte Vogelschützengilde 1530 e. V.

04 Schießclub „Tell" e. V. Hirschfeld

05 Schützenverein Einheit e. V. Brand-Erbisdorf

06 Schützengesellschaft Frauenstein

07 Schützenverein Langenau 1844 e. V.

08 Schützengilde zu Brand 1835 e. V.

09 Schützengesellschaft Görbersdorf-Oederan e. V.

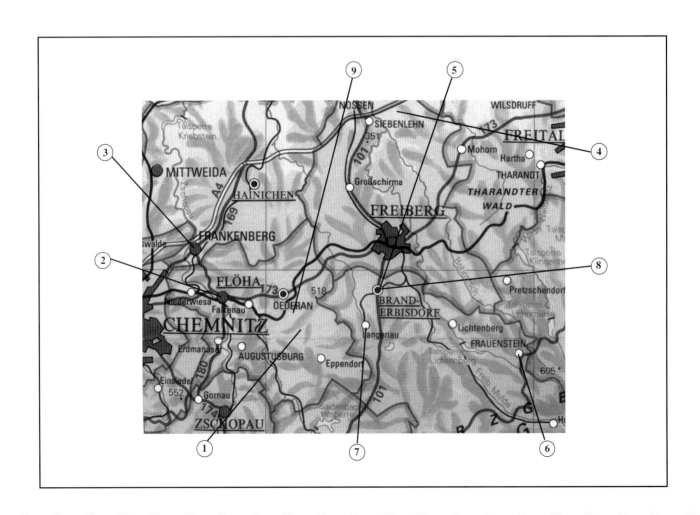

Schießklub „Tell" e.V. Hirschfeld

Bereits 1867 wurde in der Dorfchronik über das Vogelschießen in Hirschfeld berichtet. Auf dem 4. Stiftungsfest am 17.10.1925 wird „Paul Starke" als Vorstand erwähnt. Gegründet wurde der „Schießklub-Tell" im Jahre 1923. Zweimal im Jahr wurde Vogelschießen durchgeführt, acht Tage vor Pfingsten vom Verein und vier Wochen nach Pfingsten von den Bauern.

Der Schießklub trat mit Armbrüsten an und die Bauern mit sogenannten „Stopfflinten".

Das Vogelschießen fand bis in die fünfziger Jahre statt. Nach 1945 allerdings nur noch mit Armbrust. Die Armbrüste wurden anfang der fünfziger Jahre nach Deutschenbora zu einem Dorffest verborgt. Der damals übereifrige Polizist des Ortes sah die Armbrüste als Waffe an und beschlagnahmte sie. Damit war das Ende des „Vogelschießens von Hirschfeld" besiegelt.

Neugründung des Vereins

Am 04.12.1994 wurde eine neue Satzung des neuen und gleichzeitig alten Vereins beschlossen und verabschiedet. Der Vorstand, zu dem Jürgen Börner als Vorsitzender, Martin Schindler als Stellvertreter und Werner Böhmer als Schatzmeister gehören, wurde gewählt.

Am 14.06.1997 erfolgte der erste Spatenstich für die unterirdische Schießanlage mit Vereinsraum am neuen Standort in Hirschfeld. Diese Anlage wurde in Eigenleistung mit großem Engagement der Vereinsmitglieder erschaffen. Schon am 30.03.1998 nahm das Polizeipräsidium Chemnitz und das Ordnungsamt Freiberg die Anlage ab und gab sie für den Schießbetrieb frei.

Der Schießstand hat zwei 25 m - Bahnen und ist für Groß- und Kleinkaliber bis 3000 Joul zugelassen.

Der erste Schützenkönig nach Neugründung des Vereins und auf der neuen Schießanlage war Martin Schindler 1998.

1999 wurde Toni Hörnig Schützenkönig und im Jahre 2000 und 2001 konnte sich diesen Titel Reinhard Kirsch holen.

Original der Vereinsfahne von 1923

Schützenhaus mit unterirdischer Schießanlage

Schützenkönig 1998 Martin Schindler

Blick auf die 25 m-Bahn

Umzug zur 800-Jahr-Feier in Reinsberg

Toni Hörnig
Schützenkönig 1999

Reinhard Kirsch
Schützenkönig 2000 und 2001

Aus dem Vereinsleben

Höhepunkt des Vereinslebens ist das jährliche Vereinsfest in Hirschfeld. Zu diesen Anlass wird auch der neue Schützenkönig des Vereins gekührt. Zur guten Tradition gehören auch die Pokalwettkämpfe mit befreundeten Vereinen wie Schadeleben (Sachsen-Anhalt) und Kaufbach. Auch an ausgeschriebenen Wettkämpfen und Meisterschaften nehmen unsere Schützen teil. So konnte Alexander Ederer schon zweimal für unseren Verein den Kreismeistertitel im Ordonnanzgewehrschießen (2000 u. 2001) nach Hirschfeld holen.

Zur Zeit hat unser Verein 28 Mitglieder und seit Januar 2001 ist Bernd Henker neuer Vorsitzender.

Seit September 2001 existiert bei uns eine Jugendgruppe von 5 Schützenbrüderchen, welche regelmäßig einmal in der Woche trainieren.

R. Kirsch

Unser Verein pflegt die kulturhistorische Entwicklung der Schusswaffen, und lädt andere Vereine zu Fachvorträgen ein.

Martin Schindler beim Fachvortrag 2001

Festumzug Frauenstein 2000

Tell-Schützen beim Salutschießen in Frauenstein 2000

Schießklub „Tell" e.V. Hirschfeld seit 1923
Vorsitzender Bernd Henker
Hauptstraße 137, 09634 Hirschfeld
Tel. 035242/62997

Schießstand
Hauptstraße 95a
Tel. 035242/67199

Begegnungen in Frauenstein 2000

Sportschützenkreis 5
„Dresden und Umgebung" e. V.

Kreisschützenmeister: Dr. Hanno Knöfel

Mitgliedsvereine des SSK5 „Dresden und Umgebung" —————————————

1   Dresdner Schützenverein e. V.
2   Schützengilde Weiß-Grün Deutschenbora e. V.
3   1. Schützengilde „Sachsen 90" e. V.
4   Privilegierte Scheibenschützengesellschaft zu Dresden e. V.
5   Schützenverein Neustadt/Sa. e. V.
6   Schützenverein 1481 Dippoldiswalde e. V.
7   Privilegierte Schützengesellschaft Geising 1496 e. V.
8   Schützenverein „Tell" Kaufbach e. V.
9   Schützenverein Gompitz e. V.
10 1. Schützenverein 1991 Kurort Hartha e. V.
11 Pirnaer Schützengilde 1464 e. V.
12 Privilegierte Schützengesellschaft zu Glashütte e. V.
13 Schützenverein Liebenau e. V.
14 Privilegierte Schützengesellschaft Stadt Bärenstein e. V.
15 Schützenverein „Heidenholz" Börnersdorf
16 Schützen- und Karnevalsverein 1993 Goppeln e. V.
17 Schützenverein „Am Grimmstein" 1994 e. V.
18 Sportschützenverein 1745 Kesseldorf e. V. 17
19 Privil. Schützengesellschaft Stadt Lauenstein e. V.

20 Schönfeld-Weißiger Schützengilde e. V.
21 1. Schützengesellschaft 1995 Klingenberg e. V.
22 Schützengesellschaft zu Dittersdorf mit Rü., Neu. u. Bör. e. V.
23 Schützenbund Sankt Sebastian e. V. Klingenberg
24 Schützenverein Dölzschen-Naußlitz e. V.
25 Schützengesellschaft Berggießhübel e. V.
26 Weixdorfer Heimat- und Schützenverein e. V.
27 Privilegierte Schützengesellschaft 1527 Stadt Wehlen e. V.
28 Pesterwitzer Schützenverein e. V.
29 Schützengilde Gostritz e. V.
30 Schützenverein Radebeul e. V.
31 Schützenverein Mobschatz e. V.
32 Rosenthaler Schützenverein e. V.
33 Schützenverein Langenwolmsdorf e. V.
34 Schützenverein Großkaliberfreunde e. V. Lohsdorf
35 Dresdner Schützengilde e.V.
36 Schützenverein Hohnstein-Waitzdorf e. V.
37 1. Moritzburger Schützenverein 1991 e. V.
38 Briesnitzer Schützenverein e. V.

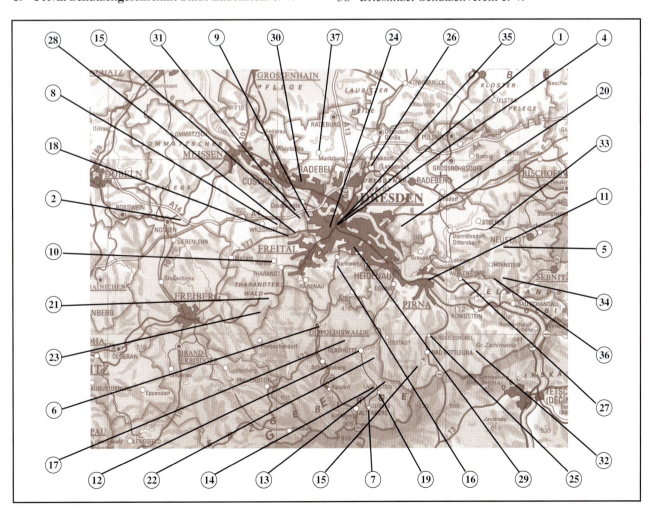

Pirnaer Schützengilde 1464 e. V.

Wer sich mit der Geschichte unserer Heimat befasst weiß, dass in den Wettinischen Landen, auf dem Gebiet des heutigen Freistaates Sachsen, im 15. und 16. Jahrhundert ein großer wirtschaftlicher und kultureller Aufschwung zu verzeichnen war. Sachsen entwickelte sich zu einem der reichsten deutschen Länder.

In dieser Zeit entstanden auch die ersten Schützenvereinigungen. Das Entstehen ist besonders auf das Erstarken der Städte zurückzuführen. Sie brauchten Schutz und Bewachung. Die Bürgerschaft war nicht nur zum Besitz von Waffen berechtigt, sondern verpflichtet. Die Städte und das Gemeinwesen mussten vor Raub und Überfällen bewahrt und verteidigt werden. Dazu kam, dass Handelswege durch den Niedergang der Ritterschaft und von Räubern durch die Schützengilden außerhalb der Städte geschützt werden mussten. In der Zeit der böhmischen Fehden und deren Überfälle auf Schlösser, Burgen und Städte erfolgten die meisten Gründungen von Schützenvereinen, auch auf teilweiser Veranlassung des Landesherren. So findet man die ersten Sächsischen Schützenvereinigungen in den Jahren ab 1226 in Radeburg, als älteste, gefolgt von Görlitz, Zwickau, Plauen und weiteren Städten. In Dresden erfolgte die Gründung 1446 und in Pirna 1464, als „Privilegierte Schützengilde".

Das Leben und Wirken der Schützengesellschaft vollzog sich nach festgeschriebener Ordnung und Statuten. Sie wurden durch die Obrigkeit der Städte bestätigt. Den Mitgliedern wurden als Dank bestimmte Privilegien zuerkannt. In den meisten Vereinigungen fanden jährlich zu Pfingsten Schießfeste statt, wobei die Zeremonie jeweils vom Landesherren entschieden wurde. Im Jahre 1901 wurde das Vogelwiesenfest der Schützengilde in Pirna-Copitz gegründet. Höhepunkt war die Ernennung des Schützenkönigs.

Zum 25-jährigen Bestehen 1926 konnten wir folgenden Begrüßungsspruch entdecken:

Zum Gruß

Willkommen all Ihr lieben Kameraden,
Die Ihr von Nah und fern herbei geeilt!
Ein Schützen–Heil Euch Allen, die Ihr heute
In uns'rer Schützen Kameraden Mitte weilt.
Nach Pirna kamt Ihr gern und sollt es nicht bereuen.
Die wen'gen Stunden, die Ihr bei uns seit
Soll'n Uns're Kameradschaft nur erneuern,
Drum nützt sie aus, die kurze Zeit.
Die Schützentreue soll auch heut sich wieder zeigen,
Ein echter Schützengeist kann niemals untergeh'n.
Auch alte Sitten und Gebräuche mögen bleiben
Wie sie schon viele hundert Jahr besteh'n.
Den Sport, den wir als Schützen immer pflegen
Lernt Eure Jugend zeitig an;
Denn jeder Schütze, ob früh, ob später,
Muß sein ein echter deutscher Mann!
Ob mit der Büchse oder mit dem Bogen
Wir Schützen geh'n in unser'n Stand,
Zu üben uns're Hand und uns're Augen
Für unser liebes deutsches Vaterland.

(Verfasser unbekannt)

Im Stadtmuseum von Pirna sind eine Reihe von alten Unterlagen, Einladungen und Programmen archiviert. Auf einer Einladung von 1939 konnte man lesen:

„*Acht Tage nach Pfingsten 1939 feiern wir das 475jähr. Bestehen unserer Gilde.*
Wir planen ....schützenkundlichen Umzug und ein besonderes Gedenkschießen .....und bitten Sie ...dem schon seit Jahrhunderten gepflegten Sport....... einen kräftigen Impuls zu geben."

gez. Arno Hausding
Gildenführer

Bild der Jubelscheibe von 1913

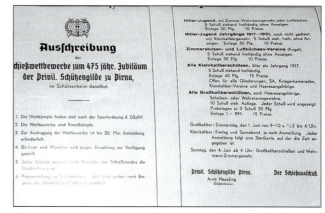

Ausschreibung zum 475 jährigen Jubiläum 1939

90

Der letzte Vorstand und die Königskette (vor 1945)

Ein Mitglied der „privilegierten Schützengilde Pirna" 1857

Schützenveranstaltungen und -feste wurden in der Stadt im Schützenhaus der Schützengilde (Hanno-Günter-Heim, Name des Hauses nach der Enteignung) durchgeführt.

Das Vogelschießen in Pirna-Copitz und später auf den Elbwiesen war zu Kriegszeiten eingeschränkt und ab dem Jahre 1945 verboten. Nach Ende des II. Weltkrieges wurde das Schützenhaus mit dem SMAD-Befehl 124/126 vom 30. und 31. Oktober 1945 enteignet und alle Besitztümer der Gilde beschlagnahmt und im Jahre 1951 als Eigentum des Volkes der Stadt Pirna als Rechtsträger übergeben. Somit sollte eine 481-jährige Tradition ihr Ende finden.

Die Geschichte jedoch schreibt ihr eigenes Leben.

Die politischen Ereignisse der Jahre 1989 und 1990, sowie die neuen Bedingungen und Gesetze, die nun auch in Sachsen galten, erweckten Brauchtum und Tradition zu neuem Leben. Am 18.04.1990 bildete sich der Sächsische Schützenbund. Ein Jahr später wurde auch dieser als Mitglied im Deutschen Schützenbund aufgenommen. In vielen Städten und Gemeinden entstanden wieder Schützenvereine, jedoch nicht so schnell in Pirna.

Am 25. April 1991 konstituierte sich nun auch in Pirna ein Schützenverein und beschloss auf seiner Gründungsversammlung den traditionsreichen Namen **„Pirnaer Schützengilde 1464 e. V."** zu tragen.

Die Pflege von heimischen Traditionen nimmt im Schützenwesen Sachsens wieder einen hohen Stellenwert ein. Es geht nicht nur um sportliches Schießen und die Teilnahme an Wettkämpfen, sondern auch um ein lebendiges Vereinswesen sowie die Pflege und Hege unseres Brauchtums. Deshalb steht auch über unserem Verein die Losung:

Brauchtum - Hobby - Sport.

Leider ist es uns nicht vergönnt, wie in vielen anderen sächsischen Vereinen, eine eigene Vereinsstätte und Schießplatz zu besitzen. Das ehemalige Schützenhaus von Pirna wurde nach der Enteignung von der Stadt Pirna 1992 an private Personen verkauft bzw. anderen Obligenheiten zugeordnet. Die Vorstände in dieser genannten Zeit versuchten von der Stadt Hilfe zu erhalten – aber vergebens. Der Verein erhielt weder Sach- noch finanzielle Unterstützung. Die Mitglieder der Pirnaer Schützengilde begnügten sich eben damit, bei einem anderen befreundeten Verein, dem Rosenthaler Schützenverein, ihr Vereinsleben zu gestalten.

Die Pirnaer Schützengilde hat eine Reihe von guten Schützen, die zu Wettkämpfen oft vordere oder auch erste und zweite Plätze im Kreis- und Bezirkswettkämpfen belegten.

Mitglieder der Pirnaer Schützengilde von HEUTE mit Vereinsfahne.
Leitspruch umseitig: „Ueb' Aug' und Hand mit Herz und Verstand".

Angetreten zum Schützenfest
Mitglieder der Pirnaer Schützengilde

Seit der Neugründung wurden bei Wettkämpfen auf Kreis- und Bezirksebene bis zum Jahre 2001 folgende Plazierungen erreicht:

50 erste Plätze, 48 zweite Plätze und 30 dritte Plätze (Einzel- und Mannschaftsergebnisse).

Bis zu drei Schützen konnten, auf Grund der erreichten Leistungen an den jährlichen Landesmeisterschaften teilnehmen. Zur Landesmeisterschaft 2001 in Leipzig konnten unsere Schützen die Silbermedaille in der Mannschaftswertung erringen. Natürlich sind wir bestrebt junge Menschen als Nachwuchs zu gewinnen. Das Nichtvorhandensein einer vereinseigenen Schießstätte legt uns aber Fesseln diesbezüglich an.

Am 03. Oktober 2000 fanden die zentralen Feierlichkeiten zum Tag der Deutschen Einheit in Dresden statt. Es waren eine Vielzahl von Bergleuten der Bruderschaften in ihren historischen Uniformen sowie Schützen von Sachsen in der Schützenkleidung anwesend und hatten in Dresden ein Ehrenspalier für die vielen Gäste aus dem In- und Ausland gebildet. Wir waren mit dabei.

Die Mitglieder der Gilde betreiben auch eine aktive Traditionspflege und Forschung über die Geschichte der Pirnaer Schützengilde. Mit öffentlichen Aufrufen, Museumsbesuchen und Artikeln in der Zeitung wird versucht den Verlauf der Geschichte zu erforschen.

Eine Vielzahl von Hinweisen, Artikeln, Bilder und Gegenständen brachte diese Arbeit ans Tageslicht, das heißt auch wieder in den Besitz der Schützengilde. Ein besonderer Erfolg war das Wiederfinden der alten Königskette. Sie wurde im Jahre 1904 gestiftet, ist aus 800-er Silber gefertigt. Der Schützenkönig des jeweiligen Jahres befestigte ein Silberschildchen daran. Im Jahre 1939 war es zum letzten Mal. Seit dieser Zeit, bis zum Jahre 2000, war sie verschollen. Nun wird diese wieder zu Festlichkeiten im alten Glanz getragen.

Für die nächsten Jahre haben wir uns folgende Ziele gestellt:

• in Pirna wieder einen eigenen Schießstand zu besitzen
• Nachwuchs gewinnen und qualifizieren
• Die Traditionen der alten Schützengilde zu wahren und auf diesem Gebiet weiter zu forschen
• im sportlichen Schießen gute und beste Ergebnisse auf Landesebene erzielen
• Aufstellung einer Damenmannschaft
• Bildung einer Sektion Armbrustschießen und nicht zuletzt gilt es
• unser Vereinsleben weiterhin zu aktivieren

Siegfried Kalisch

Fahnenweihe 2002 in der Hofkirche Dresden

Mitglieder der Pirnaer Schützengilde 1464 e. V. mit Fahne und Schützenkette zum Stadtfest der Stadt Pirna 2001

Privilegierte Schützengesellschaft Stadt Lauenstein e. V.

Allgemein:

Die älteste Gesellschaft Lauensteins ist die priv. Schützengilde, welche im Jahre 1896 ihr 400-jähriges Jubiläum feierte; 1496 hat sie durch Stephan Alnpeck ihre Privilegien erhalten, aber schon vorher bestanden und im Laufe der Jahrhunderte als wackere Bürgerwehr während der mannigfachen Kriegsnöte der Stadt wesentliche Dienste geleistet, auch zum Wiederaufbau des Gotteshauses nach dem Brand im Jahre 1668 ihre Kleinodien geopfert. (Unter diesen Kleinodien befand sich auch die ehrwürdige schwere silberne Königskette mit 83 silbernen Schildern; der Erlös war 108 Reichstaler, 17 Groschen und 7 1/2 Pfennige.)

Schützentracht:

Erst Anfang des 19. Jahrhunderts drang die Regierung darauf, dass sich die Schützen nach dem Muster der Dresdner Bürgergarde uniformierte. In Lauenstein trug man Dreimaster, kurze schwarze Hosen, weiße Strümpfe, Schnallenschuhe, dazu Zöpfe und gepudertes Haar. Als beim Militär die Zöpfe fielen, werden sie auch bei den Schützen abgeschafft worden sein. Ende des 19. Jahrhunderts trugen die Schützen Tschako mit Federbusch, dunklen, grünlichen Waffenrock mit blanken Knöpfen und lange weiße Hosen.

Schützenordnung:

Eine Art Statut hat die Lauensteiner Schützengesellschaft bereits in den ältesten Zeiten gehabt, denn in dem alten Schützenbuche von 1616-30 wird wiederholt vom Marschall verlangt, dass er sein Amt fleißig versorge „laut der Schützenordnung". Bei den Bränden 1643 oder 1668 scheint sie verloren gegangen zu sein, denn als man mehr als 30-jähriger Unterbrechung nach 1703 wieder Schützenfeste zu halten begann, übernahm man ohne weiteres die „Glashütter Schützenordnung von 1676 mit ganz geringen Änderungen" (11. Aug. 1706). Ein neues Statut wurde entworfen, als man dazu überging, mit Gewehren nach der Scheibe zu schießen. Es wurde 1739 von der Landesregierung bestätigt, 1768 erneuert und von Rudolph von Bünau mit geringen Änderungen konfirmiert.

Mitglieder:

Die Mitgliederzahl der Gilde schwankte zwischen 20 und 50. Im Jahre 1817, als die Regierung die Schützengesellschaften als Armeereserven verwenden wollte, hätten die Lauensteiner laut Bericht mit 1 Tambour, 1 Fourier, 1 Ältesten, 9 Vorstehern, 1 Hauptmann, 1 Leutnant, 1 Sergeant, 3 Korporalen, 1 Fahnenjunker und 34 Gemeinen antreten können, in Summa mit 53 Mann.

Schützengilde, gegründet 1496 im Jubiläumsjahr 1896

Sie waren „völlig uniformiert, ziemlich exerziert und besaßen eine gemeinschaftliche Kasse".

Die Königskette:

Mit der Königskette und ihrem Schildern hatte es folgende Bewandnis: Jeder Schützenkönig ließ an einer silbernen Kette, die er beim Auszug trug, ein mehr oder weniger kostbares Schild hängen.

Wirr- und Fährnisse aus der bewegten Geschichte der Stadt Lauenstein

Beispiele für die Notwendigkeit des Vorhandenseins einer waffentüchtigen Bürgerwehr, der Schützengilde:

Im Mittelalter war das Gebiet um Lauenstein von dichtem Wald umgeben und noch wenig besiedelt. Herumziehendes Raubgesindel verwandelte oft in wenigen Stunden zu rauchenden Trümmern, was der Gewerbefleiss der Bürger in den Städten seit langem erst mühsam geschaffen hatte.

Da ein militärischer Schutz durch den Staat kaum zu erwarten war, „musste man sich selbst helfen durch Erbauung einer Schutzmauer" und diese „bei Angriffen wirksam zu verteidigen durch wehrfähige, waffentüchtige Schützen". Regelmäßige Waffenübungen der gesamten waffenfähigen Bürgerschaft, denen sich kein Bewohner der Stadt entziehen durfte, waren deshalb unerlässliche Pflicht jedes Bürgers.

Aus der großen Zahl urkundlicher Nachweise über diesen langwierigen und teilweise mit großer Erbitterung geführten Streit um die gesamte Umgebung des Geising seien hier die wesentlichsten, auf Lauenstein bezogenen Beispiele erwähnt:

1372   war Lauenstein in großer Gefahr, von Böhmen überfallen und vernichtet zu werden.

1389   sollten die Gebrechen zwischen König Wenzel von Böhmen und Markgraf Wilhelm von Meißen wegen Lauenstein in Pirna entschieden werden.

1418   Die Gebrüder Körbitz werden vom Bömischen König belehnt.

1428,1431,1432 belagern Dresdner Schützen und markgräfliche Söldner den Lauenstein.

1434   wurde F. Karas auf Lauenstein vom Kurfürstlichen Marschall Eberhard Eberhard von Brandenstein durch Belagerung so hart bedroht, dass er Schloss und Stadt am Palmsonntag an denselben übergeben musste.

1449   Kurfürst Friedrich erwarb die Herrschaft Lauenstein, um zu verhindern, dass böhmische Adlige auf der Feste Hochverrat treiben konnte.

1453   wurden Lauensteiner Bürger auf dem Markt in Teplitz beraubt und Häuser in Fürstenau von Böhmen in Brand gesteckt.

1464   Kurfürst Friedrich überlässt die Herrschaft den zwei Freiberger Patriziergeschlechtern Hans und Erhard Münzer (1464-1491). Von diesen war zu erwarten, dass die Herrschaft in landestreuer Ergebenheit weitergeführt werden würde.

1471   erhält Hans Münzer auf Lauenstein von Dresden aus die Weisung, wegen eines geplanten böhmischen Überfalls Vorsicht zu üben.

1473   Böhmische Wegelagerer halten sich in Löwenhain versteckt und rauben dem Hans Müntzer vier Pferde.

Von Rabenstein auf dem Schloss Riesenburg bei Osseg schickte Häscher nach Lauenstein, um Hans Münzer zu fangen. Er dingt Leute zur Ersteigerung des Lauenstein und „läßt Lauenstein in der Woche nach Jacobi dreimal nachts besorgen".

1475   wurden eine große Zahl gefangene Böhmen in Lauenstein eingebracht.

1478   verüben Böhmen große Räubereien in Oelsen und treiben Vieh weg.

1487   versuchen Böhmen einen Überfall auf Lauenstein.

1490   wird Lauenstein erneut bedroht.

1493   Stephan Alnpeck auf Lauenstein erhält von Dresden die Weisung, „den Lauenstein hinreichend mit Wächtern, Thorwärtern und Pferden zu versehen, da abermals Gefahr von Böhmen drohe.

....   und, und, und

Die Häufungen derartiger Raubzüge und Überfälle mag wohl Stephan Alnpeck veranlasst haben, im Jahre 1496 – nach dem Vorbild anderer Städte – das Privileg für die Schützengilde zu verabschieden und die Schützengesellschaft Lauenstein zu gründen.

Zur Geschichte der Schützengesellschaft

1496   Sonntag nach Jubilate (vier Wochen nach Ostern) Gründung der Schützengesellschaft Lauenstein durch Stephan Alnpeck. Die Schützengesellschaft verpflichtet sich, im Falle ihrer Auflösung alle ihre Kleinodien an die Kirche zu geben.

1507   zu Martini (11.11.) überfielen die Kauffungen mit einer großen Zahl Böhmen den Lauenstein.

1510   fingen die Lauensteiner einer gewissen Nickel Martin, einen Anhänger der Kauffungen, der auf dem Markt öffentlich geviertteilt wurde.

1517   Die Kauffungen planen vom böhmischen Mittelgebirge her einen Überfall mit 4000 Mann. Der Pirnaische Landvoigt erhielt darauf den Befehl, die nötigen Schutzmaßnahmen zu treffen.

1539   Durch die Einführung der Reformation in Sachsen entstand zeitweilig ein gespanntes Verhältnis zur Kirche, welches sich mit dem Aussterben der katholischen Generation wieder normalisierte. Die Schützengesellschaft übernahm wieder die „Rolle der Beschützer und Begleiter der kirchlichen Veranstaltungen."

1668   Die Schützengesellschaft gab ihre Königskette mit 83 silbernen Schildern für den Wiederaufbau der Kirche und verzichtete 1670 auf den Wiederersatz dieses Kapitals durch die völlig verarmte Bürgerschaft.

1704   Seit diesem Jahr wurde der Schießplatz an der Obermühle (am heutigen Schützenhaus) wieder zum Schießen genutzt.

1706   Übernahme der Glashütter Schützenordnung und Bildung einer Scheibenschützengesellschaft (11.8.1706)

1707   Erstes Schießfest der Lauensteiner Schützen nach dem großen Kriege!

1715   Am 15.9. wird die Genehmigung zum Brauen des „Königsbieres für das Schützenfest" erteilt, steuerfrei bis auf die „Kurfürstliche Trancksteuer und General-Accise".

1738   Beschluss einer eigenen Verfassung der Scheibenschützengesellschaft Lauenstein

1740   An der Obermühle (Schützenhaus) wurde „um der Sicherheit Willen" ein neues Schießhaus für das Scheibenschießen gebaut. Rudolf von Bünau schenkte das Bauholz; die Kirche lieh 30 Taler „gen 6 % Interesse, wie es bey hiesiger Kirche bräuchlichen".

1768   Gerichtsherr Rudolf von Bünau genehmigt am 17.4. die Verfassung der Schützen. Es durften nur Bürger aufgenommen werden, „die eines guten Gerüchtes und Namens waren und von denen man erwarten konnte, daß sie sich fein ehrbar, friedlich und christlich aufführen würden".

1823   kaufte Meister Weichold für 40 Taler das Schießhaus. Am 9.5. dieses Jahres war die Grundsteinlegung für das neue Schießhaus.

1844   Schützen als bewaffnete Macht des Gutsherrn führen die Bauleute des neuen Zollhauses in Fürstenwalde wegen einer unterlassenen Formalität ab zum Gericht.

1847   Das Interesse an der Schützengesellschaft geht stark zurück.

1848   Die Schützen sind zum 1. Male zum Exerzieren auf einer Wiese hinter der Löwenbrücke ausgerückt. Nur drei Honoratioren verhielten sich gegenüber den neuen Ideen auf Dauer ablehnend: Gerichtsdirektor, Ablösungskommissar und Förster. Exerziert wurde später auch auf der „Königswiese", wo jetzt Dr. Schwarzes Badehaus steht (das jetzige Schützenhaus).

1850   wurde der erste Turnplatz hinter der Fleischerei (jetzt Fleischerei Pfeifer) errichtet.

1853   Die „Gesellschaft Hohenthalia" wird gegründet. Für sie wurde auf dem „Babelon" ein Pistolenschießstand eingerichtet.

Die sensationellste Beerdigung in Lauenstein

Am 9.12.1925 war der langjährige Schütze, Major Friedrich Wenzel, gestorben. Ihn hatte in der Gaststätte beim Biertrinken der Schlag getroffen. Drei Tage später wurde er beerdigt. Da er außer der Schützengilde auch noch der Feuerwehr, dem Gesangsverein und dem Kriegerverein angehörte - er war der letzte Veteran von 1870/71 im Ort - so kamen dadurch viele Menschen zusammen. Mit Militärmusik zog der Trauerzug zum Friedhof. Nachdem der Sarg unter Salutschüssen ins Grab gesenkt worden war, formierte sich nach dem Willen des Verstorbenen der Zug aufs Neue und marschierte mit Marschmusik nach dem „Goldenen Löwen", wo der Verstorbene vom Schlag getroffen worden war. Dort gab es noch einen festlichen Leichenschmaus.

1939   Letztes Schützenfest vor dem Krieg Schützenkönig Arno Weinhardt

1992   Wiedergründung

Die Privilegierte Schützengesellschaft Lauenstein heute

Privilegierte Schützengesellschaft Lauenstein im Jahre 2001

Vorstand seit 1992:

Vorsitzender:	Udo Schöne
Stellv. Vorsitzender:	Hartmut Zier
Schatzmeister:	Albrecht Schulze
Waffenwart:	Uwe Nestler
Schriftführer:	Gerhard Petermichl
Fahnenträger:	Lutz Brückner

Unsere aktuellen Schützenkönige

1992	Gerolf Jungnickel
1993	Reiner Zier
1994	Gerhard Petermichl
1995	Joachim Krause
1996	Jörg Nickel
1997	Karl Günther
1998	Albrecht Schulze
1999	Reinhard Schmidt
2000	Jörg Gaedke
2001	Wolfgang Lehmann

Privilegierte Schützengesellschaft Lauenstein im Jahre 1996

Privilegierte Schützengesellschaft Lauenstein beim Festumzug

Die Privilegierte Schützengesellschaft der Stadt Lauenstein heute:

Jedes Jahr, 14 Tage nach Pfingsten, findet unser Schloss- und Schützenfest statt. Während dieses Festes wird der Schützenkönig durch traditionelles Armbrustschießen ermittelt. Am Abend zum Königsball wird der ermittelte Schützenkönig bekannt gegeben und bekommt die Schützenkette überreicht mit dem dazu gehörigen Wanderpokal (der geschnitzte Lauensteiner Falkner) und einen Schützenkrug aus Zinn.

*Die aktuelle Schützenkette – Lohn des besten Schützen
Nach historischem Vorbild im Jahre 2000 gefertigt*

Desweiteren nimmt unser Verein an Traditions- und Festveranstaltungen in Sachsen und ganz Deutschland teil. Zum Beispiel war unser Schützenverein am 17.05.1998 eingeladen nach Osnabrück zu 350 Jahre westfälischer Friede. Auch zum 70. Todestag unseres Königs Friedrich August der III. von Sachsen im Februar 2002 war unser Verein in der Hofkirche zu Dresden präsent. Weiterhin nehmen wir an den Feierlichkeiten zum 111-jährigen Bestehen des Schützenvereins Lauenstein bei Hameln in unserer Partnerstadt Lauenstein am Ith teil.

Die Lauensteiner Schützen 2002

Brückner Lutz,	Eberth Joachim,	Gaedke Jörg,
Eberth Michael,	Günther Karl,	Hardelt Gottfried,
Henkel Hansjörg,	Jungnickel Harald,	Jungnickel Kurt,
Kadner Volker,	Kohl Hartmut,	Kowalke Torsten,
Roesner Horst,	Nickel Jörg,	Nestler Uwe,
Neubert Jochen,	Schöne Udo,	Schmidt Reinhard,
Scholz Roland,	Schulze Albrecht,	Pilz Günther,
Petermichl Gerhard,	Schönberger Johannes,	
Schönberger Randolf,	Krause Joachim,	Schulze Silvio,
Lehmann Wolfgang,	Lehmann Silvio,	Zier Günter,
Zier Rainer,	Zier Hartmut,	Schönberger Kai,
Pohl Jürgen,	Matthias Wolfgang,	Stübner Mario,

Ehrenmitglieder 2002

Schönberger Margot, Zier Ines, Teubner Eberhard

Schützengesellschaft Berggießhübel e. V.

Die Schützengesellschaft Berggießhübel e.V. wurde am 06.07.1856 gegründet.

Es war damals der größte Verein der Stadt. Weit über die Stadtgrenze hinaus bekannt waren seine jährlichen Schützenfeste. Am 08.07.1906, zum 50jährigen Jubiläum, erfolgte die Weihe einer neuen Fahne im Park des Schlosses Friedrichstal.

Diese Fahne ist noch jetzt in Besitz der Schützengesellschaft.

Da der damalige Schießstand nicht mehr genutzt werden konnte, bauten sich die Mitglieder einen Neuen. Dieser wurde am 17.07.1938 geweiht.

Der damalige Verein überstand viele Höhen und Tiefen. Aber nichts war schlimmer, dass mit dem 2. Weltkrieg die weitere Entwicklung der Vereins unterbrochen wurde. Laut Befehl der sowjetischen Militäradministration wurde dem Verein jedwede Tätigkeit verboten. Eigentum und Besitz wurden konfisziert. Die Schützengesellschaft verlor den Schießstand, das Vereinshaus und deren Grund und Boden.

So tat sich in den Jahren von 1945 bis 1992 im Berggießhübeler Schützenwesen nichts. In diesem Zeitraum verschwanden wichtige Kulturgüter, wie Schützenkette, 3 Armbrüste, 1 Holzadler u.v.m.

Am 02.07.1992, fast auf den Tag genau 136 Jahre nach der Gründung, trafen sich in der Gaststätte „Jägerstübel" in Berggießhübel/Zwiesel 11 interessierte Bürger, um die alte Schützengesellschaft wieder ins Leben zu rufen.

Mit der Eintragung ins Vereinsregister am 06.01.93 übernahm dieser Verein die rechtliche Nachfolge ihrer „Schützenvorfahren". In den Vorstand wurden damals folgende Schützenbrüder gewählt:

Vorsitzender:	Wolfgang König
Stellv. Vorsitzender:	Thomas Kloss
Schatzmeister:	Frank Schneider

Noch im Dezember 1992 wurde der Schützengesellschaft die alte Vereinsfahne, die 1906 geweiht wurde, von einem Berggießhübeler Bürger, der sie jahrelang versteckt gehalten hat, übergeben.

Es entstand nun sehr schnell ein reges Vereinsleben. Am 13.06.93 wurde anlässlich des Heimatfestes erstmals wieder ein Schützenkönig geehrt.

Ab 1994 erfolgt wieder jährlich ein Schützenfest.

Schützenumzug 1906, Dr. Frohnest (links), Herr Röthiger (vorne weg), Herr Träukuer (mitte, Schützenkönig), Herr Rauchfugs (rechts), im Hintergrund Schloss Friedrichsthal

Dezember 1992 – Übergabe der Fahne von 1906 an die Schützengesellschaft von einem Bürger der Stadt

Rückseite der Fahne von 1906

Es wurden bisher folgende Schützenkönige geehrt:

König	Königin
1993 - Hans Merten	-
1994 - Michael Nawrath	-
1995 - Mario Gorgs	Kathlen Kloss
1996 - Gunter Borries	Marlies Ecker
1997 - Dieter Kießlich	Marlies Ecker
1998 - Gunter Borries	Antje Drawert
1999 - Christian Weinrich	Ellen Riedel
2000 - Tilo Hamisch	Birgit Borries
2001 - Michael Holfert	Ines Holfert

Proklamation der Schützenkönigin Marlies Ecker 1997 und des Schützenkönigs 1997 Dieter Kießlich

Königspaar 1999

Zum Schützenfest 1995 wurde eine neue Vereinsfahne vom kath. Pfarrer geweiht. Diese Fahnenweihe fand genau an der Stelle statt, wo die vorhergehende Fahne 1906 geweiht wurde.

Königsscheibe 2001

1995 – Fahnenweihe durch den katholischen Pfarrer

Im Jahre 1995 erhält die Schützengesellschaft die Genehmigung zum Bau eines Schießstandes.

1997 – Bau des Schießstandes

Schießwettkampf auf dem Schießstand der Schützengesellschaft „Am Jagdstein"

Nach 4jähriger Bauzeit findet am 01.05.1999 die Einweihung des Schießstandes statt. In einer wunderschönen Umgebung entstand ein offener Schießstand für Klein- u. Großkaliberwaffen.

Auf dieser Anlage befinden sich zwei 50 m Bahnen, vier 25 m Bahnen, vier 10 m Bahnen und ein Trap-Stand.

Außerdem entstand auf diesem Gelände ein Vereinshaus. Um den Nachwuchs zu fördern entstand im Jahr 2000 eine Jugendgruppe. Diese besteht aus 7 Jungs und 3 Mädchen. Dank den Trainern haben diese Jungendlichen schon viele Erfolge zu verzeichnen.

Es kann mit Recht gesagt werden, dass die Schützengesellschaft aktiv das kulturelle Leben in der Stadt und dessen Umgebung mitgestaltet und sich dabei einen Namen gemacht hat.

Der 1. Vorsitzende und der Bürgermeister eröffnen das Schützenfest 1997 durch Handschlag

Der 1. Vorsitzende Wolfgang König eröffnet mit seiner Frau den Königsball 1998

Schützenumzug zum Schützenfest 1997

Seit der Wiedergründung des Vereins besteht eine enge Freundschaft mit dem Schützenverein und dem Spielmannszug aus Oster-

Zur Traditionspflege und weiterer Geschichtsaufarbeitung der Schützengesellschaft wird noch jegliches Material und Gegenstände gesucht, die in direktem oder indirektem Zusammenhang zur alten Schützengesellschaft stehen.

Wer Derartiges besitzt oder Kenntnis hat, wird gebeten, sich diesbezüglich mit uns in Verbindung zusetzen.

Anschrift:

Schützengesellschaft Berggießhübel e.V.
Hauptstr. 9
01819 Berggießhübel
Tel/Fax: 035023 62791

Wolfgang König
1. Vorsitzender

hagen (Niedersachsen). Jährlich nimmt eine Abordnung unter der Leitung des Schützenmeisters Lothar Melzer an unserem Schützenfest teil.

Tradition hat das jährliche Vogelschießen mit der Armbrust. Diese Kunstwerke werden von Schützenbruder Frank Schneider gefertigt.

Sportschützenkreis 6 „Westlausitz" e. V.

Kreisschützenmeister: Rüdiger Tielck

Mitgliedsvereine des SSK6 „Westlausitz" ————————————————————————

1   Privilegierte Bürgerschützen-Gesellschaft Radeberg i./Sa. e. V.
2   Schützenverein Bergen e. V.
3   Schützenverein Steina e. V.
4   Schützenverein Heideland 1991 Bröthen/Michalken e. V.
5   Schützentraditionsverein Hoyerswerda 1995 e. V.
6   Schützengilde Lauta-Dorf e. V.
7   SSV 99 Bischheim-Häslich e. V.
8   Schützengesellschaft Kamenz e. V.
9   Schützenverein Höckendorf e. V.
10 Schützengesellschaft Bernsdorf O. L. e. V.
11 Schützenverein Pulsnitz 1467 e. V.
12 Privilegierte Schützengesellschaft Königsbrück e. V.
13 Schützenverein 1992 Laubusch e. V.
14 Schützenverein 1990 e. V. Hoyerswerda
15 Schützenverein Bischeim Häslich e. V.
16 Freie Schützen Radeberg e. V.

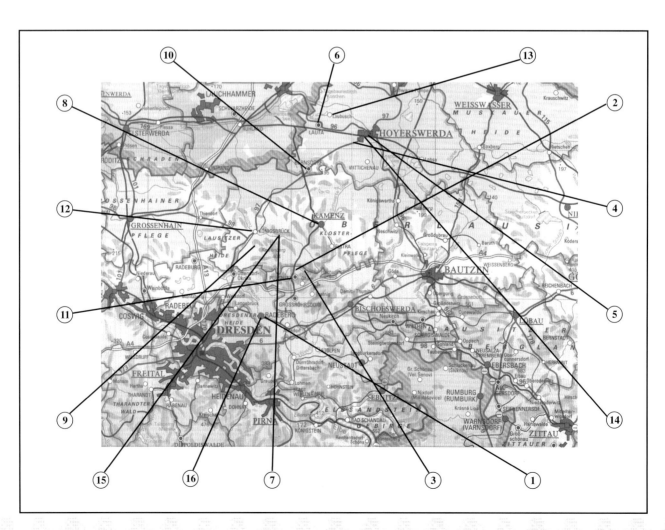

Sportschützenkreis 7 „Oberlausitz/Niederschlesien"

Geschäftsstelle: Sportschützenkreis 7
„Oberlausitz/Niederschlesien e.V."
Rüdiger Kilias
Friedensthaler Str. 2b
02747 Strahwalde

Anschrift Postfach: 02702 Löbau, Postfach 12 49

Vorstand: 1. Kreisschützenmeister Hans-Peter Wulf
Bautzener Schützenverein 1875 e.V.
2. Kreisschützenmeister Rüdiger Kilias
Schützengesellschaft Berthelsdorf e.V.
Schatzmeister Jan Andreas Dukino
Privilegierte Schützengesellschaft
zu Waltersdorf e.V.
Kreissportleiter Jürgen Geisler
Nieskyer Schützenverein e.V.
Kampfrichterobmann Herbert Scheuner
Görlitzer Schützengilde 1377 e.V.
Obmann für Traditionsarbeit Rüdiger Hill
Privilegierte Schützengesellschaft
Reichenbach u.U. 1430/1685 e.V.

Zur Zeit gehören dem Sportschützenkreis 7 (SSK 7) - 32 Schützenvereine mit ca. 1600 Einzelmitglieder an. Der SSK 7 hat sich durch seine gute Kreisarbeit im Sächsischen Schützenbund einen guten Namen gemacht.

Regelmäßig finden u. a. Kreisschützentage (Delegiertentagungen) und Kreisschützenfeste (im Abstand von 2 Jahren) statt, für die Sportschützen aber auch „Hobby-Schützen" ist ein reichhaltiges Sport- und Wettkampfprogramm organisiert. So findet in diesem Jahr erstmalig ein Wanderpokalwettkampf des Kreisschützenmeisters für Jugend und Schüler mit Druckluftwaffen statt.

 Neu angeschafft wurde ein Kreisabzeichen, welches durch alle Mitglieder des SSK käuflich erworben und dann am Schützenrock getragen werden kann.

Stolz ist der Vorstand des Sportschützenkreises auf seine beiden angeschafften wunderschönen Königsketten aus echtem Silber, welche durch zwei Könige getragen werden. So gibt es einmal den Traditionsschützen-König, welcher

Für den
Traditionsschützenkönig

Für den
Sportschützenkönig

beim Kreisschützenfest durch das traditionelle Adlerschießen ermittelt wird und den Sportschützen-König, welcher beim Kreiskönigsschießen beim Schießen auf Ringscheibe das beste Ergebnis erreicht hat. Im Grunde sind beide Ketten gleich, nur die Abbildungen auf den Silbermünzen weisen auf der einen Kette traditionelle Motive (wie „Scheiben-Toni", Schützenadler usw.) und sportliche Motive (wie Gewehrschütze, Pistolenschütze usw.) auf der anderen Kette aus.

Im Jahre 1999 wurde erster Traditionsschützen-König Andreas Seidel aus der Privilegierten Schützengesellschaft zu Waltersdorf und beim 2. Kreisschützenfest, welches im Jahre 2000 in Eibau durchgeführt wurde, errang Horst Klappach, ebenfalls Mitglied der Privilegierten Schützengesellschaft zu Waltersdorf, die Würde eines Traditionsschützen-Königs.

Andreas Seidel

Horst Klappach

Am 14. September 2002 wird beim 3. Kreisschützenfest in Görlitz, der 3. Traditionsschützen-König ausgeschossen.

Die Insignie des Sportschützen-Königs wurde erstmalig in diesem Jahr, am 09. März 2002, beim Kreiskönigsschießen in Görlitz, verliehen. Diese erhielt Anke Matthes von der Privilegierten Schützengesellschaft zu Löbau e. V., welche Kreisschützenkönigin wurde. Sie trägt nun als Erste die Schützenkette des Sportschützenkönigs.

Das „Schild des Heiligen Sebastians"

Die jährliche Teilnahme im Monat Januar eines jeden Jahres (seit dem Jahr 2000) von Schützen aus dem SSK 7 an dem Schießen um das „Schild des Heiligen Sebastians", organisiert von der Schützenbruderschaft der Stadt Breslau/Polen, ist im SSK schon zur Tradition geworden. Zumeist nehmen dabei Mitglieder aus den Schützenvereinen Waltersdorf, Reichenbach, Berthelsdorf und Bautzen teil. Gleich bei unserer ersten Teilnahme im Jahre 2000 wurde das „Schild des Heiligen Sebastians" von unserem

Lothar Mammitzsch (†) mit dem Schild des „Heiligen Sebastians" (Brustpanzer)

Schützenbruder Lothar Mammitzsch (verst.) vom Bautzener Schützenverein 1875 e.V. erkämpft.

2. KreisschützenmeisterRüdiger Kilias erkämpfe 2002 das Schild

In diesem Jahr, am 19.01.2002, hatte unser 2. Kreisschützenmeister Rüdiger Kilias von der Schützengesellschaft Berthelsdorf das Glück auf seiner Seite und erkämpfte das Schild, welches dann für ein Jahr in seinem Besitz bleiben darf. Neben dem Schießen, werden natürlich in gemütlicher Runde zusammen mit den polnischen Schützenbrüdern, bei Speis und Trank, auch gemütliche Stunden ver-

bracht.

Die polnischen Schützenbrüder führen dann meist ihren „Gegenbesuch" zum Kreisschützenfest durch.
Somit zeigt der SSK, gerade in einem offenen und vereinten Europa, dass wir auch weiterhin bemüht sind, bedingt durch die Grenznähe zu Polen und Tschechien, zu Vereinen aus diesen Ländern nicht nur Kontakte, sondern richtige Beziehungen und freundschaftliche Verhältnisse aufzubauen.

Hans-Peter Wulf
1.Kreisschützenmeister

Mitgliedsvereine im SSK 7 „Oberlausitz/Niederschlesien"

Im SSK 7 organisierte Vereine

01 PSC Bautzen e. V., Abt. Schießen

02 Nieskyer Schützenverein e. V.

03 Privi. Schützengesellschaft Reichenbach u. U. 1430/1685 e. V.

04 Görlitzer Schützengilde 1377 e. V.

05 Rothenburger Schützenverein e. V.

06 Schützenverein Kreba-Neudorf e. V.

07 Schützenverein „Zur Hohen Dubrau" e. V.

08 Privilegierte Schützengesellschaft Zittau 1584 e. V.

09 Privilegierte Schützengesellschaft Hainewalde e. V.

10 Schützengesellschaft Eibau 1707 e. V.

11 Privilegierte Schützengesellschaft zu Waltersdorf e. V.

12 Schützengesellschaft Großschönau e. V.

13 Bautzner Schützenverein 1875 e. V.

14 Privilegierte Schützengesellschaft zu Löbau e. V.

15 Schützenverein Schirgiswalde e. V.

16 Sport-Schützenverein Dahlowitz e. V.

17 Lausitzer Bogen-Schützen-Club e. V.

18 Schützengesellschaft Großschweidnitz e. V.

19 Schützenverein Schönbach/OL e. V.

20 Schützengilde zu Weißenberg e. V.

21 Schützengesellschaft Bautzen e. V.

22 Schützenverein Niedergurig e. V.

23 Oberlausitzer Bergschützen e. V.

24 Schützengesellschaft Berthelsdorf e. V.

25 Schützenverein Cunewalder Tal e. V.

26 Schützengesellschaft Friedersdorf e. V.

27 Schützengesellschaft zu Sohland a. d. Spree 1860 e. V.

28 Schützenverein 1876 Putzkau e. V.

29 Olbersdorfer Schützengesellschaft e. V.

30 TFV Schießanlage Königswartha e. V.

31 Schützengesellschaft zu Schirgiswalde 1859 e. V.

32 Schützengesellschaft Obergurig u. Umgebung 1905 e. V.

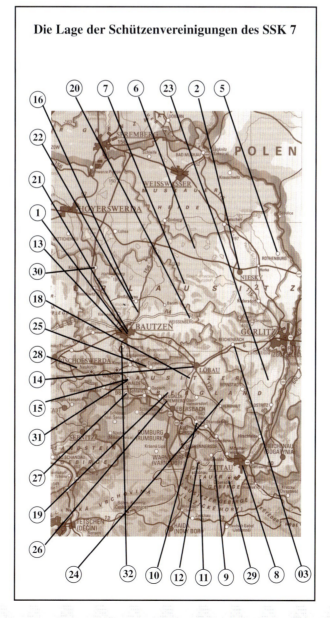

Die Lage der Schützenvereinigungen des SSK 7

Nieskyer Schützenverein e. V. 1990

Die Tradition des Schützenwesens in der Stadt Niesky ist noch weitestgehend unerforscht. Bekannt ist, dass es auf dem heutigen Territorium der Stadt Niesky einen Neu-Ödernitzer Schützenverein und einen Nieskyer Militärverein gab.

Über den Neu-Ödernitzer Schützenverein ist bisher sehr wenig bekannt. Auf dem Standort des ehemaligen Schießstandes sind die Konturen noch zu sehen.

Über den Nieskyer Militärverein sind zumindest einige Grunddaten bekannt. So wurde dieser Verein als das „Nieskyer Regiment" bezeichnet und ursprünglich aus Schülern der Knabenanstalt gegründet. Die Gründungsveranstaltung fand am 12. April 1841 im Schloss von Jänkendorf statt. Das Nieskyer Regiment wurde zu einer Einrichtung, die neben der körperlichen Ertüchtigung auch die patriotische Gesinnung pflegte.

Nun machen wir einen Zeitsprung von mehreren Jahrzehnten, denn für eine lückenlose Erforschung der Geschichte Nieskyer Schützenvereine oder ähnlicher Vereinigungen benötigt man viel Zeit.

Der damalige Schießstand des „Nieskyer Regimentes" am südwestlichen Stadtrand von Niesky am „Heinrichsruh", wurde schon frühzeitig in das Konzept der damaligen Gesellschaft für Sport und Technik einbezogen. Dieser Schießstand war nicht nur Schießstand schlechthin sondern ein Komplex aus den verschiedensten Anlagen zur Körperertüchtigung und natürlich auch Schießsportstätte.

Der Nieskyer Schützenverein e.V. wurde am 11. September 1990 gegründet. Den Aktivitäten des Sportfreundes Georg Gehrke ist es zu verdanken, dass sich Sportfreunde aus der ehemaligen Sektion Sportschießen der GST und interessierte Schützenfreunde aus der Stadt bzw. Umgebung zu einer Gründungsversammlung zusammenfanden.

Besonders zu erwähnen sind die Sportfreunde Brunner, Ernst; Bader, Paul; Richter, Gotthard; Zindler, Inge; Schürer, Sandro und Heinz, Silvana.

Das Hauptziel des neu gegründeten Vereins bestand darin, den erst 1979 fertiggestellten Schießstand zu erhalten. Für die Zeit um 1990 war diese Schießsportstätte eine der modernsten Anlagen im ostsächsischen Raum. Dieser Stand mit seinen 25 Bahnen (KK) war multifunktional nutzbar und entsprach den damaligen Sicherheitsvorschriften.

Es begann für alle Vereinsmitglieder eine schwere Zeit, denn besonders zur „Wende" und auch noch danach war es ziemlich verpönt, das Sportschießen als Sportart weiter zu betreiben. Nicht wenige Schützen, darunter auch ehemalige Leistungsschützen, waren eingeschüchtert und verunsichert sich weiter zu ihrem Sport zu bekennen. Das führte natürlich zu einem Abriss der Erfolge die die Sportschüt-

zen bis dahin vorweisen konnten.

Unter diesen Bedingungen fand die Gründungsversammlung des Nieskyer Schützenvereins am 11. September 1990 im Sitzungszimmer der Kreisstelle der Staatlichen Versicherungsanstalt, der jetzigen Stadtbibliothek Niesky, mit 21 interessierten Sportfreunden statt.

Zum Vorsitzenden wurde Sportfreund Brunner, Ernst; zum Stellvertreter Sportfreund Gehrke, Georg und zur Schatzmeisterin Sportfreundin Heinz, Silvana gewählt.

Die GST war zu diesem Zeitpunkt bereits aufgelöst und an ihre Stelle der Bund Technischer Sportverbände (BTSV) getreten. So konnte bereits am 20.11.1990 unser Verein aus den Beständen des BTSV ein umfangreiches Sortiment verschiedenster Sportgeräte und Materialien zur Nutzung übernehmen. Dieser Umstand erleichterte uns den Neustart.

Der Nieskyer Schützenverein hatte besonders große Probleme an die schießsportlichen Erfolge der früheren Jahre anzuknüpfen, denn insbesondere an den Schulen unserer Stadt waren die Mädchen und Jungen in den 4 Meter Druckluftdisziplinen stets geachtete Kontrahenten bei Wettkämpfen auf Kreis- und Bezirksebene.

Aber auch die Sportschützen des Metallleichtbaukombinates Niesky machten im Rahmen des Schießens um den FDGB-Pokal auf DDR-Ebene durch vordere Plätze auf sich aufmerksam. Auch wenn die damalige Schützenzeitung „Visier" in einem Artikel über die MLK-Schützen schrieb: „Niesky ist eine kleine Stadt zwischen Cottbus und Görlitz ... sogar die F115 macht um Niesky einen Bogen.", konnten die Sportschützen auf ihre Erfolge stolz sein.

Der damalige Trainer der Schützen des MLK, Helmut Kretschmer, ist noch heute mit seinen nun schon 65 Jahren ein ausgezeichneter Sportschütze und trotz einiger gesundheitlicher Probleme überrascht er immer wieder mit sehr guten Ergebnissen auf Kreis- und Landesebene.

Mit der Übernahme umfangreicher Technik und Materialien aus den Beständen des BTSV wurde es uns möglich, auch wieder mit dem sportlichen Schießen zu beginnen. Besonders fördernd war der Umstand, dass der Verein das Gelände des Schießstandes „Heinrichsruh" von der Stadtverwaltung zur Nutzung übergeben bekam. Jedoch begannen nun auch die Probleme im Bezug auf die Standsicherung und die notwendigen Maßnahmen um sicherheitstechnisch auf dem Laufenden zu sein. Hinzu kam noch, dass viele Vereinsmitglieder nicht nur KK schießen, sondern auch die Kaliber jenseits der 5,6 mm ausprobieren wollten. Damit begann das große Kapitel des Standumbaus.

Das Jahr 1995 war für alle Mitglieder der Höhepunkt im

Gelände vor dem Ausbau der Schießsportanlage (ohne Zaun)

Pistolenstand im November 1998 kurz vor der Abnahme

Kugelfänge 50 m, neu

„Die rasende Wildsau" zum Dorffest in Jänkendorf 1994   *Der fertige Vereinsraum*

len. Der Verein nutzt die vielfältigen Möglichkeiten sich und seine Sportart zu präsentieren. Besonders gefragt sind die Präsentationen bei den Stadt- und Dorffesten. Der „Riesendart" und die „Rasende Wildsau" werden gerade von Kindern gut angenommen.

Seit 1999 besitzt der Verein einen eigenen Vereinsraum auf dem Gelände des Schießstandes. Hier können nicht nur Vorstandssitzungen und Mitgliederversammlungen abgehalten werden, nein auch kleine Familienfeste sind möglich.

Besonders erwähnenswert erscheinen uns die Leistungen des Sportfreundes Geisler, Michael. Bereits mit 10 Jahren begann er sich im Luftgewehrschießen zu üben. Heut ist er ein erfolgreicher Sportler auf Kreis-, Landes- und Bundesebene. Bei der etwas reiferen Jugend (SK und AK) sind besonders die Sportfreunde Krüger, Klaus; Freye, Falk; Geisler, Jürgen und Freye, Christoph nennenswert.

Vorstand	Vorsitzender	Jürgen Geisler
	stellv. Vorsitzender	Sylvio Arndt
	Schatzmeister	Georg Gehrke
	Sportleiter	Klaus Krüger
	Waffenwart	Volkmar Mende
	Schießstandwart	Frank Thielsch
	Schriftführer	Silvia Geisler

Unsere nächste Aufgabe wird es sein die derzeitigen Baumaßnahmen endgültig abzuschließen um das sportliche Schießen mehr zu aktivieren. Der Kontakt zu anderen Vereinen soll weiter ausgebaut werden.

Unser Verein ist immer für neue Mitglieder offen. Interessierte Vereine könne unter folgender Adresse mit uns in Verbindung treten:

Nieskyer Schützenverein e.V.
Rudolf-Breitscheid-Straße 34
02906 Niesky Telefon: 03588 202628
E-Mail: gleisler@pce-niesky.de

bisherigen Vereinsleben schlecht hin. Schützenfest mit Fahnenweihe stand auf der Tagesordnung. Zur Fahnenweihe wurde auch erstmals die neue Schützenkleidung vorgestellt.

Die jährlichen Schützenfeste haben im kulturellen Leben der Stadt Niesky bereits einen festen Platz eingenommen. Das beweisen vor allem die stetig steigenden Besucherzah-

Die neuen Uniformen werden zur Fahnenweihe präsentiert

Ausmarsch der Fahnenabordnung des Nyskyer Schützenvereins zum Schützenfest in Reichenbach

Rothenburger
Schützenverein e.V.

- Gegründet im Jahre 1664 als „Rothenburger Schützengesellschaft"
- Reorganisiert im Jahre 1818 zur „Rothenburger Schützengilde"
- Wiedergründung im Juni 1990 zum „Rothenburger Schützenverein e.V."

Wer kennt nicht die Mädchen und Frauen, die Jungs und Herren in der petrol-grünen Schützenkleidung und dem Federhut, die nicht mehr aus dem kulturell-sportlichen Gebiet der Stadt Rothenburg wegzudenken sind, die Rothenburger Schützen.

Mit der Wiedergründung des Rothenburger Schützenverein e.V. im Juni 1990 werden die Traditionen des Rothenburger Schützenwesens die über Jahrhunderte in der Neißestadt bestanden, fortgesetzt.

Bis in das Mittelalter hinein gehörte es zur Pflicht eines achtbaren Bürgers unserer kleinen Stadt, für den Schutz und die Wahrung der Rechte in den unsicheren Zeiten einzutreten. Gerade diese „Schützenbruderschaften" waren als Bürgerwehr auch zur Verteidigung der Stadt verpflichtet.

Durch die großen Stadtbrände, die von 1427 bis 1798 die Stadt mehrfach in Schutt und Asche legten, gingen auch die alten Anordnungen und Verpflichtungen verloren, die uns darüber berichten könnten.

Soviel sei berichtet, dass die Schützen in der Stadt Rothenburg zur damaligen Zeit ein anerkanntes „Völkchen" waren, weil sich hier das Bürger- und Beamtentum dieser Zeit widerspiegelte.

Nach dem 30-jährigen Kriege (1618 - 1648) formierte sich die „Rothenburger Schützengesellschaft", die in der Regierungszeit des Landesherren, August des Starken, hervortrat. Ein noch vorhandener Zinnpokals, der zum 100-jährigen Bestehen der Rothenburger Schützengesellschaft im Jahre 1764, gestiftet wurde, beweist die Gründung der „Rothenburger Schützengesellschaft" im Jahre 1664.

Auch das weit über die Landesgrenzen hinaus bekannte „Augustschießen" findet in dieser Zeit seinen Ursprung.

In der heutigen Gegenwart wurde dieses Fest, erst als „Neißefest" und später als „Rothenburger Sommerfest" seit 1946 bis dato fortgeführt. Der Rothenburger Schützenverein ist bemüht die Traditionen des „Augustschießens" in den nächsten Jahren weiter zu führen.

Das um 1800 errichtete Schützen- und Schießhaus an der

Görlitzer-Straße, lag in der Verwaltung der Schützengesellschaft. Der Rothenburger Frauenverein schenkte 1818 den Schützen eine gestickte Vereinsfahne. In dieser Zeit fand mit der Reorganisation zur „Schützengilde" die erste Fahnenweihe statt.

Am 07. Mai 1830 trat die neue Vereinssatzung in Kraft. Diese enthielt unter anderem einen sechsjährigen Dienst für Bürger, die das Bürgerrecht erhielten. Die Gilde wurde durch einen „Hauptmann" geführt.

Zur Schützenuniform gehört der grüne Rock, weiße Hose, der Kordonhut mit Feder, das Gewehr und der Hirschfänger.

Am 15. Oktober 1845 wurde eine neue Fahne der Gilde auf dem Rothenburger Marktplatz geweiht, die Königin Elisabeth, Gemahlin König Friedrich Wilhelm IV., den Schützen vom Bürgermeister Neumann überreichen ließ.

In der Satzung der Schützengilde wurden jährlich drei Vereinsschießen festgelegt:
- Das Schießen zum Geburtstag des Landesherren (3. August)
- das Pfingstschießen und
- Augustschießen (1. Sonntag nach dem 2. August) .

Im Jahre 1921 kaufte die Schützengilde das Schützenhaus mit dem Schießstand (100 m), den Schützengarten mit den Kolonaden und den angrenzenden Obstgarten.

Am 15. Mai 1927 konnte die Rothenburger Schützengilde eine neue Fahne weihen (3.). Der Verbleib der Fahnen ist durch Kriegseinwirkung ungewiss.

Im Jahr 1930 hatte der Verein 125 Mitglieder. Der letzte Schützenmarschall 1944 war der Schützenbruder Kürschnermeister Fritz Pohl.

1945 wurde auf Befehl der alliierten Kontrollbehörden in Deutschland jegliche Vereinstätigkeit, auch die der Schützengilden und -vereine, verboten und deren Vermögen eingezogen.

Mit Gründung der Gesellschaft für Sport und Technik 1952 wurde neben technischen Sportarten auch das Sportschießen wieder durchgeführt. Die Kommune übergab der GST

Zinnpokal von 1764

den Schießstand nebst Schießhaus zur Nutzung. Das Schützenhaus wurde verkauft. Da der Schießstand nebst Schießhaus durch Kriegseinwirkung völlig zerstört war, wurden 1957/58 beide in freiwilliger Arbeit und mit eigen erwirtschafteten Mitteln aufgebaut.

Die Sektion Sportschießen der GST war bis zur Wende 1989/90 eine der mitgliederstärksten Sektion im ehemaligen Kreis Niesky und mit ihren Erfolgen im Bezirk Dresden und im Land bekannt.

Im Juni 1990 wurde auf der Grundlage bestehender Traditionen der Rothenburger Schützenverein e.V. wiedergegründet. Zur Gründungsversammlung fanden sich 17 ehemalige Schützinnen und Schützen des ASV und der GST sowie Bürger von Rothenburg im „Preußischen Hof" ein. Die Zielsetzung des wiedergegründeten Vereins und deren Satzung ging in folgende Richtung:

- den Wettkampfsport betreiben – Jugendarbeit
- das gesellige Vereinsleben zu organisieren
- die Traditionen weiter zu fördern

Da die Voraussetzungen der Weiterführung einer Schützengilde nicht vorhanden waren, erfolgte die Benennung in „Rothenburger Schützenverein" e.V.. Es wurde ein neues Logo entworfen und genehmigt.

1993 wurde unter Anteilnahme von Schützenvereinen der Partnerstädte Rothenburgs und der Bürger der Stadt, auf dem Schützenplatz die Vereinsfahne feierlich geweiht. Es ist übrigens die 4. Fahne in der Geschichte der Rothenburger Schützenbewegung.

Gruppenaufnahme

1994 musste der Verein die seit 1958 wieder erbaute und benutzte Schießsporteinrichtung am Schützenplatz in Rothenburg aufgeben, weil an diesem Standort durch die Stadt ein Mini-Wohngebiet geplant und gebaut wurde.

Von dieser Zeit an mussten unsere Schützen ihre Trainings- und Wettkampftätigkeit im Klein- und Großkaliberschießstand nach Niesky, Görlitz oder Löbau verlegen. Trotz der Erschwernisse und des Aufwandes wurden viele Siege und Plätze bei Pokalwettkämpfen Kreis-, Bezirks- und Landesmeisterschaften durch die Rothenburger Schützen erreicht. Als neues Domizil bekamen wir durch die Stadt ein Objekt und ein Stück Land im ehemaligen Objekt der NVA zugewiesen. Die vorhandene Halle wurde durch unsere Mitglieder zu einem Luftgewehrzentrum mit 21-10 m Zuganlagen und 5-4 m Luftgewehr für Kinder, in freiwilliger Arbeit ausgebaut. Daneben entstand ein Klub- und Traditionszimmer, ein Schulungsraum, eine Waffenkammer und Toiletten.

Es konnte eine Verbesserung der Umweltbedingungen für

Schießen zum Kreisbehindertensportfest

den Verein erreicht werden. Handikap bleibt die Fertigstellung des Freiluftschießstandes für Lang- und Kurzwaffen. Fördermittel sind beantragt und die Hoffnung besteht diesen Schießstand in den nächsten Jahren fertigzustellen.

Durch die weitere Erforschung der Traditionen der Rothenburger Schützen bekannten sich vier Mitglieder bzw. Schützenjungen der ehemaligen Rothenburger Schützengilde zur Ehrenmitgliedschaft unseres Vereins. Durch den Schützenbruder Pohl, als letzter Schützenmarschall vor dem Kriegsende, wurden dem Rothenburger Schützenverein, die Marschallskette der Rothenburger Schützengilde

anlässlich der Fahnenweihe 1993, überreicht.

Leider starb unser ältestes Ehrenmitglied im 100sten Lebensjahr, am 28.12.2000. Weitere Ehrenmitglieder sind die Schützenbrüder Hänsel und Roth. Auch unser Ehrenmitglied und Heimatforscher Rudi Henke verstarb im Oktober dieses Jahres und hinterlässt im Verein leider eine Lücke in der Traditionsforschung.

Höhepunkte im Vereinsleben sind die jährlich stattfindende Jahreshauptversammlung, die Vereinsmeisterschaften, das Schützenfest anlässlich des Rothenburger Sommerfestes (Augustschießen) und eine Reihe von Pokal- und Vergleichsschießen.

Die Freundschaft zu den Schützenvereinen der 6 Rothenburger Partnerstädten Rot(h)enburgs und Dransfeld hat sich auf Wettkampfbasis alle zwei Jahre im Rahmen eines Sportfestes weiter vertieft. Eine besondere Partnerschaft verbindet uns mit dem Schützenverein „Lübscher Adler" Lübeck.

Durch gegenseitige Besuche und Wettkämpfe haben sich viele persönliche Verbindungen geschlossen.

Der Rothenburger Schützenverein e.V. ist Mitglied im:

- Neiße-Kreis-Sportbund
- Schützenkreis 7
- Landessportbund Sachsen
- Sächsischen Schützenbund

Der Schützenverein unterhält eine Waffensachkundekommission.

Schützengesellschaft Eibau 1707 e. V.

Historie:

Wann genau eine und welche Schützengesellschaft in Eibau gegründet wurde, lässt
sich leider heute nicht mehr genau einord-
nen. Auf alle Fälle muss es bereits im Jahre
1707, wie wir heute sagen würden, schießsportliche Wettbewerbe von organisierten
Schützen in Eibau gegeben haben.

Diesen Schluss lässt eine aufgefundene
Schützenschale aus dem Jahre 1707 wie folgt
zu:

Die Eibauer Schützenfahne

„Im Jahre 1707 wurde ein Schießen abgehalten, auf dem
der Christoph Kießling als Schützenkönig gekürt wurde. Er
erhielt eine zinnerne Schale als Siegerpreis. Auf dieser
Schale befindet sich die Jahreszahl 1707 und die Bemer-
kung „C. K. Schützenprämie". Auf dem gegenüberliegen-
den Rand sind die Buchstaben C. N. und auf der Rückseite
drei Wappen, wenn auch nur undeutlich, zu sehen.

Es gibt seit dem eine ganze Reihe von historischen
Geschehnissen, die darauf schließen lassen, dass es über
die Jahrhunderte hinweg mit wechselndem Bestand exis-
tierende Schützengemeinschaften in Eibau gegeben hat,
die erst mit dem Ende des Zweiten Weltkrieges 1945 auf-
hörten zu bestehen.

Die Schützengesellschaften legten von jeher schon Wert
auf ein einheitliches Auftreten in ihrer Kleidung, in Form
einer „Uniform", bei ihrem Auftreten in der Öffentlichkeit.
So war es Sitte, dass jedes Mitglied einer Schützengesellschaft, sich eine „Uniform" zulegen musste. Konnte er das
nicht, hatte er einen jährlichen Obulus in Höhe von 5 Mark
in die „Schützenkasse" zahlen. Erste Informationen besagten, dass z. B. anno 1793 sog. „Dreispitze" oder auch „drei-
stämmige Hüte" zu öffentlichen Auftritten getragen wurden. Auch eine Schützenfahne gehörte zum Erscheinungsbild der Schützen. Sicher ist auch, dass neben der eigent-
lichen Vereinsfahne auch einzelne Abteilungen des Vereins
ihre eigene Fahne hatten. In Eibau wurde im Jahre (des 50-
jährigen Regierungsjubiläums seiner Majestät König Friedrich August des Gerechten)???? die erste Fahne gekauft.
Sie kostete damals 24 Taler, 10 Groschen und 6 Pfennige.
Im Jahre 1851 war die ursprüngliche Fahne dann sicherlich
nicht mehr zu gebrauchen und es wird berichtet, dass eine
neue Fahne von den damaligen vier Schützenältesten
gespendet wurde. Im Vergleich dazu, die heutige Fahne der
Schützengesellschaft Eibau 1707 e.V. kostete rund 7 TDM.
Und als Vorlage für die heutige Fahne der Eibauer Schützen diente die im Eibauer Beckenberg-Museum ausgestell-
te Fahne der Junggesellenabteilung der damaligen Schützengesellschaft. Über die eigentliche Fahne der alten
Eibauer Schützengesellschft war leider kein Material mehr
aufgefunden worden und somit auch als Vorlage nicht mehr
zu rekonstruierbar.

Zu den Eibauer Schützen gehörten seit eh und je nicht nur
die Fahne und die Uniform, sondern auch ein geeignetes
Schießgelände mit zugehörigem Schützenhaus.

Ob es bereits von der in den aufgefundenen Unterlagen
genannten Zeit schon Schießplätze und -anlagen in Eibau
und Umgebung gegeben hat, ließ sich nicht ermitteln.
Sicher ist, dass anno 1851 der Kauf des Grundstückes für
den Bau eines Schießhauses erfolgte. Durch weitere Spenden konnte dann im Jahre 1862/63 der Schießgarten ange-
legt werden.

Bedeutsames ist dann auch aus dem Jahre 1863 zu berichten. Es wurden 6 neue Mörser von „6 Centnern und 78
Pfund" für insgesamt 28 Taler angeschafft. Außerdem
kaufte der Verein 62 Lauffeuerböller für 15 Taler, 27 Neu-
groschen und 5 Pfennige.

In der Folge baute man einen Stall und ein Gewölbe an das
Schießhaus und erhielt „Restaurations-Gerechtigkeits-
Erteilung", schlicht die Ausschanksgenehmigung. Der
Wert des Schießhauses wurde mittlerweile mit 11.160
Talern mit 174 Brandcat.-Einheiten angegeben.

Im August 1881 brannte das Schießhaus nieder. Bereits ein
Jahr später, nämlich am 22. August 1882, genau ein Jahr
nach dem Brand (25.08.1881), konnte bereits ein neues
Schützenhaus anlässlich des 175-jährigen Bestehens des
Schützenvereines (Bezugnehmend auf die Gründung des
Schützenvereines anno 1707 eingeweiht werden).

Die damalige Schießanlage bzw. das Schützenhaus

Das Schützenhaus mit Ausschankgenehmigung innen

Das ehemalige „Pförtnergebäude" mit angrenzendem Lager nach Ausbau zum Vereinshaus mit Luftgewehr-Schießanlage

Die Schützengesellschaft Eibau 1707 e.V. heute

Unter der Leitung vom Oberschützenmeister und 1. Vorsitzenden Eberhard Pufe gründeten am 07. Dezember 1991 Enthusiasten des Schießsports und Interessenten historischer Waffenentwicklungen die Schützengesellschaft Eibau wieder. Große Hilfe wurde seitens des Partnervereines aus Sulzbach-Laufen gewährt, die die eigentliche Gründung wesentlich mit vorbereiten halfen.

Die Schützen haben sich zum Ziel gestellt, neben der Ausübung von schießsportlichen Aktivitäten und der Entwicklung der Beziehungen ihrer Mitglieder untereinander auch die Traditionen der alten Vereine in Eibau zu übernehmen und weiter zu pflegen. Der Verein erklärte sich als Nachfolger des nach Kriegsende verbotenen und enteigneten Schützenvereines zu Eibau.

Nach der Gründung des Schützenvereines erfolgte eine Bestandsaufnahme und die Formulierung der Ziele für den Verein:
- Erfassung und Beantragung auf Rückübertragung des ehemaligen Eigentumes des Schützenvereines
- Kurzfristige Schaffung der Möglichkeit dem Bedürfnis des Schießens nachkommen zu können in Form eines Luftgewehrstandes
- Langfristige Planung des Baues eines Schießplatzes mit zugehörigem Vereinshaus

Als erstes gingen die Vereinsmitglieder die Frage der Rückübertragung ehemaligen Eigentumes des Schützenvereines an. Ihm gehörten bis zur Enteignung durch die SMA 1952 rd. 1,5 Hektar an Land und das Schützenhaus neben der heutigen Milchviehanlage Eibau.

Der Ausgleich für das mittlerweile als Wohnhaus umgebaute Schützenhaus wie auch die Rückgabe des Landes hätte eine annehmbare Basis für den Verein bedeutet. In Ergebnis der Beantragung der Rückübertragung musste leider die bittere Pille geschluckt werden, dass es für Vereine keine Möglichkeit mehr gab, ehemaliges Eigentum zurück zu erlangen.

Man hatte es bei der Ausarbeitung des Einigungsvertrages schlichtweg vergessen, diese Fragen zu berücksichtigen und somit eine rechtliche Basis dafür zu schaffen. Es musste also auf das ehemalige Gelände in Größe von ca. 1,5 ha und das Schützenhaus wohl oder übel verzichtet werden, ohne dass je die Möglichkeit eines Ausgleiches gegeben war.

Schießstand – Luftgewehrschießen

Nachdem definitiv feststand, dass es keine Rückübertragung ehemaligen Vermögens und Eigentumes mehr geben wird, wurden Möglichkeiten gesucht trotzdem einen eigenen Schießstand errichten zu können. Alle Versuche, staatliche Unterstützung für den Bau zu erhalten, scheiterten.

Also entschloss man sich erst einmal ein geeignetes Gelände zu finden. Es wurden die damalige Schuttgrube der „Roten Fabrik" auserkoren und die Baugenehmigung beantragt. Gleichzeitig liefen Verhandlungen mit den neuen Eigentümern der ehemaligen Frottana – Produktionsstätte an der Jahnstraße zur Nutzung eines leerstehenden Gebäudes als Luftgewehrstand. Es kam zu Übereinkunft und die Mitglieder bauten die vorhandene Bausubstanz entsprechend den Erfordernissen eines anerkannten Schießstandes um. Dabei konnte sogar noch ein kleiner Raum gewonnen werden, der seit seiner Fertigstellung und Einweihung als Vereinszimmer diente.

Die Mitglieder leisteten insgesamt 1200 Stunden zur Fertigstellung dieser Anlage im Jahre 1994, auch das benötigte Material wurde voll durch sie gestellt. Sie diente bis zu ihrer Stilllegung 1998 dem Verein als Domizil und war unter den Mitgliedern wie auch Gästen hoch angesehen.

Der Luftgewehrstand im ehemaligen Lagergebäude

Die neue Schießanlage

Nachdem die Baugenehmigung für den geplanten Schießstand endlich erteilt war, begannen die Schützen mit den ersten Arbeiten zur Begradigung des Geländes und dem Aufschütten der Wälle für die zukünftigen Schießbahnen. Im August 1993 wurde der „erste Spatenstich" getan, nachdem das Genehmigungsverfahren fast zu einer Odyssee ausgeartet war. Aber auch die Genehmigungsbehörde stand ja erst am Anfang des neuen Geschehens.

Die Schießanlage – Schießstände für Kurz- und Langwaffen

100 m Schießstand (2 Schießbahnen mit Scheibenzuganlagen

Insgesamt vergingen 5 Jahre bis zur Eröffnung des Schießstandes.

Erneut war es nicht gelungen, öffentliche Mittel für den Neubau zu erschließen und es mussten sowohl die materiellen Leistungen wie auch Finanzierung aus eigener Kraft erbracht werden, bzw. konnten ortsansässige Firmen dafür gewonnen werden. Hervorzuheben ist hier die Münchbrauerei Eibau, deren finanzielle Spende es ermöglichte die technische Ausrüstung für den Betrieb einer Trap-Schießanlage zu erwerben.

Nach der Eröffnung des Schießstandes Ende 1998 waren dann die Kräfte und Mittel erschöpft. Der geplante Bau des Vereinshauses schien gefährdet. Aber Dank des unerschöpflichen Engagements des 1. Vorsitzenden Eberhard Pufe gelang es den Fördermitteltopf der EU anzuzapfen. Insgesamt erhielt der Verein zum Bau seines Vereinshauses 71 TDM an Fördermitteln bei gleichzeitiger Verpflichtung nochmals 57 TDM an Eigenfinanzierung bzw. Leistungen zu erbringen. Auch diese Leistungen wurden durch die Mitglieder erbracht und endlich im Frühjahr 2000 konnte auch das Vereinshaus seiner Bestimmung übergeben werden. Erneut unterstützte bei der Ausstattung des Vereinshauses die Brauerei Eibau das Vorhaben und es konnte sowohl die Türverglasung wie die Wandbilder finanziert werden.

Summa summarum wurden insgesamt 1.500 TDM für die Neuanschaffung der Schießanlage in Eibau aufgewendet.

Das Schützenhaus

Mittlerweile gehört die neue Schießanlage zum Alltag der Gemeinde und wird rege besucht. Auch Gäste aus anderen Bundesländern gehören heute schon zum Besucherklientel. Der sicherlich am weitesten angereiste Gastschütze kam bisher aus Belgien.

Weitere Pläne zum Ausbau der Anlage sind schon gereift. Es läuft die Beantragung des Baues einer Schießanlage „Laufender Keiler". Hier sind die Zielstellungen jedoch nicht so kurzfristig gesetzt, da die Mittel erneut nur durch den Verein zu erbringen sind.

Der Kurzwaffenstand mit 6 Schießbahnen

Die Trapanlage

Das Schützenhaus heute

Bautzener Schützenverein 1875 e. V.

Der „Bautzener Schützenverein 1875" e.V. ist Mitglied des Landessportbundes Sachsen und des Sächsischen Schützenbundes, in welchem er im Sportschützenkreis 7 organisiert ist. Die vereinseigene Schießanlage befindet sich in Bautzen auf dem Gelände: An der Hummel 5.

Zur Geschichte

Das Schützenwesen in Bautzen, wie auch in anderen Städten, unterliegt einer jahrhundertealten Tradition und ist eng mit der Stadgeschichte verbunden.

In unserer Stadt geht sie vermutlich auf das Ende des 14. Jahrhunderts zurück. In der Broschüre „Das Schützenwesen und die Bürgerwehren im alten Bautzen" wurde der erste Nachweis über Bürgerpflichten im Verteidigungsfall nach dem Pönfall 1547 erbracht (Pönfall heißt dieses Ereignis der lausitzschen Geschichte, das sich für die einst blühenden Städte ganz ähnlich auswirkte, wie das Diktat von Versailles für Deutschland. Bautzen als die Hauptstadt der Lausitz wurde am schwersten betroffen. Kaiser Ferdinand zerschlug im Jahre 1547 unter dem Vorwand nicht genug bewiesener Untertänigkeit die Wehrmacht der Lausitzer Städte, nahm ihnen alle ihre Waffen, ihre Landgüter, ihre erworbenen Rechte und was er unter dem Scheine des Rechts an Geldwert irgend erfassen konnte).

Um diese Verteidigungspflichten zu erfüllen, waren monatliche Waffenübungen notwendig. Die ersten vorhandenen

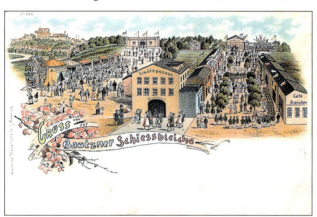 

Historische Postkarten von Schützenfesten in der Stadt Bautzen

Historischer Bautzener Schützenverein

Schützenartikel stammen aus dem Jahr 1577, beziehen sich aber noch auf ältere Artikel. Die älteren Artikel und Stadtchroniken wurden beim großen Stadtbrand 1634 vernichtet. Überlieferungen berichten allerdings, dass schon um 1500 nach dem Vogel geschossen wurde. Jährlich einmal wurde am Pfingstsonntag auf der Schießbleiche ein Wettschießen abgehalten. Auf ihm konnten sich alle Bürger der Stadt belustigen. Die Entwicklung des Schießens über Bürgerschützen, Stadtsoldaten, Bürgerwehren, freiwilligen Schützenkompanien, Nationalgarde, Bürgergarde, freiwilliger Schützenwehr, uniformierten Schützenkorps, Freihandschützenverein mit regelmäßigen Pflichtschießen führte auch zur Bildung einer Spitzkugelkompanie, die am 21. April 1875 unter dem Namen „Schützenverein Bautzen" ins Leben gerufen wurde. Dieser Verein erwarb durch die Vielseitigkeit seiner schießsportlichen Veranstaltungen und seinem schützenbrüderlichen Geist viele Freunde.

1939 wurden alle Schützenvereinigungen der Stadt Bautzen dem „Deutschen Reichsbund für Leibesübungen" eingegliedert. In der Zeit von 1952 bis 1990 war das sportliche Schießen für Jugendliche hauptsächlich nur unter der Mitgliedschaft in der „Gesellschaft für Sport und Technik"(GST), „Sportverein(SV) Dynamo" oder „Arbeitersportverein" (ASV) möglich.

Die Neugründung

Die Fortführung des Schützenwesens der Stadt Bautzen nach dem Ende des Sozialismus sei hier durch die Zitierung eines Dokumentes aus der Gründungszeit des „Bautzener Schützenverein 1875" e.V. dokumentiert.

Die Neugründung des „Bautzener Schützenverein 1875"

Am 2. März 1990, 18.00 Uhr, trafen sich Sportschützen, Mitglieder der Bautzener Schützengilde und interessierte Bürger der Stadt Bautzen in der Gaststätte „Radeberger Bierstuben". Grund dieser Zusammenkunft: Wie sollte es mit dem Sportschießen in Bautzen weitergehen. Die alte Ordnung war zusammengebrochen, die GST als Dachverband lag in den letzten Zügen, es musste etwas neues geschaffen werden, um das Sportschießen in Bautzen nicht sterben zu lassen. An diesem Abend wurde einstimmig beschlossen, einen Schützenverein zu gründen, der an die jahrhundertealte Tradition anschließt, parteienfrei und für alle Bürgerinnen und Bürger, die die Satzung des zu gründenden Vereins anerkennen, offen ist. Es wurde eine

Arbeitsgruppe gebildet, die vorläufig die Aufgaben eines Vorstandes wahrnimmt und eine Satzung des Vereins erarbeitet, sowie den Verein beim Gericht anmeldet. Mit dieser Aufgabe wurden die Sportfreunde Hartmut Trenner, Lothar Mammitzsch, Detlef Ast, Katrin Wojciechowski, Manfred Woelke und Udo Leitholt einstimmig betraut.

Am 30. März 1990 fand dann in der Gaststätte „Domeck" die Gründungsversammlung des Bautzener Schützenverein e.V. statt. Die Versammlungsleitung wurde durch den Sportfreund Hartmut Trenner wahrgenommen, es waren 18 Sportfreunde anwesend.

Das ehemalige Schützenhaus der Stadt Bautzen wurde in den Kämpfen im April/Mai 1945 stark beschädigt und in den darauf folgenden Jahren abgerissen. Der gesamte Schützenplatz, zu DDR-Zeiten „Platz des Friedens", wurde in den Jahren 1972/73 völlig umgebaut und anderweitig genutzt. Damit war eine Ansiedelung des Vereins auf dem historischen Gelände nicht mehr möglich.

Deshalb überließ die Stadt Bautzen dem neu gegründeten Verein den Schießstand der ehemaligen „Gesellschaft für Sport und Technik" (GST), An der Hummel 5. Diese Schießanlage war ein nur für Kleinkaliber ausgelegter Stand, welcher keine der neuen Sicherheitsrichtlinien erfüllte. Das Schießhaus war eine nach den Scheiben hin offene Halle. Diese Voraussetzungen waren zwar gering und der zu erwartende Arbeitsaufwand sehr groß, doch standen die neugegründeten Schützenvereine auf dem Territorium der ehemaligen DDR alle vor denselben Problemen und nicht alle Vereine besaßen überhaupt einen Schießstand.

Am 12. April 1990 wurde der Verein unter dem Namen „Bautzener Schützenverein 1875" e.V. im Vereinigungsregister des Kreisgerichts Bautzen registriert. Mit dieser Registrierung war die Vereinigung rechtsfähig. Am 13. Juli 1990 erkannte der Rat der Stadt Bautzen die Gemeinnützigkeit des Vereins an.

Die Vereinigung „Bautzener Schützenverein 1875" e.V. wurde am 5. November 1990 als Mitglied in den „Sächsischen Schützenbund" e.V. aufgenommen.

Der Verein nimmt an Wettkämpfen bis zur Landesmeisterschaft teil und konnte auch schon gute Ergebnisse erreichen, er gibt aber auch waffeninteressierten Bürgern die Möglichkeit, ihrem Hobby zu frönen.

Nichtmitglieder können gegen ein geringes Entgelt die Schießanlagen mit eigenen oder Vereinswaffen nutzen.

Der neue Verein

Der „Bautzener Schützenverein 1875" e.V. verfügt über einen offenen Schießstand mit 6 Schießbahnen zu 50 Metern, wovon 3 Bahnen in der Regel für Kurzwaffendisziplinen genutzt werden, und einen geschlossenen Luftgewehrstand. Weiterhin steht dem Benutzer ein Vereinshaus mit Aufenthaltsraum, in welchem auch Speisen und Getränke verkauft werden, zur Verfügung.

Vor dem Schießhaus befindet sich die Festwiese, auf welcher die alljährlichen Feste des Vereins stattfinden. Am jeweiligen letzten Samstag im Monat findet für schießinteressierte Nichtmitglieder ein Öffentlichkeitsschießen statt. Beim alljährlich stattfindenden Schützenfest ermitteln die Bürger der Stadt Bautzen ihren Schützenmeister, die Schützenmeisterin, den Altmeister und die Altmeisterin mit ihrem Gefolge.

Seit dem Jahr 2001 findet nun auch wieder das traditionelle Königsschießen mit der Krönung des Königspaares und dem Königsball statt. Die repräsentativen Pflichten, die sich das Königspaar erwirbt sind sehr vielfältig. Um das Aufleben dieser alten Tradition besonders verdient gemacht hat sich Schützenbruder Rolf Seiler, welcher hier zitiert sei:

Königsschießen

In diesem Jahr wollen wir als Verein zum ersten Mal die Tradition des Königsschießens wieder aufleben lassen. Deshalb möchte ich einiges zu den Pflichten eines Schützenkönigs bzw. einer Schützenkönigin sagen. Das Königspaar hat unseren Verein bei Festen, wie großen Schützenfesten und Veranstaltungen, bei denen das Königspaar eingeladen wird, zu vertreten. Bei diesen Anlässen ist von ihnen die Schützenkette zu tragen. Der Schützenkönig sowie die Königin haben auf ihre Kosten für die Gravierung ihrer Schützenketten und die Stiftung einer neuen Ehrenscheibe zu sorgen. Die erste Ehrenscheibe wird vom Verein, zum Beginn einer neuen Tradition, gestellt. Sie wird den Wortlaut „Gestiftet vom Verein gewonnen von Herrn ..." tragen. Alle zukünftigen vom jeweiligen Königspaar zu stiftenden Scheiben haben die Beschriftung „Gestiftet vom Königspaar ... gewonnen vom Königspaar ... ". Die Gestaltung, in Form und Farbe der Scheibe, ist dem Ideenreichtum des Königspaares überlassen.

Der Ausscheid für das Königsschießen wird in der Luftgewehrhalle des Vereins durchgeführt. Die alte Tradition, mit Vorderladergewehren auf eine Holzscheibe zu schießen, konnte allerdings aus Sicherheitsgründen nicht fortgeführt

werden. Am 2. Juni 2001 fand dann in der Gaststätte „Zur Erholung" in Auritz der erste Königsball seit der Wiedergründung des „Bautzener Schützenverein 1875" e.V. statt. Zum ersten Königspaar des Vereins wurde Schützenschwester Ute Jagel aus Bautzen und Schützenbruder Peter Hilscher aus Dahren gekrönt. Die 1. Dame wurde Schützenschwester Regina Seiler aus Bautzen, die 2. Dame Schützenschwester Nicole Kratzig aus Bautzen, der 1. Ritter Schützenbruder Steffen Metzner aus Bautzen und der 2. Ritter Schützenbruder Udo Leitholt aus Arnsdorf.

Für die Entwicklung und Organisation des Schützenwesens unserer Stadt ab der Neugründung des „Bautzener Schützenverein 1875" e.V., bedankt sich der amtierende Vorstand besonders bei den Schützenbrüdern Udo Leithold, Thomas Gerhardt, Lothar Mammitzsch, Rolf Seiler und Jan Hauptmann sowie bei allen Schützenschwestern und Schützenbrüdern welche mit ihrem Fleiß und ihrer Einsatzbereitschaft eine Weiterführung der Tradition des Bautzener Schützenwesens erst ermöglichen.

Historische Postkarten von Schützenfesten in der Stadt Bautzen

Schützenverein
Schirgiswalde e. V.

Die Anfänge des Schützenwesens in Schirgiswalde mögen wohl bis in das 18. Jahrhundert zurück reichen. Wegen der wechselvollen Geschichte der Stadt liegen aber nur wenige gesicherte Quellen vor.

Schirgiswalde liegt in einem landschaftlich besonders reizendes Engtal der Spree in 260 bis 400 m ü. d. M. im granitischen Oberlausitzer Bergland. Mit der ersten urkundlichen Erwähnung aus dem Jahr 1346 finden wir im Ort schon eine Kirche und eine Pfarrei. Als die Oberlausitz während des Dreißigjährigen Krieges 1635 in die Oberhoheit des Kurfürstentums Sachsen überging, bleibt der Gutsbezirk Schirgiswalde als Teil der böhmischen Herrschaft Tollenstein eine Insel im sächsischen Grenzland. Die kirchliche Integration in das Bistum Leitmeritz bestand in Teilen noch bis 1894. Am 19. Februar 1665 verlieh Kaiser Leopold I. Schirgiswalde die „Marktgerechtigkeit" und damit die Rechte einer Stadt. Trotz der mächtigen Ringmauer mit zwei Türmen und Schwertarm im Stadtwappen blieb Schirgiswalde ein offenes Landstädtchen und war wie bisher allen kriegerischen Ereignissen schutzlos ausgesetzt. Die Grundherrschaft von Schirgiswalde verkaufte das Gut am 16. August 1702 an das Domkapitel zu Bautzen. Nun wurde in den Jahren 1739 bis 1741 durch böhmische Bauleute und Künstler die das Stadtbild beherrschende barocke Pfarrkirche errichtet.

Nach der verlorenen Schlacht bei Wagram gegen Napoleon trat der österreichische Kaiser Franz I einige Gebietsteile Böhmens mit Schirgiswalde am 16. Oktober 1809 an Sachsen ab. Damit endeten auch das mit List und Gewalt betriebene „Rekrutenhaschen" der österreichischen Militärbehörde in Schirgiswalde. In den folgenden Jahren kam es jedoch wegen der fortwährenden Kriegsläufe nicht zur Übernahme durch Sachsen. So war das Städtchen vom Oktober 1809 bis zum 4. Juli 1845 eine kleine freie Republik mit einen Stadtrichter an der Spitze. Aus dieser Zeit ist die Gründung eines Vereines ehemaliger österreichischer Soldaten überliefert.

Der vom Domstift zu Bautzen 1843 eingesetzte Justizamtmann erlaubte sich Übergriffe gegen einen Bürger von Schirgiswalde. Zur Niederschlagung des Volksauflaufes wurde eine Kompanie Sächsischer Truppen der Garnison Bautzen angefordert. Obwohl die Soldaten bereits in Kirschau halt machten, traten die sächsische und österreichische Regierung in Verhandlung zur definitiven Übergabe von Schirgiswalde an Sachsen ein.

In einem feierlichen Staatsakt wurde Schirgiswalde am 4. Juli 1845 aus dem böhmischen Staatsgebiet entlassen und königlich-sächsischer seits übernommen und in die Landeshoheit des Markgrafentums Oberlausitz übergeben. Am

24. September 1845 besuchte der König Friedrich August Schirgiswalde. Der Monarch wurde mit Glockengeläut, Böllerschüssen und Musik empfangen. Ob sich unter der auf dem Kirchhof angetretenen Innungen mit ihrer Fahne auch bereits die Schützen befanden ist nicht nachgewiesen.

Der 1741 gebaute Pfarrkirche fehlten bis dato noch die Türme. So wurde im Jahr 1866 mit den Bau derselben begonnen. Am 18. Oktober 1867 konnten den Türmen die Knöpfe und Kreuze aufgesetzt werden. Mit einem Festzug wurden die vergoldeten Knöpfe und Kreuze beim Bürgermeister abgeholt und zur Kirche gebracht. Das Baucomitee, das den Festzug ordnete, hatte die Schützen auf den 4. Platz und somit an die Spitze der Innungen und Vereine gestellt. So dürfte der erste Schützenverein zwischen 1850 und 1860 gegründet worden sein. Zu erwähnen wäre noch, dass in den Jahren der Revolution 1848/49 eine Communalgarde in Schirgiswalde gegründet wurde. Die Fahne weihte man am 4. September 1848 auf dem Marktplatz. Die Communalgarde wurde jedoch bereits 1850 aufgelöst und ihre Fahne an den neuen Turnverein verkauft. Im Stadtmuseum ist noch die Fahnenspitze mit den österreichischen Doppeladler (!) und der grünweißen Fahnenschleife zu sehen. Eine weitere Erwähnung der Schützen gibt es aus dem Jahr 1869. Im Festzug, der am 27. April 1869 die neuen Glocken der Pfarrkirche einholte, marschierten nach den Kindern des Ortes der Schützen-, Militär- und Gesangsverein. Weitere Meldungen zu den Schützen gibt es im Zusammenhang mit königlichen Besuchen am 16.08.1869, 14.6.1878 und 22.10.1893.

In der Stadt selbst ist der Standort von drei Schützenhäusern belegt. So standen Schützenhäuser am Steinweg und in der Kuhnestraße, im Volksmund Schießgraben genannt. Der im Anschluss an Sachsen erfolgte Ausbau der Verkehrswege, so der Bau der Straße Kirschau-Schirgiswalde-Sohland 1846/47 und der Bau der Eisenbahn 1872 führte zu einem Anwachsen der Bevölkerung von ca. 1500 im Jahr 1845 auf 2645 im Jahr 1880. So musste das Schützenhaus aus dem Stadtgebiet an den Fuß des Lärchenberges verlegt werden, wo es bis 1945 stand.

Das Stadtmuseum bewahrt noch ein eindrucksvolles Foto vom 26.6.1910 anlässlich der Einführung der neuen Gewehre der Schützen zu Schirgiswalde auf. Die ca. 60 Schützen führten hier ein Vorderlader-Perkussionsgewehr im Kaliber 17 mm.

In den Jahren ab 1936/38 bis 1989 erlosch jede Vereinstätigkeit der Schützenvereine in Ostdeutschland. Der Schießsport hatte jedoch in Schirgiswalde weiterhin eine Heimat. In Schirgiswalde bestand eine Schießsportzentrum der Gesellschaft für Sport und Technik auf dem Lärchenberg und somit nur wenige hundert Meter vom letzten Schützenhaus entfernt.

Am 17. März 1992 gründeten zwei Dutzend Schützenfreunde um Siegfried Petasch den Schützenverein Schirgiswalde e.V. Die Gründungsmitglieder stammten aus den Gemeinden Schirgiswalde, Kirschau, Halbendorf, Taubenheim und Wilthen.

Bis heute ist der Verein auf 75 Mitglieder angewachsen. Selbst Bautzener und Dresdener haben ihre sportliche Heimat im Schützenverein Schirgiswalde gefunden. Zweck des Vereins ist die Wiederbelebung des geselligen Brauchtums der Schützen zu Schirgiswalde und die Organisation und Mitwirkung an Volks- und Schützenfesten der Stadt Schirgiswalde und im Schützenkreis 7 des sächsischen Schützenbundes. Sportschützen, Vorderladerschützen, Ordonnanzschützen, Jäger und Waffensammler können im Verein ihrer anspruchsvollen Freizeitbeschäftigung nachgehen.

Vom Verein wurde der Schießstand auf dem Lärchenberg zunächst in Pacht übernommen und mit umfangreicher Eigenleistung und Fördermitteln des Freistaates Sachsen gemäß der Schießstand-Richtlinie des DSB ausgebaut. Schwerpunkte der Arbeit waren der Ausbau des Vereinsraumes, des gedeckten Schützenstandes für die 50 m Bahnen und der Lärmschutz. Heute stehen 10 Schießbahnen in einem teilüberdachten Schießstand für wechselweises Schießen auf 50 m und 25 m zur Verfügung. In der Phase dieser Bauarbeiten erfolgte am 31.08.1997 die feierliche Fahnenweihe auf dem Obermarkt in Schirgiswalde.

Festlicher Appell zur Fahnenweihe auf dem Obermarkt in Schirgiswalde

Teilnehmer der Fahnenweihe am 31.08.1997

Ein Höhepunkt des Vereinslebens war die Ausrichtung des 1. Schützenfestes 1999 in Schirgiswalde, der Tag der „Offenen Tür" auf dem Schießplatz im Jahr 2000 und das 2. Schützenfest 2001. Diese Repräsentationen erfolgten unter reger Teilnahme der Bevölkerung.

Salutschießen zur Eröffnung des 1. Schützenfestes

Der Auszug des Schützenvereins Schirgiswalde zum 1. Schützenfest des Schützenkreises 7

Nachdem der Verein 2001 Eigentümer des Schießstandes wurde, stehen in den nächsten Jahren weitere umfangreiche Modernisierungen im Bereich Haustechnik und Sanitärinstallation bevorj3
.

Der Schießstand steht jeden Sonnabend von 9.00 Uhr bis 12.00 Uhr den Vereinsmitgliedern und Gästen zur Ausübung des Schießsportes zur Verfügung. Weitere Schießzeiten sind nach Vereinbarung möglich. So schießen bei uns regelmäßig Arbeitsteams aus Firmen und Behörden und auch Familien sowie Schützenvereine der Umgebung. Der Verein richtet jährlich das Pokalschießen der AOK im Raum Bautzen aus und organisiert gesellige Veranstaltungen, wie das traditionelle „Hexenbrennen" u.v.a.

Im April eines jeden Jahres wird der Schützenkönig wieder mit dem traditionellen Vorderlader-Perkussions-Gewehr, jetzt aber im modernen Kaliber 45, ausgeschossen.

Schützenbruder Frank Böhmer beim Schießen zum AOK-Pokal 2000

Folgende Schützenbrüder konnten bereits die Würde und Bürde eines Schützenkönigs tragen:

Schützenbruder Walter Tschiedel
Schützenbruder Volkmar Jäckel
Schützenbruder Walter Tschiedel
Schützenbruder Dirk Schmole
Schützenbruder Klaus Schmole
Schützenbruder Ralf Höhne
Schützenbruder Siegfried Petasch
Schützenbruder Frank Töpfer

Schützenkönig 2000 wurde Siegfried Petasch (mitte). Den zweiten Platz errang Walter Tschiedel (links) und Dritter wurde Ralf Höhne (rechts)

Schützenkönig 2001 wurde Frank Töpfer. Der Zweitplatzierte Schützenbruder Hagen Jochmann ist der Schöpfer unserer Königsscheiben

Weitere Höhepunkte sind die Vereinsmeisterschaften im Mai jeden Jahres in den Vereinsdisziplinen:

50 m Langwaffe mit Zielfernrohr	.22lfB
50 m Langwaffe mit Zielfernrohr	ab .222R
50 m Langwaffe, offene Visierung	.22lfB
50 m Langwaffe, offene Visierung	ab .222R
25 m Kurzwaffe, Revolver u. Pistole	.22lfB
25 m Kurzwaffe, Revolver u. Pistole	.9,00mm - .45
50 m Vorderlader-Langwaffe	.45 - .54

Weitere vereinstypische Disziplinen wie Schießen mit Unterhebelrepetierer oder Flintenschießen auf 35 m werden wir in den nächsten Jahren ins Programm aufnehmen.

Für die Frauen unserer Schützen richten wir jährlich eine Dankeschönveranstaltung aus, bei der die Schützenmeisterin mit der KK-Waffe ermittelt wird. Zu den Traditionen gehört auch das jährliche Silvesterschießen.

Schießsportkämpfe für unsere Frauen gibt es jedes Jahr

Der Höhepunkt des Vereinslebens ist jedoch das alle zwei Jahre stattfindende Schützenfest. Die Gastvereine und die Bürger der Stadt Schirgiswalde und der Umlandgemeinden können ihren Meister mit der Armbrust, dem KK- und dem Luftgewehr ermitteln. Außer Sport, Musik, Tanz und der guten gastronomischen Betreuung trägt auch die herrliche Lage des Schießstandes mit einen weiten Blick über das Spreetal mit Schirgiswalde, Kirschau, Callenberg u.a. Orten zum Erfolg bei.

Der Verein betreute das Abschlussfest für Kinder aus Tschernobyl mit den Gasteltern der Kinder, der Stadtverwaltung Schirgiswalde und der Kirchgemeinde.

Und nicht zuletzt zieht der Schützenverein Schirgiswalde mit der Fahne jedes Jahr zu 10 bis 12 Schützenfesten der befreundeten Vereinen aus.

Die Wiederbelebung des Schützentums in Schirgiswalde und die Gründung des Schützenvereines Schirgiswalde e.V. war ein bedeutender Beitrag zur Wiederbelebung des Schützentums in Sachsen.

Schützenschwestern und Schützenbrüder, die Stadt Schirgiswalde mit ihren architektonischen Kleinodien, deshalb auch Perle der Oberlausitz genannt, freut sich auf Euren Besuch.

R. Höhne

Ansprache des 1. Vorsitzenden Johannes Saring zum 2. Schützenfest 2001. Ehrengäste waren der Vizepräsident des Sächsischen Schützenbundes, Herr Karl Heinz, der Schützenkönig des SSK 7, Herr Horst Klappach und der Kreisschützenmeister des SSK 7, Herr Hans-Peter Wulf (von rechts)

Schützengesellschaft zu Sohland a. d. Spree 1477/1860 e.V.

Neues Schützenhaus (1911/12)

Die „Schützengesellschaft zu Sohland a. d. Spree" wurde am 03. August 1860 zum ersten Mal wiedergegründet.

Seit 1907 führte diese Gesellschaft den Namen „Uniformiertes Schützenkorps". Damalige Aussagen älterer Mitglieder sowie die Untersuchungen des Regierungsrates von Polenz ergaben, dass bis Mitte der 1840er Jahre von einer Vorgänger-Schützenvereinigung auf der Flur das Rittergutes Nieder-Sohland ein sehr großes Schießen mit Markt abgehalten wurde. „Dieses Schießen soll im 18. und 19. Jh. eine Berühmtheit gehabt haben, wie z. B. jetzt das Neugersdorfer" (1911). Das Schützenwesen dürfte allerdings in vielen Oberlausitzer Dörfern wesentlich älter sein, als es die schriftlichen Überlieferungen aussagen.

Seit jeher waren zielsichere Schützen zur Verteidigung der Wehrkirchen unserer Kolonistensiedlungen notwendig. In dem erhaltenen romanischen Turm unserer Kirche (1222 erstmals erwähnt) sind noch elf Bogen- bzw. Armbrust-

Schießscharten nachweisbar - dazu kommen Schützen an der Kirchhofmauer und dem Torgebäude (1666 noch existierend). Dies ergibt einige Dutzend geübter Schützen aus den Einwohnern des Ortes.

Schießscheibe mit Abbildung des Schützenhauses von 1869

Der Neubau von 1911/12 beherbergt heute eine Diskothek. 1872 beschloss man, das österreichische Lorenz-Gewehr als Ober-Gewehr anzuschaffen, später wurde der K 98 als reine Scheibenbüchse und der Vorderlader nur noch als Salutwaffe verwendet. 1885 beschaffte man dafür Pulverhörner.

Dem Heer des Böhmenkönigs Wladislaw, welcher im Böhmischen Erbfolgekrieg 1477 über Schluckenau und Sohland nach Bautzen zog, konnten sie jedoch nicht widerstehen. Die Kirche wurde belagert und eingenommen (Chronik der Stadt Bautzen), wovon heute noch tiefe Brandspuren in den erhaltenen Mauern zeugen.

Diesen frühen Nachweisen des Schützenwesens folgend führen wir in unserem Wappen eine goldene Armbrust auf purpurrotem Grund (Farben der alten Schützengesellschaft).

Die ursprüngliche Schützenvereinigung ging zu Grunde, weil es, wie so oft in der Oberlausitz, zu Differenzen wegen der Bierabnahme aus der damals herrschaftlichen Brauerei, zwischen den Schützen und der Gutsherrschaft kam. Diese stellte daraufhin Schießstand und Festplatz nicht mehr zu Verfügung.

Nach 1860 wurden ein neuer Schießstand sowie ein hölzernes Schützenhaus auf der Flur des Erbgerichts erbaut.

Im Dezember 1868 erlitt das Schützenhaus schwere Sturmschäden; es wurde beschlossen, dieses an einer anderen Stelle auf eigenem Grund und Boden neu zu errichten.

1869 ist das neue hölzerne Schützenhaus auf dem jetzigen Festplatzgelände eingeweiht und im September 1911 durch Brand vernichtet worden.

Historischer Schützenhut, Lorenz-gewehr mit Pulverhorn

Außer den mehrtägigen Schützenfesten, Abholen des Königs und Marschalls mit Musik und Fahnen gab es noch viele andere Höhepunkte.

1878 besuchte König Georg von Sachsen den Innenminister Hermann v. Nostitz-Wallwitz auf Sohland, wobei die Schützengesellschaft im Schloss die Ehrenwache stellte.

Für die Teilnehmer an dem Huldigungszug zum Wettin-Jubiläum 1889 erhielt unsere Gesellschaft die Wettin-

Schützenummarsch in den 30er Jahren des vergangenen Jahrhunderts

Medaille und zum 25-jährigen Fahnenjubiläum 1897 verlieh König Albert unseren Schützen einen goldenen Fahnennagel sowie die Berechtigung, an der Fahne das Königliche Wappen zu führen.

Im Jahre 1900 wurde Arthur Zosel („Ruhe-Zosel") Schützenoberst und Kommandant. Diese Funktionen übte er bis zum Verbot der Gesellschaft 1945 aus. Er begründete auch die „Prinz-Friedrich-August-Baude" in Obersohland, die Sohlander Ortsgruppe des Sächsischen Gebirgsvereines und war Mitbegründer des Schützenverbandes im Bezirk der Königlichen Amtshauptmannschaft Bautzen.

1861 gründete sich eine „Schützengesellschaft II zu Ober-Sohland" und später noch ein "Bogenschützen-Verein" als Geselligkeitsverein junger unverheirateter Damen und Herren.

Nach der Zwangspause von 1945 - 1990 wurde am 05. März 1992 die „Schützengesellschaft zu Sohland a.d. Spree 1860" e.V. als Nachfolgerin der vorhergehenden wiedergegründet. Unweit vom ehemaligen Standort des hölzernen Schützenhauses und Schießstandes der „Schützengesellschaft II" eröffneten wir nach vierjähriger Bauzeit am 10. Oktober 1998 eine 25-m-Raumschießanlage in der ehemaligen Kegelbahn des „Pachterhofes". Dies wurde der Anlass zum alljährlichen Ausschießen eines Wanderpokals im Oktober. Ehrengäste bei dieser Eröffnung waren Regierungspräsident Dr. Weidelener, Landrat Horst Gallert, Bürgermeister Michael Harig und der Präsident der „Vereinigten Schützenbruderschaft Breberen-Brüxgen", Günter Claßen.

Seit dem Juni 1992 verbindet uns eine feste Partnerschaft mit der vorgenannten Schützenbruderschaft aus der Sohlander Partnergemeinde Gangelt (Nordrhein-Westfalen). Diese Partnerschaft wirkte außerordentlich befruchtend auf unser Vereinsleben, Schützenfeste und -züge.

Traditionen, welche bei uns jahrzehntelang verschollen und vergessen waren, lernten wir hautnah bei den Kirmesaufzügen und Schützenfesten in Breberen und Birgden kennen. Entsprechend konnten wir auch unsere Schützenzüge planen und ausarbeiten.

Am Rathaus werden das Königspaar des vergangenen Jahres und die Ehrengäste durch drei aufeinanderfolgende Gewehr-Salven begrüßt.

Es folgt eine Parade vor den angetretenen Schützengesellschaften. Nachdem das neue Königs- und Marschallpaar ebenfalls mit Salutschüssen abgeholt wurde, erfolgt auf dem Marktplatz nach kurzem Grußwort im Kreise der Ehrengäste die Übergabe des Königs-Silbers, der Marschall-Schärpe etc. an die neuen Besitzer dieser Würde.

Ehrengäste bei der Eröffnung der 25 m-Raumschießanlage mit dem Regierungspräsidenten Dr. Weidelener

Schützenfest 2000

Das Wirken unserer Schützengesellschaft in der kommunalen Öffentlichkeit ist selbstverständlich. So nahmen unsere Salutschützen auf Bitte des Bürgermeisters u.a. den Einweihungs-Feierlichkeiten des Luther-Denkmales und der Grundsteinlegung des Waltherscheid Getriebewerkes aktiv teil.

1996 wurde zu unserem Schützenfest das König-Albert-Denkmal unter donnerndem Salut von unserem Ehrenmitglied Dr. Albert Prinz v. Sachsen Herzog zu Sachsen und seiner Gemahlin Prinzessin Elmira enthüllt.

Dr. Albert Prinz v. Sachsen Herzog zu Sachsen nebst Gemahlin Prinzessin Elmira bei der Enthüllung des wiederhergestellten König-Albert Denkmales von 1898

Ein außerordentlicher Höhepunkt war während unseres Schützenzuges 2001 die Wiederweihe des Bismarck-Denkmals an der alten Chaussee Bautzen-Schluckenau.
Dem langjährigen Bemühen unseres Vorstandsmitgliedes Dr. Günter Irmscher ist es zu verdanken, dass in Lauchhammer ein neues Bronze-Bildnis von Otto v. Bismarck gegossen und von vier Schützenbrüdern finanziert wurde - weitere Kosten zu diesem denkmal sind ebenfalls von unserer Gesellschaft getragen worden.

Dr. Günter Irmscher bei der Denkmalseinweihung

Enthüllt wurde das Denkmal durch Dr. Günter Irmscher und unserem Bürgermeister Michael Harig - diese Herren hielten auch die Weihereden.
Seit 1997 nimmt unsere Schützengesellschaft alle zwei

Dr. Günter Irmscher bei der Denkmalseinweihung

Jahre an dem weltgrößten Schützenmarsch in Hannover teil. Dies sind Tage und Erlebnisse, welche nie vergessen werden!

Ehrenmitglieder
unserer Schützengesellschaft sind:

- Dr. Albert Prinz v. Sachsen Herzog zu Sachsen,
- Landrat Landkreis Bautzen Herr Michael Harig
- Herr Heinrich Aretz,
  Ehrenbürgermeister unserer Partnergemeinde Gangelt (Nordrhein-Westfalen)
- Herr Günter Claßen, Ehrenpräsident der Vereinigten Schützenbruderschaft Breberen-Brüxgen

Unsere Ehrenmitglieder Herr Aretz und Herr Claßen

Jost Grunert
Vorsitzender und Oberst

Schützengesellschaft zu Schirgiswalde 1859 e. V.

Die nachweisbar ältesten Urkunden datieren aus dem Jahre 1859 und belegen die Gründung der Bogenschützengesellschaft. 5 Jahre später zählte diese bereits 80 Mitglieder, in diesem Jahr wurde auch die erste Fahne geweiht.

Das erste Vereinslokal war das Restaurant „Zum Thürmchen", das noch heute besteht.
Auf dem nahegelegenen Katzenberg wurden Schießübungen veranstaltet.

1865 wurde sie in eine Bogen- und Scheibenschützengesellschaft umgewandelt. Im Jahre 1886 wurde der Schießplatz auf das Gelände eines ortsansässigen Gutsbesitzers verlegt und befand sich dort bis zur Weihe des neuen Schützenhauses auf dem Lärchenberg im Jahre 1929.

Besondere Umstände führten 1934 zur Auflösung der alten Gesellschaft, aber noch im gleichen Jahr folgte die Gründung der „Neuen Schützengesellschaft", was zeigt, dass die Schirgiswalder den Schützengedanken hierorts nicht untergehen lassen wollten. Dieser neue Verein bestand bis zum Auflösungsbeschluss des Alliierten Kontrollrates im Jahre 1945.

Schützenumzug in den 20er Jahren des 20.Jh.

Vorstand mit Schützenkönig und Marschällen (1927)

Schützengesellschaft um 1914

120

Im Jahr 1997 ließen einige Enthusiasten die alte Schützentradition neu aufleben und reaktivierten die alte „Schützengesellschaft zu Schirgiswalde 1859".

Gemeinsam gelang es den Mitgliedern, altes Schirgiswalder Brauchtum neu zu beleben. So gibt es seit 1998 wieder das jährliche Schützenfest der Schützengesellschaft.

Die Mitglieder der Schützengesellschaft beteiligen sich gleichfalls an anderen Festen in der Stadt, wie z. B. dem Adlerschießen zum Gondelteichfest, dem Wilhelm-Tell-Schießen zum Apfelfest sowie am großen Faschingsumzug. Anlässlich des 140jährigen Bestehens im Jahr 1999 wurde eine neue Fahne geweiht und die Schützen konnten sich wieder in der nach altem Vorbild gefertigten Schützenuniform präsentieren.

Durch den Bau einer mobilen Kleinkaliberschießanlage konnte ab dem Jahr 2001 der Schützenkönig wieder direkt auf dem Festplatz des großen Schützenfestes ausgeschossen werden.

Im Jahre 2001 ergab sich die Möglichkeit, die ehemaligen Vereinsräume im alten Schützenhaus wieder zu nutzen. Mit der aktiven Beteiligung der Schützen könnten die Bauarbeiten schon im Jahr 2002 abgeschlossen werden.

Durch den regen Besuch auswärtiger Schützenfeste wurden in den letzten Jahre viele freundschaftliche Kontakte zu anderen Schützenvereinigungen der Umgebung geknüpft.

Fahnenweihe 1999 anlässlich 140 Jahre Schützengesellschaft

EHRENTAFEL DER SCHÜTZENGESELLSCHAFT

Königsschießen am 28.11.1997
Schützenkönig	Werner Klingsporn
1. Marschall	Gerald Stolle
2. Marschall	Armin Bär

Königsschießen am 27.11.1998
Schützenkönig	Gerald Stolle
1. Marschall	Günter Bär
2. Marschall	Johannes Töppel

Königsschießen am 26.11.1999
Schützenkönig	Kai Pursche
1. Marschall	Johannes Töppel
2. Marschall	Jens Kirpal

Königsschießen am 19.05.2001
Schützenkönig	Armin Bär
1. Marschall	Kai Pursche
2. Marschall	Frank Siegel

Die Schützengesellschaft im Jahre 1998

Kreisschützenmeister
M. Preußner

Sportschützenkreis 8 „Röder-Mulde" e. V.

Kreisschützenmeister M. Preußner

Mitgliedsvereine im SSK 8 „Röder-Mulde" e. V.

1   Schützenverein Hartha e.V.

2   Meißner Schützenverein 1460 e.V.

3   Freischützengesellschaft 1860 Großenhain e.V.

4   Sächsischer Jagd- und Schützenverein Großdobritz e.V. 1990

5   Schützenverein 1183 Krögis e.V.

6   Biathlon-und Schützenverein Nünchritz-Glaubitz e.V.

7   Ebersbacher Schützenverein 1873 e.V.

8   Schützenverein Schönfeld e.V.

9   Gröditzer Schützenverein e.V.

10 Schützengesellschaft Ziegenhain 1870 e.V.

11 Privilegierte Schützengesellschaft Radeburg 1226 e.V.

12 Schützenverein Frauenhain 1888 e. V.

13 Schützenverein Sacka 1888 e. V.

14   Scheibenschützengesellschaft Hartha e.V.

15   Schützenverein Niederstriegis e.V.

16   Kasino Schützenverein Mochau und Umgebung e.V.

17 Schießklub „Einigkeit" Tanneberg e.V.

18 Ostrauer Schützenverein 2000 e. V.

19 Döbelner Bogenschützen 72 e. V.

20   Schützenverein Gleisberg e. V.

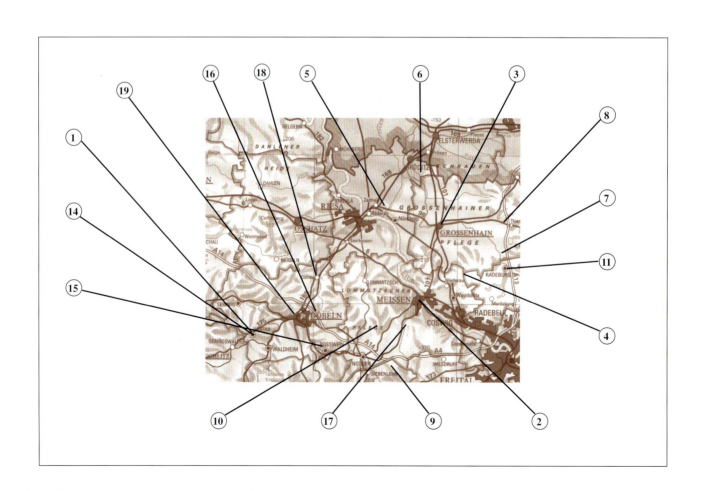

Schützengesellschaft Ziegenhain 1870 e. V.

Ziegenhain, 1870 ein Dorf mit eigenem Gemeindevorstand und 220 Einwohnern, durch das der Ketzerbach in Richtung Elbe fließt und bei Zehren in die Elbe mündet.

Im genannten Jahr gründeten hier Bauern, Handwerker und Arbeiter einen Schützenverein mit dem Namen „Schützengesellschaft Ziegenhain und Umgebung".

Das wichtigste Zeugnis davon ist die 1994 wieder aufgefundene Gründungsfahne und eine original „Ball - Zeitung zum 38. Stiftungsfest vom 2. März 1929". Beides wird von uns in Ehren aufbewahrt.

Vier Schützenbrüder aus unserer Gemeinde, Bernd Kämmerer, Ullrich Neumann, Christian Pietzsch und Jörg Schu-

bert, welche bereits seit 1992 Mitglieder im „Meißner Schützenverein 1460 e.V." waren, ergriffen nach dem Wiederauffinden der Original-Gründerfahne die Initiative, diesen Schützenverein wiederzubeleben.

Die Gemeinde Ziegenhain war zu diesem Zeitpunkt bereits mit 3 anderen Kommunen zur Gemeinde „Ketzerbachtal" nunmehr aus 27 Ortsteilen mit 3100 Einwohnern zusammengeschlossen. Unser heute noch amtierender Bürgermeister Herr Lutz Grübler unterstützte uns bei diesem Vorhaben sehr. Heute ist er aktiver Vorderladerschütze in unserem Verein.

Vor der Gründung des Schützenvereines berieten wir über den Standort eines zukünftigen Schießplatzes, auf dem wir unser Hobby, das Sportschießen ausüben sowie das Brauchtum pflegen können. Gemeinsam mit Bürgermeister und Ratsmitgliedern fanden wir eine Lösung.

Auf dem Territorium unserer Gemeinde am Rande des Ortsteiles Pinnewitz, im schönen Ketzerbachtal gab es eine ausgediente Sandgrube, die voll und ganz unseren Vorstellungen entsprach. Auch der Schießstandsachverständige und das Umweltamt konnten sich damit sehr gut anfreunden.

Unser kleines Böllerkommando bei der Wiedereinweihung eines Denkmals im OT Wolkau in unserer Gemeinde

Der Gemeinderat sicherte uns zu, nach der Vereinsgründung das 2 ha große Grundstück zum Bau von Schießsportanlagen und einem Schützenhaus zur Verfügung zu stellen.

Nach Klärung vieler organisatorischer Fragen und guter Beratung durch den Geschäftsführer des Sächsischen Schützenbundes, Herrn Martin, erfolgte anlässlich des 125jährigen Jubiläums am 18. Mai 1995, mit 12 Mitgliedern die Wiedergründung der „Schützengesellschaft Ziegenhain 1870 e.V."

Anlässlich der Wiedergründung bekamen wir vom „Heimatverein Ziegenhain e.V." die Gründungsfahne des

Lothar Altmann (r) vom Heimatverein Ziegenhain bei der Übergabe der Originalfahne an Christian Pietzsch bei der Wiedergründung

„Schützenvereins von 1870", welche bereits über ein Jahr in dessen Obhut war, feierlich übergeben.

Unseren heute noch tätigen Vorsitzenden Christian Pietzsch wurde die Leitung des Vereines übertragen. Als Mitglied des Sächsischen Schützenbundes machten wir das Motto Brauchtum – Hobby – Sport zu unserem Leitmotiv. Schießanlagen für Kurz- und Langwaffen und ein Schützenhaus gehörten zu unseren Bauplänen.

Die Brauchtumspflege und der Schießsport sind bei der Ausführung unseres Hobbys im Verein sehr wichtig. Bisher besuchten wir viele Vereine zu Fahnenweihen, Schützenfesten und Schießsportveranstaltungen. Die Teilnahme an allen Landesschützentagen des Sächsischen Schützenbundes ist für uns selbstverständlich. Hier bekommen wir viele Impulse für unsere weitere Arbeit.

Seit unserer Wiedergründung feiern wir jährlich wieder ein Schützenfest, wo beim Vogelschießen mit der klassischen Armbrust der Bürgerschützenkönig ermittelt wird. Unser

Vereinsschützenkönig wird bereits vorher mit dem KK-Gewehr ausgeschossen. Beide Schützenkönige werden zum Ausklang des Schützenfestes öffentlich geehrt.

Einer alten Tradition folgend wird auf Beschluss der Mitgliederversammlung ab dem 40. und zu allen weiteren runden Namenstagen unserer Mitglieder mit Vorderladergewehren Ehrensalut geschossen. Gemeinsames Feiern mit den Familien gehört auch wieder zu unserem Vereinsleben. Natürlich ist unser Salutkommando oder die Böllerkanone auch zu vielen anderen gesellschaftlichen Höhepunkten oder öffentlichen Festen bzw. Einweihungen von Denkmalen oder anderen gefragt.

Bereits 1996 bauten wir ein Schützenhaus von 270 m² Grundfläche, welches wir in Bauteilen von unserer Gemeinde übergeben bekamen, als erstes Objekt auf unser übergebenes Grundstück auf. Die Mitgliederzahl war zu diesem Zeitpunkt bereits auf 26 angewachsen.

Eine Abordnung Ziegenhainer Schützen zum Ehrenspalier des SSB am „10. Tag der Deutschen Einheit" in Dresden

Bürgermeister Lutz Grübler zerschneidet das Band zur Eröffnung der neuen 25 m Schießanlage mit Luftgewehrstand

Glückliche Senioren nach unserem ersten „Ältestenschießen" gemeinsam mit dem KSB Meißen im Juni 2001

Unser Schießplatz 2000, (v.r.n.l.) Schützenhaus, 25 m Anlage mit Lg.-stand, 50m Anlage und daneben 100 m Anlage 3 Monate vor Fertigstellung

Zum 4. Schützenfest im Mai 1999 konnten wir unsere 25 m Kurzwaffenschießanlage mit 10 Bahnen bis, 1500 Joule zugelassen, sowie 5 Luftgewehrschießstände a. 10 m einweihen. Erstmals traten zu dieser Einweihung unsere Schützen in ihrer neuen Vereinskleidung auf.

Damit hatten wir ordentliche Trainingsbedingungen für unsere Sportschützen geschaffen.

An unseren jährlichen Vereinsmeisterschaften nehmen alle Mitglieder die eine Sportwaffe besitzen teil.

Mit der Unterstützung des Kreissportbundes Meißen führten wir 2001 das „1. öffentliche Ältestenschießen für Senioren" durch. Auf Grund des guten Anklangs wird es bei uns zur Tradition werden.

Da unsere historische Vereinsfahne von 1870 aus Verschleißgründen nicht mehr öffentlich getragen werden konnte, beteiligten sich alle Schützen am Kauf eines neuen Vereinsbanners.

Dieses wurde zum 130jährigen Jubiläum mit 5. Schützenfest im Mai 2000, durch den Präsidenten des Sächsischen Schützenbundes Prof. Dr. Bauer, im Beisein vieler Schützenvereine insbesondere auch aus unserem Schützenkreis 8, festlich geweiht.

Diese Fahnenweihe ist als Höhepunkt nicht nur in unsere Vereinschronik sondern auch in die Herzen unserer Schützen eingegangen.

Unsere Schützen opferten viel Freizeit und bauten sehr fleißig weiter. So konnten wir bereits Anfang 2001 auf unserer neuen 100 m Schießanlage mit 7 Bahnen bis 1700 Joule zugelassen, davon bereits 2 mit elektronischen Scheibenanlagen ausgerüstet, trainieren.

Offiziell wurde diese Anlage zum 6. Schützenfest 2001 mit dem „1. Ziegenhainer Großkaliber – Cup" eingeweiht.

Ein weitere Höhepunkt im Jahr 2001 war der Kauf unseres 2 ha großen Schießplatzes von der Gemeinde Ketzerbachtal.

Wie in alten Zeiten haben wir auch heute wieder eine starke Vorderladergruppe.

Bei ihnen zahlte sich der Bau unserer Traingsanlagen schon aus. Seit 1997 stellen wir in unterschiedlichen Vorderladerdisziplinen im Einzel und in der Mannschaft Landesmeister und Vizelandesmeister. Bereits an 3 Deutschen Meisterschaften nahmen Schützen von uns teil.

2001 vertraten von uns 3 Vorderladerschützen den SSB zur DM in Pforzheim.

Auch bei internationalen VL-Tournieren und Ranglistenwettkämpfen in Leipzig und in Schwäbisch Hall erkämpften sich unsere Schützen Bernd Kämmerer, Rolf Lindner,

Lothar Möhler, Ullrich Neumann und Jörg Schubert viele erste Plätze und Prämien.

Mittlerweile sind wir 40 Mitglieder, davon 3 Kinder bzw. Jugendliche.

Alle Baumaßnahmen führten unsere Schützen in über 11000 Arbeitsstunden ohne Kredite und Fördermittel aus. Zusätzlich stellten Mitglieder Technik und Material zur Verfügung. Ein großer Teil davon wurde gesponsert.

2002 sollen unsere Baumaßnahmen mit der Fertigstellung der 50 m Schießanlage mit 10 Bahnen (1700 Joule), abgeschlossen werden.

Auch unsere Gemeinde hat sich verändert, es ist seit 2002 die „Verwaltungsgemeinschaft Ketzerbachtal/Leuben-Schleinitz" mit 42 Ortsteilen und 4680 Einwohnern.

Im April 2002 findet erstmals der 1. Ranglistenwettkampf des SSB Vorderlader-Kugel auf unseren Schießanlagen statt.

Über das bisher in 6 Jahren nach der Wiedergründung Geschaffene sind wir glücklich und auch ein wenig stolz. Sicher würden auch unsere Schützenahnen, die 1870 den Verein im kleinen Dorf Ziegenhain gründeten, darüber begeistert sein.

Weitere Informationen zum Schützenverein
sind in unserer Homepage
www.schuetzengesellschaftziegenhain.de
zu finden.

Christian Pietzsch
Vorsitzender

Sektion Vorderladerschützen

Unser Schützenhaus und links davon die 25 m Anlage kurz vor der Fertigstellung

Josef Ambacher beim Grußwort des DSB zum 11. Landesschützentag in Kamenz, im Hintergrund unser Vereinsbanner

Privilegierte Schützen- gesellschaft Radeburg 1226 e. V.

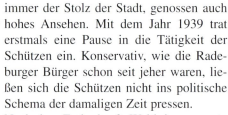

Die Privilegierte Schützengesellschaft 1226 Radeburg e.V. ist mit aller Wahrscheinlichkeit die älteste Schützengilde von Sachsen, und dürfte hinsichtlich des geschichtlichen Alters ebenso seine Bedeutung innerhalb von ganz Deutschland inne haben.

Im Jahre 1926 begingen die Radeburger Schützen ihr 700jähriges Bestehen, was gleichzeitig mit der Einweihung einer 100 m Schießbahn verbunden worden ist. Leider können wir bis zum heutigen Tage nicht eindeutig nachvollziehen, worauf sich die damaligen Schützenbrüder stützten, um eben dieses Jahr 1926 mit Sicherheit als 700 Jahre Radeburger Schützen zu begehen. Eine Urkunde, einen Beleg oder ein damals schon weit verbreitetes Siegel konnte leider bis heute von uns nicht gefunden werden. Zu vermuten ist, dass durch die Wirren des Krieges, oder bei einer späteren Umlagerung des Schützenschatzes (Volkseigentum) nicht mit der erforderlichen Sorgfalt von Dokumenten umgegangen worden ist. Die Datierung aber in den Anfang des 13. Jahrhunderts ist belegbar.

Die Radeburger Privilegierten Schützen waren schon immer der Stolz der Stadt, genossen auch hohes Ansehen. Mit dem Jahr 1939 trat erstmals eine Pause in die Tätigkeit der Schützen ein. Konservativ, wie die Radeburger Bürger schon seit jeher waren, ließen sich die Schützen nicht ins politische Schema der damaligen Zeit pressen.

Nach dem Ende des 2. Weltkrieges sorgte die herrschende Volksmacht dafür, das Schützenvereine verboten und enteignet wurden. Hierzu zählten sowohl alle vereinseigen Immobilien, als auch alles Hab und Gut, was die Schützen über Jahrhunderte bewahrt und gesammelt hatten.

Angefangen von den vereinseigenen Waffen, den wertvollen Schützenketten, der Schützenfahne und vielem mehr. Nicht viel konnte in die neue Zeit hinüber gerettet werden. Und das Wenige was noch erhalten blieb, kann ein Besucher des Radeburger Heimatmuseums betrachten.

Am 23.06.1997 gründete sich nach 52 Jahren Stillstand die Privilegierte Schützengesellschaft 1226 Radeburg e. V. mit acht Mitgliedern neu. Zu diesen Gründungsmitgliedern zählt auch der älteste sächsische noch aktive Schützenbruder Kurt Georg. Der heute 90jährige, ist der einzige aktive Schütze, welcher die 1926 durchgeführte Jubiläumsfeier in seiner Heimatstadt als 24-jähriger Sportschütze miterlebt hat. Mittlerweile ist die Schar der Mitglieder nach fünfjährigem Bestehen auf 32 gestiegen.

Leider ist es dem Verein bisher noch nicht gelungen, eine neue eigene Schießbahn und ein Schützenhaus einzurichten. Daher ist die Schützengesellschaft angewiesen, bei einem befreundeten Verein seine Schießübungen auszutragen.

Der 09.06.2001 war und ist ein ganz besonderer Tag im Leben der Radeburger und seiner Schützen. An diesem denkwürdigen Tag führten wir nach 126 Jahren wiederum eine Fahnenweihe durch. Das Wappen dieser Fahne besteht aus dem Hauswappen des Sächsischen Königshauses der Wettiner. Es ist genau die gleiche Abbildung der alten Fahne, welche König Albert im Jahre 1875 der Radeburger

Schützenfest 1926, 700-Jahr-Feier der Schützengesellschaft

Pfingsten 1938, Parade auf dem Markt

Fahnenweihe 2001

Schützengesellschaft persönlich geschenkt hat. Die Deckseite ist verändert. Sie trägt das Stadtwappen, eine Burg, mit Stolz. Die Weihe der Fahne führte vor vielen hundert Zuschauern Seine Königliche Hoheit Dr. Albert, Prinz von Sachsen und Herzog von Sachsen durch.

Dies bezeugt auch die enge Verbundenheit der Radeburger mit dem Haus Wettin.

Die Schützen führen alljährlich ein Schützenfest, eine Woche nach Pfingsten durch. Alte Traditionen wie Armbrustschießen auf Adler, die Handhabung von Pfeil und Bogen und vieles mehr werden geboten. Der Vogelschützenkönig und der Schützenkönig werden traditionell von allen anwesenden Vereinen und Gesellschaften in einem Fahnengeschmückten Umzug durch Radeburg abgeholt. Vereine aus Großenhain, Ebersbach, Königsbrück, Ruhland, Weißkeisel, Niederau, Meißen u.s.w. reisen jedes Jahr zum Schützenfest der Radeburger an, um gemeinsam alte Gepflogenheiten zu pflegen.

Radeburg

Die Kleinstadt Radeburg, bekannt auch als Geburtsstadt des Malers Heinrich Zille, liegt an der A13 auf der Achse Dresden – Berlin. Die erste zuverlässige Beurkundung von Radeburg wird datiert mit dem Jahr 1288. Obwohl es noch ältere Nachweise über den Ort gibt, wird dies als Gründung der Stadt angesehen und belegt. Die Nähe der heutigen Landeshauptstadt Dresden (ca. 20 Kilometer) hat viel zur Prägung der Stadt Radeburg beigetragen. Aber auch die konservative Haltung und Einstellung ihrer Bürger erhielt der Stadt ihr romantisches vom mittelalterlichem Charakter geprägtes Aussehen. Gerade die Haltung und Einstellung der Einwohner hat viel Schaden von ihrer Stadt ferngehalten. So manchen Krieg hat sie fast unbeschadet überstanden. Auch den letzten. Viel mehr Unheil richteten die Stadtbrände an, welche besonders viel, zu bewahrendes Gut mit den Flammen vernichteten, Dokumentationen, welche für immer verloren sind.

Geschichte

968 wurde das Bistum Meißen unter Otto dem I. gegründet, und dies mitten im damaligen Sorbenland. Die Deutschen kamen in jene Region zurück, die sie während der Völkerwanderung (800 vor bis 400 nach Christi) verlassen hatten. Insbesondere Bauern und Fischer siedelten sich im Meißner Land und seiner Umgebung an. Die Feste Meißen bildete demzufolge das sogenannte Besiedlungsrückgrad auch für das kleine Fischerdorf an der Röder, aus dem einmal Radeburg werden soll. Allerdings war dieses Gebiet bis 1288 immer wieder Streitobjekt von Fürsten aller Herren Länder.1123 erhielten die Wettiner die Mark Meißen. Die Röder wurde zum Grenzfluss zwischen wettinischem und welfischem (böhmischem) Land. Das hier ursprüngliche Fischerdorf wurde Ende des 12. Jahrhunderts Anfang des 13. Jahrhunderts möglicherweise zum Burgwart aufgerüstet. Bewiesen ist dies bislang nicht. Da die damaligen Beschützer von Hab und Gut aus den eigenen Reihen der Bevölkerung kommen mussten, können die Radeburger Schützen daher ohne weiteres auf den Anfang des 13. Jahrhunderts datiert werden. Denn eine Urkunde benennt bereits um 1239 eine Siedlungsanlage, und wenig später einen befestigten Platz. Man spricht von einem oppidum

auch in einer Urkunde von 1288. Nach vielem Hin und Her wurde eben in diesem Jahr 1288 das Gebiet zwischen der Pulsnitz und der Mulde von den Welfen endgültig an die Wettiner vermacht, und Radeburg zuverlässig erwähnt. Obwohl Radeburg nur die Burg „im Schilde führte" (Wappen), ist es bis heute nicht zuverlässig erwiesen, ob der Ort jemals eine Burg hatte. Und wenn, dann hatte diese höchstens für 100 Jahre Bedeutung. Nachweise für hölzerne Wasserburgen sind allerdings in der Radeburger Umgebung vorhanden. (Steinbach ca. 6 km westlich von Radeburg). Die Burg im Wappen wird ihrer Bedeutung nach nicht aus der Luft gegriffen sein. In dieser Zeit lösen die aus Franken kommenden Armbrüste, Speer und Bogen in der Bewaffnungstechnik langsam ab. Übungsschießen im sportlichen Wettkampf werden nun mit diesen modernen Waffen durchgeführt. Eine heimtückisch verhasste Waffe, welche die Schützen trugen. Von den Bischöfen in Bann gelegt, wer sich mit solch Waffenträgern verbrüderte. Diesen Bann scheint aber keiner so recht ernst genommen zu haben in damaliger Zeit, denn beschützten die Schützen nicht auch Klöster und Kirchen?

1326 fällt Radeburg nebst dem Orte Sacka an Siegfried von Schönfeld. Später kommt die Stadt in den Besitz der Familie Bünau als Lehe und bleibt weiterhin im Besitz von adligen Familien. 1423 wurden die Wettiner Kurfürsten von Kaisers Gnaden und erbten den vakanten Namen „Sachsen". Von 1521 bis 1523 gab es die reformatorische Bewegung in den deutschen Städten. Das Radeburg dabei war, ist wegen seiner latanten Fürstentreue eher nicht anzunehmen. Erst 1533 wird Radeburg wie der Kurfürst protestantisch, was erhaltene Kirchenbücher belegen. Im Jahr 1624 erwirbt Herzog Johann Georg I. das Rittergut.

Von 1618 bis 1648 verwüstet der dreißigjährige Krieg das Land. Auch Radeburg wird hiervon nicht verschont. Durch Krieg, Pest und Colera wird die Bevölkerung arg dezimiert. Die Stadt, welche in der Reniassance etwa 5000 Seelen zählte verringerte sich auf etwa 2000. Nur langsam kommt nach den Kriegsjahren der wirtschaftliche Aufschwung durch den Fleiß der Bauern und Handwerker in Gang. Verirrte, und vertriebene Menschen siedeln sich an. 1668 kauft der kurfürstliche sächsische Oberstleutnant Wolf Kasper von Klengel Radeburg. Die Schützengesellschaft ist ein fester Bestand der Stadt. Auf Grund ihrer gesellschaftlichen Stellung erhielten die Schützen besondere Privilegien vom Landesherrn. Sie durften Bier brauen, und wurden von Abgabensteuern befreit. Die Schützen von Radeburg wurden von den Fürsten und Lehnsherren wegen ihrer Treue und Disziplin privilegiert und gefördert. Ja, mit Auszeichnungen bedacht. Kurfürst August der Starke tritt 1697 zum Katholischen Glauben wegen der Polnischen Krone über. Die Machtansprüche des Sachsen schwören den Nordischen Krieg herauf, denn gleichfalls die Schweden beanspruchen die polnischen Lande. Von 1707 bis 1708 lagerten die Schweden zwischen Radeburg und Kleinnaundorf mit ihrem Heer. Der erhalten gebliebene Schwedenstein zeigt heute noch die Stelle des Feldlagers an. Die protestantischen Schweden hielten sich recht schadlos an Radeburg. Sie raubten ihre Glaubensbrüder gehörig aus. Unglück kommt selten allein. Stadtbrände blieben wegen vieler Fachwerkbauten und der engen Bebauung nicht aus. So wüteten Brände 1612 und

1642. Besonders schlimm viel der Brand von 1718 aus. Die Kirche nebst Pfarre, die Schule, das Diakonat, Rathaus, das Herrenhaus samt Vorwerk und ca. 54 brauberechtigte Häuser vielen dem Feuerfraß zum Opfer. Auch die Schützen blieben von dem Unglück vielerorts nicht verschont. Ein Teil des Schützengutes war für immer verloren . Von dem was noch erhalten geblieben war, verkauften die Schützenbrüder einen Großteil an den Grafen von Zschorna, um damit die notleidende Bevölkerung zu unterstützen. Auch dies zeigt auf, welch gesellschaftliche Stellung die Schützen vertraten. 1749 verlieh Graf Brühl im Auftrag des Sächsischen Königshauses dem Radeburger Verein eine neue Schützenfahne. Die Fahne wurde vermutlich 1730 bis 1732 vom Grenadierregiment „Weimar" geführt und im Januar 1746 dem Hauptzeughaus in Dresden zurückgegeben. Von 1749 bis 1899 verblieb die Fahne im Besitz der Schützen von Radeburg und wird erst 1899 an die Militärkammer des Sächsischen Hofes zurückgegeben. Seither lagert sie im Militärhistorischen Museum der Bundeswehr in Dresden. Es muss aber darauf verwiesen werden, dass es sich bei dieser Fahne um keine typische Schützenfahne handelte sondern um eine Fahne des sächsischen Heeres .Doch einiges hat sich über gewisse Zeiten retten können.

So zwei Schilde der Schützen von 1773 und 1799 sowie einige Orden nebst Trinkbecher.

Es sind Zeitzeugen, welche Spuren der Vergangenheit eindeutig belegen. Das Schild im Becher von 1773 belegt den Bezug zu Sophie von Nassau und Saarbrücken, welche Radeburg etwa 1749 bis 1779 in Verwaltung hatte. Ein Geschlecht, was noch heute im Niederländischen Königshaus verankert ist. 1813 sollen die französischen Truppen auf dem Weg nach Leipzig in Radeburg auf dem Exerzierplatz, auch Schafweide genannt, gelagert haben. 1875 verlieh König Albert von Sachsen persönlich der Radeburger Schützengesellschaft eine neue Schützenfahne. Die Vorderseite der Fahne trägt das Hauswappen des Königshauses Sachsen mit den beiden zugewandten Löwen, welche das Sächsische Schild tragen. Auf der Rückseite der Seidenfahne ist die Widmung König Alberts aufgetragen. Diese Fahne ist im Besitz der Stadt Radeburg, wird im Heimatmuseum ausgestellt.

Sachsen wurde nach 1871 immer sozialdemokratischer. Radeburg jedoch blieb bis zur Absetzung von König Friedrich August III. von Sachsen treusächsisch-wettinischköniglich. Die Artikel des seit 1876 erscheinenden Radeburger Anzeigers dokumentieren und belegen dies sehr eindrucksvoll. Die Radeburger Schützengesellschaft und ihre Bürger hielten zu ihrem König. Im inneren wohl auch noch zur NS Zeit, denn die Schützen ließen sich nicht in das militärische Schema der Nationalsozialisten pressen.

1939 erlebte die Bevölkerung von Radeburg das letzte offizielle Schützenfest, welches immer zu Pfingsten seit alters her begangen wurde. Zum Kriegsende 1945 zogen in Radeburg die Russen ein. Dank der besonnen Radeburger nahm die Stadt kaum Schaden. Aber der Untergang der Schützengesellschaft wurde durch das rote deutsche Regime besiegelt. Das Schützenhaus, die Schießanlage, der Schützenschatz, die Vorderlader und andere Schusswaffen, Offizierssäbel und Dolche sowie die Fahne und Wertbriefe wurden eingezogen und enteignet. Die Gesellschaft aufgelöst. Sollte dies das Ende einer 719 jährigen Tradition sein?

Am 23.06.1997 war der Anfang der Fortführung gemacht. Die 52 Jahre Verbot sind nur rein politisch zu sehen. Die Schützen in Radeburg und deren Tradition blieben in den Köpfen und Herzen der Menschen.

Abholung der Schützenkönige mit Salut

Privilegierte Schützengesellschaft 1226 Radeburg e. V. im Jahr 2000

Sportschützenkreis 9 „Torgau-Oschatz" e. V.

Kreisschützenmeister Uwe Kammer

Mitgliedsvereine im SSK 9 „Torgau-Oschatz" e. V.

1   Schützenverein Bärensäule Weidenhain e. V.
2   Schützengilde Melpitz 1813 e. V.
3   Strelaer Schützengesellschaft e. V.
4   Post Schützenverein Telekom Oschatz e. V.
5   **Schützengesellschaft Mügeln e. V.**
6   Privilegierte Scheibenschützengesellschaft zu Oschatz e. V.
7   **Privilegierte Schützengesellschaft Belgern e. V.**
8   Dahlener Schützenverein e. V.
9   Kossaer Schützenverein 1991 e. V.

10   Privilegierter Schützenverein Oschatz e. V.
11   Privilegierte Schützengesellschaft Schildau e. V.
12   Schützengesellschaft Torgau e. V.
13   Schießsportclub Neiden 1997 e. V.
14   Verein der Schützen zu Schmannewitz 1999 e. V.
15   Audenhainer Schützengilde e. V.
16   Schützengilde Dommitzsch e. V.
17   Schützenverein Highlanderarmbrustschützen e. V.

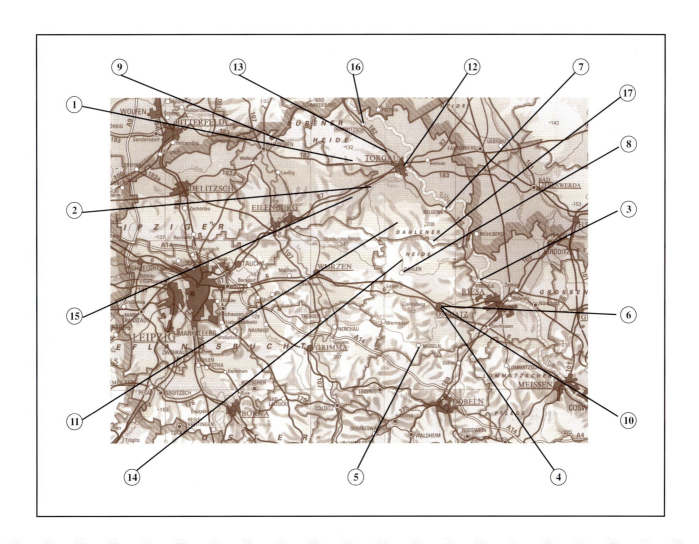

Mügelner Schützengesellschaft 1591 - 1990 e.V.

Im Jahre 1591 wurde auf Grund einer Einladung die MSG in der Chronik von Königstein erstmals erwähnt, denn die Schützengesellschaften und Schützenkompanien der Städte wurden von den Landesherren immer wieder zur Landesverteidigung herangezogen.

Der erste beurkundete Vogelkönig Mügelns war im Jahre 1628 Herr Georg Schreyer.

Die Schützen in Mügeln hatten eine besondere Vogelwiese, welche ein Stück der Gemeinde, der Ochsenwiese war, die später Ochsenanger und danach Schützenwiese genannt wurde. Heute ist diese Fläche ein Teil des Busbahnhofes der Stadt Mügeln. Man schoss ursprünglich auf einen Vogel oder Stern.

Im Jahre 1679 wurde das Büchsenschießen eingeführt.

Im Mügelner Schießhaus brachte man 1747 eine Tafel an, auf welcher die Namen der Schützenkönige vom Jahre 1703 an verzeichnet waren. Die Namen der Mügelner Schützenkönige sind ab 1628 teilweise und von 1799 bis 1938 in ununterbrochener Reihenfolge bekannt.

Hier der Königsspruch von 1729:

„Ich hab geschossen mit Fleiß und Bedacht, drum hat man mich zum Schützenkönig gemacht."

1814 wurde eine neue Vereinsfahne eingeweiht, worauf in großen Buchstaben stand:

DIE SCHÜTZENKOMPANIE ZU MÜGELN

In allen vier Ecken war das Mügelner Stadtwappen gestickt.

Einhundert Jahre später wurde zu Pfingsten das große Fahnenjubiläum gefeiert. So liegen dem Verein noch viele Ehrenscheiben, Tafellieder zu Königsbällen und eine Chronik, die bis in das Jahr 1879 zurückblicken lässt, vor.

In der Zeit des Zweiten Weltkrieges und danach in der DDR war die lange Tradition der Mügelner Schützen unterbrochen.

Die Neugründung

Bereits ein halbes Jahr nach der Wende in Deutschland fanden sich 16 schießbegeisterte Einwohner der Stadt Mügeln zusammen und so kam es am 7. Juni 1990 zur Neugründung der Mügelner Schützengesellschaft 1591-1990 e.V.

Der sport- und traditionsbewusste Verein zählt heute 54 männliche und weibliche Mitglieder aller Altersgruppen.

Geschossen wird Kleinkaliber (Gewehr und Pistole) auf vier Bahnen des vereinseigenen Schießstandes.

Im neuen Vereinsgebäude wird, ebenfalls auf vier Schießbahnen, mit Luftdruckwaffen trainiert und es werden Wettkämpfe (Luftgewehr und -pistole) ausgetragen.

Das Schießen mit Großkaliberwaffen wird auf einem Fremdschießstand durchgeführt.

Die gesamte Schießanlage, die bis 1989 von der Gesellschaft für Sport und Technik (GST) zum Kleinkaliberschießen genutzt wurde, musste von Grund auf rekonstruiert und den geltenden Sicherheitsbestimmungen angepasst werden.

So wurden in vielen tausend unentgeltlichen Arbeitsstunden der Vereinsmitglieder Hochblenden und ein überdachter Pistolenstand errichtet, Wasser- und Stromanschluss sowie ein Parkplatz geschaffen und ein massives Vereinsgebäude projektiert und gebaut.

1984 konnte, anlässlich der 1000-Jahrfeier der Stadt Mügeln, nach 49-jähriger Unterbrechung, mit dem ersten Schützenfest eine jahrhundertealte Tradition wieder zum Leben erweckt werden, die bis zum heutigen Zeitpunkt jährlich fortgesetzt wird.

Seit der Gründung der Mügelner Schützengesellschaft sind zum Fest Vereine aus Ost und West in Mügeln zu Gast.

Während der von 1984 bis 1991 der König mit 5 Schuss auf die Ringscheibe ermittelt wurde, wird seit 1992 auf einen Holzvogel geschossen, bis das letzte Stück von der Halterung fällt.

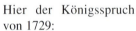
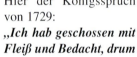

Mügelner Schütze Merzdorf zu Pfingsten 1927

Mügelner Schützen 1920

Die Schützenfeste mit Appell und anschließendem Umzug zur Schützenwiese samt Königskutsche sowie dem Königsschießen, Preisschießen und abendlichen Schützenball sind neben vielen anderen Veranstaltungen die Höhepunkte im Vereinsleben. Vereinsmeisterschaften aller Disziplinen, Oster- und Weihnachtsschießen, Pokalwettkämpfe, Weihnachtsfeiern, Werbeveranstaltungen und vieles mehr sind wie das wöchentliche Schießtraining feste Bestandteile im Ablauf eines Jahres.

Es wurde eigens für die Mügelner Schützengesellschaft ein Schützenmarsch komponiert und arrangiert, der zu vielen Veranstaltungen zu Gehör gebracht wird.

Auf sportlichem Gebiet kann der Verein auf einige beachtliche Erfolge verweisen. So zum Beispiel einem ersten und dritten Platz in der Einzel- sowie zweite und dritte Plätze in der Mannschaftswertung bei Landesmeisterschaften.

Die Teilnahme an Deutschen Meisterschaften und gute Platzierungen bei Wettkämpfen in allen Disziplinen sind Ergebnis kontinuierlicher Trainingsarbeit.

Die Schützen Uwe Dünnes und Frank Laube waren hierbei die Erfolgreichsten.

Durch die Bereitschaft zur finanziellen Unterstützung aller Mitglieder und der Stadt Mügeln konnten die Schützen eine neue Vereinsfahne anfertigen lassen, welche zum Schützenfest 1995 geweiht wurde.

Der Vorstand nach der Gründung der Mügelner Schützengesellschaft 1990:

Eberhard Aßmus	Präsident	(bis 1992)
Hans Laube	Vizepräsident	
	(ab 1992 Präsident)	
Frank Laube	Sportleiter	
Karl-Heinz Herrmann	Jugendleiter	(bis 1994)
Bernd Brink	Schriftführer	(bis 1992)
Jürgen Höhne	Schatzmeister	(bis 1991)

Mügelner Schützenmarsch (Jan. 1993)

Text: Wilhelm Hildebrandt
Textbearbeitung und Melodie: Bernd Eulitz
Überarbeitet von: Bernhard Weber

In unserm schönen Städtchen Mügeln,
dem kleinen Städtchen zwischen Hügeln,
da gibt es lust'ge Schützenbrüder,
die singen stets nur frohe Lieder.

Und es knallt, und es schallt,
und es knallt, und es schallt,
singen stets nur frohe Lieder!

Sie schießen nicht mit ihrer Büchse
auf Rehe, Hasen oder Füchse.
Auch rücken niemand sie zu Leibe.
Sie schießen nach der Schützenscheibe.

Und es knallt, und es schallt,
und es knallt, und es schallt,
schießen nach der Schützenscheibe!

Und ist der beste Schuss gefallen,
dann lassen sie ein Hoch erschallen.
Es lebe hoch das Stadtgebilde
und auch die Mügelner Schützengilde!

Dass es schallt, weithin schallt,
dass es schallt, weithin schallt,
vom Ruhm der Schützengilde!

Appell zum 16. Schützenfest 1999, Königspaar Marika und Maik

Mügelner Schützen – Bildmitte Ehrenmitglied, Bürgermeister (links) und Präsident (rechts) vom Ehrenmitglied ➤

Fototermin zum kleinen Jubiläum. 10 Jahre Mügelner Schützengesellschaft

Privilegierte Schützengilde
Belgern 1478 e.V.

In der Privilegierten Schützengilde Belgern verfolgen über 70 Mitglieder die Ziele, die Tradition, das sportliche Schießen und das gesellige Vereinsleben zu pflegen.

Über 50 Mitglieder tragen die bei Aufzügen zu Heimatfesten immer wieder stark beachteten traditionellen Uniformen. Diese Uniformen incl. dem Zubehör verkörpern immerhin einen Gesamtwert von ca. 120.000,- DM. Anfang der 90-er Jahre legten die Schützen sehr viel Wert auf die Gestaltung ihres Domizils im Schützenhaus Belgern.

In einem verhältnismäßig kurzen Zeitraum errichteten die Schützen ihre Wettkampfstätte zwischen Belgern und Mahitzschen. Zur Gestaltung der Schutzwälle mussten mehrere tausend Kubikmeter Mutterboden bewegt werden. Hochblenden und Kugelfänge wurden montiert. Die Hochbauten und gepflasterten Flächen können sich sehen lassen. Mehrere hundert Bäume wurden gepflanzt, eine eigene Elektroenergieversorgung installiert, der Anschluss an das öffentliche Frischwasserversorgungsnetz realisiert u. v. a. m..

All das war nur durch die großzügige Unterstützung der Sponsoren in Verbindung mit dem Fleiß der Mitglieder des Vereines zu schaffen. Nach diesen anstrengenden Arbeiten wird nun das sportliche Schießen und die Traditionspflege zukünftig noch mehr in den Vordergrund treten.

Die Schützengilde von Belgern ist wohl eine der ältesten in Deutschland. Leider reichen unsere Urkunden nicht weiter als 1478 zurück. Aus verschiedenen Überlieferungen ist zu entnehmen, dass die älteren Urkunden den furchtbaren Verwüstungen des 30-jährigen Krieges zum Opfer gefallen sind. Nach Adam Ries ist unsere Schützengilde im Jahre 2003 bereits 525 Jahre alt.

Doch zur Zeit bereiten die Schützen erst einmal das Schützenfest am Pfingstsonnabend diesen Jahres wieder mit vielen Höhepunkten vor. Die Belgeraner und alle Gäste sind dazu recht herzlich eingeladen.

1. Vorsitzender
M. Halx

Mitglieder der Privilegierten Schützengilde Belgern 1478 e.V. mit ihren wertvollen und dekorativen Uniformen vor dem Vereinshaus

Sportschützenkreis 10 „Leipzig-Stadt" e.V.

Nach der Gründungs- und Wiedergründungswelle von Schützenvereinen in Sachsen in den Jahren 1990, 1991 und 1992 entstand in vielen Kreisen der Wunsch, regionale Verbände zu bilden. Die Ursachen hierfür waren zum ersten historisch bedingt, bestanden doch im alten „Wettinischen Schützenbund" Schützengaue und nach der Gleichschaltung des Sportes nach 1934 Schützenkreise und zweitens ergaben sie sich aus der praktischen Arbeit der Sportschützen. Eine sinnvolle, zielorientierte Sport- und Verbandsarbeit erwies sich für die Vereine, ohne entsprechende Organisations- und Leistungspyramide, zunehmend schwierig. Vorreiter in diesem Prozess waren die Vogtländer, Erzgebirgler und die Sportschützen aus der Ober- und Niederlausitz, hier gab es die stärksten historischen Bindungen und damit das Bedürfnis, entsprechende Verbandsstrukturen zu schaffen. Die in der ehemaligen DDR tätigen Kreis- und Bezirksfachausschüsse und -kommissionen des Sportschießens, die die Arbeit der Gesellschaft für Sport und Technik, des SV Dynamo (Polizei, Justiz u.s.w.) und des ASV Vorwärts (Armee) im sportlichen Schießen koordinierten, waren mit der politischen Wende weggebrochen. Auf der einen Seite sehr schade, dass viele Schießsportübungsleiter und -trainer besonders aus dem Schüler- und Jugendbereich, die zu DDR - Zeiten eine sehr erfolgreiche Nachwuchsarbeit geleistet hatten, dem Sportschießen verloren gingen, zum anderen eine große historische Chance, das Vereinsleben und das Sportschießen neu aufzubauen. Der allgemeinen Entwicklung im Land trug der Sächsische Schützenbund Rechnung und beschloss auf dem Landesschützentag, 1994 in Plauen, mit einer Satzungsänderung, die Bildung von Schützenkreisen, die im wesentlichen die kommunalen Strukturen widerspiegeln sollten. Auch die Leipziger Sportschützinnen und -schützen und die des Leipziger Umlandes anerkannten die Entwicklung, aber mit der Umsetzung taten sie sich schwer. Mehrfach wurden Versuche gestartet, die aber nicht das gewünschte Ergebnis erzielten. Endlich, am 12. Dezember 1994 war es soweit. 14 Vertreter von Leipziger Schützenvereinen unterzeichneten im Rundbau des Leipziger Schützenhofes, nach kontrovers geführter Diskussion, die Gründungsurkunde des Schützenkreises 10 „Leipzig Stadt", mit der Maßgabe, dass auch Vereine aus angrenzenden Kreisen dem Schützenkreis

beitreten können. Damit wurde eine Kompromissformel gefunden, die der bisherigen Entwicklung Rechnung trug und eine erfolgreiche Arbeit des Schützenkreises gewährleisten sollte. Gleichzeitig sollte die gute Zusammenarbeit mit den schon gebildeten Schützenkreisen 11 und 12 weiter ausgebaut werden. Erster Kreisschützenmeister wurde Bernd Chiarcos, Präsident der Leipziger Schützengesellschaft 1443 e.V.. Ihm zur Seite standen Uwe Penz, Heinz Blochwitz und Wolfgang Märtins. Nach Ausscheiden von Bernd Chiarcos wurde Uwe Penz 1. Kreisschützenmeister, Bernd Köth und Katrin Höhn rückten in den Vorstand nach. Dem Schützenkreis 10 „Leipzig" gehörten bis zum 15. Juli 2000 20 Schützenvereine an :

1 PSV Leipzig e.V. Schützen Gilde
2 Schützenabteilung Bad Düben e.V.
3 Sommerbiathlon Verband Leipzig e.V.
4 Leipziger Schützen Gemeinschaft 98 e.V.
5 Schützencompagnie der Communalgarde Leipzig e.V.
6 Schützengesellschaft 1781 e.V. Zwenkau
7 Schützengesellschaft Böhlitz - Ehrenberg e.V.
8 Schützenverein Thekla e.V.
9 Schützenverein „Kirow" e.V. Schützenverein „Knauthainer Löwen" e.V.
10 Schützenverein Connewitz e.V.
11 Bienitzer Schützenverein e.V.
12 Schützengilde Delitzsch e.V.
13 Schützenverein Brinnis e.V.
14 Leipziger Schützengesellschaft 1443 e.V.
15 Schützengilde Bad Düben e.V.
16 Bürger- Schützengesellschaft Taucha e. V.
17 Schützenverein „Schwarzer Adler" e.V.
18 Leipziger Schießsportfreunde e.V.
19 Schützengilde Markkleeberg Zöbigker e.V.
20 Leipziger Communalgarde e.V

Die Mitgliedsvereine verfügten über ein beachtliches gesellschaftliches und sportliches Potenzial. In der Stadt Leipzig und im Umland organisieren sie hervorragende Sportveranstaltungen; Kreis-, Bezirks- und Landesmeisterschaften und eine Vielzahl von Pokal-, Einladungs- und Rundenwettkämpfen die über das Land hinaus in ganz Deutschland einen guten Namen haben. Dazu gehören u. a., der Gildepokal der Delitzscher Schützengilde, das The-

Militärhistorisches Schießen in Leipzig mit einem englischen Raketenwerfer von 1813

Junge Pistolenschützen bei der in der Stadthalle Zwenkau durchgeführten DLW-Landesmeisterschaft.

klaer Ostereierschießen, der Zwenkauer "Herbstpokal", der „Reudnitzer Pilsner Pokal" Grand Prix Leipzig der Wurfscheibenschützen, das Neujahrsschießen mit Musik, der Leipziger Schießmarathon, der „Fred Vorwerk Pokal", das Westernschießen und der Internationale Vorderlader Wettkampf der Leipziger Schützengesellschaft, der „Tauchaer Dreier", Schützen, Polizei, Feuerwehr. Die Pokal und Einladungswettkämpfe der „Kirower" und Brinniser besonders für Pistolenschützen, das militärhistorische Schießen der Kommunalen, und viele andere Wettkämpfe prägen das Bild. Eine sehr erfolgreiche Arbeit im Sinne der Förderung des Sportschießens wäre möglich. Die meisten Vereine organisieren für ihr Territorium Schützenfeste, die schon bald wieder echte Volksfeste wurden. Leider belasten Eifersüchteleien, Ungereimtheiten und auch persönliche Unverträglichkeiten das Klima im Schützenkreis, so dass es zur Spaltung kommt. Aus dem Schützenkreis 10 „Leipzig" heraus entwickelt sich der Schützenkreis 13 „Leipzig-Delitzsch". Das Territorialprinzip, dass sowohl der Sächsische Schützenbund als auch der Landessportbund anstrebt, wurde ein weiteres Mal durchbrochen. Von einer Bündlung der Kräfte kann da auch keine Rede mehr sein. Im Gefolge dieser Auseinandersetzungen kommt es auch in verschiedenen Vereinen zu Ausgründungen, die die bestehenden Vereine eher schwächen als stärken. Trotz bestehender Disharmonien wird in der Region erfolgreich Schießsport betrieben. Bei der Organisierung von Meisterschaften und Veranstaltungen arbeiten die Sportler, Trainer und Funktionäre recht gut zusammen. Dies zeigt sich besonders in

Grand - Prix - Leipzig, "Reudnitzer - Pilsner - Pokal" mit Bundestrainer Rudolf Hager 2.v.l.

der Regional- und Landesliga, wo Sportler erfolgreich von ihrem Zweitstartrecht Gebrauch machen und sehr gute Leistungen erzielen. Auch bei der Ausrichtung von Wettkämpfen, Meisterschaften, Veranstaltungen und Schützenfesten unterstützen sich Vereine, Schützenkreis überschreitend. Unter den Leipziger Sportschützen ist es wohl so, wie zwischen dem VfB und Sachsen Leipzig, gemeinsam wollen sie nicht, gegeneinander können sie nicht, und miteinander geht es nur außerhalb der offiziellen Bindungen. Der dominierende Verein, die Leipziger Schützengesellschaft, bietet zwar allen Trainingsmöglichkeiten an, stellt aber auch Forderungen, die natürlich von vielen abgelehnt werden. So geht der Eiertanz um das „Goldene Kalb" ständig von vorne los. Ein „Runder Tisch" der Sportschützen wäre notwendig. Die Leipziger Region, der Schützenkreis 10

und die Leipziger Schützengesellschaft sind eine der erfolgreichsten Sportregionen im Landesverband. Ausgezeichnete Sportlerinnen und Sportler konnten sich hier entwickeln. Allen voran Axel Wegner, Olympiasieger von 1988 und mehrfacher Welt- und Europameister, Teilnehmer an drei Olympischen Spielen, Weltpokalsieger und Weltschütze des Jahres, um einige seiner Meriten aufzuzählen. Aber auch andere erfolgreiche Schützinnen und Schützen entwickelten sich in den Vereinen des Schützenkreises, so Sandra Steingrüber, Anke Wahl, Sabine Lüth, Tina Penquitt, Jutta Bechmann und Katrin Höhn, Thoralf Goretzko, Olaf Stubbe, Jens und Uwe Riedel, Rene Hocke, Heiko Weidener, Hendrik Busch, Michael Somisky, Frank Frohberg und Michel Schwipps aus den Gewehrdisziplinen, die mehrfach Landesmeister wurden und an Deutschen Meisterschaften erfolgreich teilnahmen. Dazu kommen erfolgreiche Pistolenschützen wie Jürgen Wiefel, Zweiter der Olympischen Spiele 1976 und 1980, Gründungsmitglied der Leipziger Schützengesellschaft und des Sächsischen Schützenbundes, mehrfacher Landesmeister im Schnellfeuer- und Luftdruckpistolenschießen Teilnehmer an Deutschen Meisterschaften, jetzt für die Knauthainer Löwen startend, Sigrid Andratschke, Barbara Przybyllek, Brit Coriand, Cordula Storm, Bernd Hesse, Remo Philipp Martin Meyer, Rachow Steve, Thomas Hohrein, Alexander Strauß, Bernd Kaiser, Manfred Kelten, Dirk Albrecht, Tilo Friedrich, Siegfried Apelt, Ulrich Handel, um einige der erfolgreichsten Pistolenschützen zu benennen. Dazu kommen die Wurfscheibenschützen Udo Walther, Peter Hantke, Gunter Gäbler, Axel Degen, Martin Schindler, Helmut und Mathias Hahn und natürlich die LL - Schützen Kathrin Zeibert, Thomas Wittig und Tobias Kayser vom SV Connewitz. Natürlich ist die Liste damit nicht vollständig. Zu den vielen erfolgreichen Sportlern des Schützenkreises 10 Leipzig, die bei Landesmeisterschaften seit 1990 über 200 Titel und weit über 400 Medaillen besonders in den Gewehrdisziplinen erkämpften, gehören Trainer und Übungsleiter, Kampfrichter und Funktionäre die die Arbeit organisieren und gestalten, ohne die sich wie man so sagt, kein Rad dreht. Sieben Deutsche Einzel- und Mannschaftstitel stehen ebenso zu Buche, wie etliche internationale Einsätze der Spitzenschützen, besonders aus dem Wurfscheibenbereich. Damit ist der Schützenkreis einer der erfolgreichsten Schützenkreise des Landesverbandes Sachsen.

Mit Wirkung vom 15. Juli 2000 spaltete sich der Schützenkreis. Als neuer Vorstand wurde Schützenschwester Thea Butz, von der SG Zwenkau 1781 e.V. als Kreisschützenmeisterin gewählt, Detlef Koste Leipziger Schützengesellschaft 1443 e.V. ist zweiter Schützenmeister. Iris Bossog, PSV Leipzig Schützengilde, übernahm das Amt der Schatzmeisterin und Lutz Köht vom gleichen Verein, wurde Kreissportleiter. Nach Ausscheiden von Iris Bossog übernahm das Amt des Schatzmeisters Jens Vorwerk. Gegenwärtig sind in dem Schützenkreis 12 Schützenvereine mit über 850 Mitgliedern organisiert.

Es bleibt zu hoffen, dass in den kommenden Jahren die Arbeit weiter erfolgreich gestaltet wird. In Leipzig hat das Schützenwesen Tradition. Nicht nur, dass die Leipziger Schützengesellschaft zu den ältesten Vereinen im Lande Sachsen gehört und im Jahre 1443 erstmals urkundlich

Erwähnung fand, auch viele große schießsportliche Veranstaltungen fanden hier statt. Zum Beispiel Mittelalterliche Fürsten- und Ladeschießen. Leipziger Schützen nahmen an der Gründungsversammlung des Deutschen Schützenbundes und am 1. Deutschen Schützenfest 1861 in Gotha teil. Vom 20. bis 27. Juli 1884 fand das 8. Deutsche Bundesschießen und vom 6. bis 15. Juli 1934 das 20. und bisher letzte Bundesschießen in Leipzig statt. In Leipzig wurde der Schützenverband der DDR gegründet und die erste zentrale Trainingsstätte der DDR für das Sportschießen am Schützenhof gebildet. Nach der politischen Wende in der DDR entstanden hier mit die ersten Schützenvereine im Lande Sachsen. Leipzi-

Der erfolgreichste Schütze Sachsens, Axel Wegner.

ger Sportschützen waren führend mit beteiligt an der Bildung des Sächsischen Schützenbundes, der am 18. April 1990 im Leipziger Bruno - Plache - Stadion, als erster Ostdeutscher Schützenverband mit Unterstützung des Bayrischen Sportschützenbundes und des Badischen Sportschützenverbandes, gebildet wurde. Auch in der Vergangenheit bestimmten oft Streitfälle das Geschehen, so dass die Leipziger „Sebastiansgesellschaft" in mehrere Vereine zerfiel und erst Mitte des 18. Jahrhunderts wieder zur Leipziger Schützengesellschaft vereint werden konnte. Auch hier wurde, über Jahrhunderte hinweg, meist eng und freundschaftlich zusammen gearbeitet. Warum sollte das zwischen den Schützenkreisen 10 „Leipzig" und 13 „Leipzig - Delitzsch" nicht möglich sein.

Paul Arnold

Mitgliedsvereine im SSK 10 „Leipzig"

1. PSV Leipzig Schützengilde e.V
2. Sommerbiathlon Verein Leipzig e.V.
3. Biathlon 2001 e.V.
4. Leipziger Schützengesellschaft 1443 e.V.
5. Schützengesellschaft 1781 e.V. Zwenkau
6. Schützengesellschaft Markkleeberg - Zöbigker 1895 e.V.
7. Leipziger Communalgarde e.V.
8. Bienitzer Schützen e.V.
9. Schützencompanie der Communalgarde zu Leipzig e.V.
10. Leipziger Schützengemeinschaft 1998 e.V.
11. Schützenkreis Parthe 1990 e.V.
12. Leipziger Schießsportfreunde e. V.

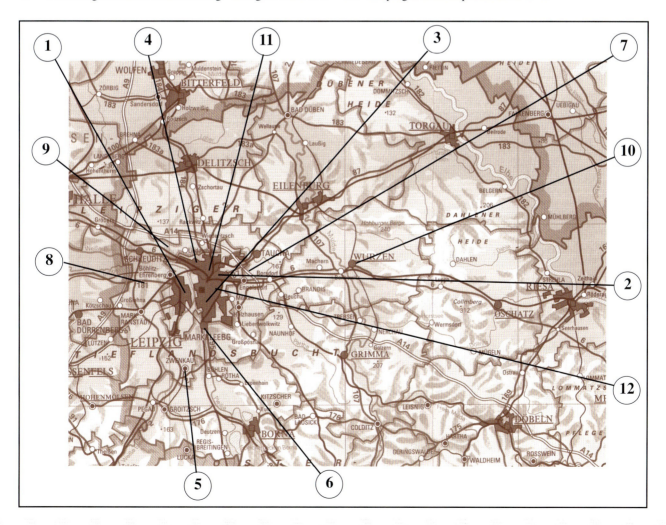

Sportschützenkreis 11 „Leipziger Land e. V."

Kreisschützenmeisterin Viola Kronberg

Mitgliedsvereine im SSK 11 „Leipziger Land" e. V.

1 Geithainer Schützengesellschaft e. V.

2 Schützenverein Böhlen-Rötha e. V.

3 Schützenverein Neukieritzsch e. V.

4 Schützenverein Groitzsch e. V.

5 Zwiebelschützenverein Borna e. V.

6 Regiser Schützenverein 1991 e. V.

7 Freihand Schützengesellschaft 1870 Zwenkau e. V.

8 Schützenverein Wyhratal e. V.

9 Allgemeiner Schützenverein zu Pegau e. V.

10 Schützengilde zu Tautenhain e. V.

11 Frauendorfer Schützenverein e. V. 1994

12 Privilegierte Schützengesellschaft zu Rötha e. V.

13 Schützenverein Frohburg e. V.

14 Schützengesellschaft Markkleeberg 2000 e. V.

15 Geithainer Ulanen e. V. 1867-2000

16 Pösnaer Schützengile 2000 e. V.

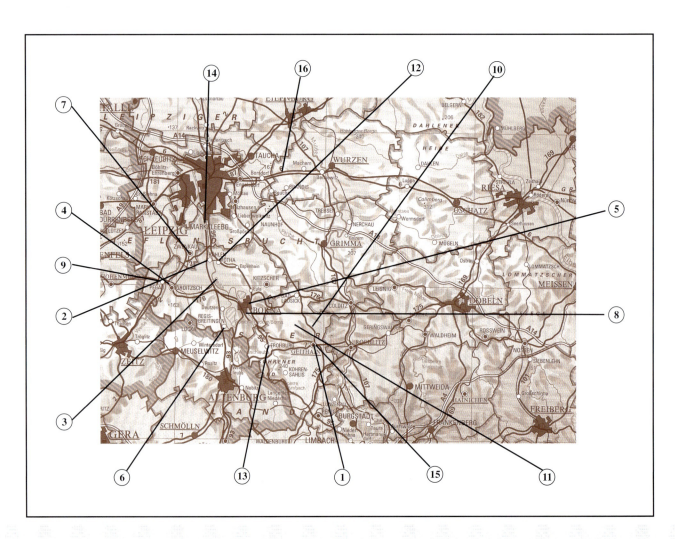

Allgemeiner Schützenverein zu Pegau 1444/1990 e. V.

Etwa auf der halben Strecke zwischen der Messestadt Leipzig und Zeitz liegt Pegau. Eine kleine Stadt, die den Vorteil günstiger Verkehrsanbindungen nutzend - Bundesstraße 2 und Bahnlinie Leipzig - Gera - ebenso wie die in unmittelbarer Nähe gelegenen Kleinstädte Zwenkau und Groitzsch, auf dem besten Weg ist, zum idealen Standort für das aufstrebende mittelständische Gewerbe zu werden.

Pegau hat nahezu 7.000 Einwohner, eine gotische Kirche, ein imposantes Rathaus mit dem gastfreundlichen Ratskeller und „last but not least uns, den Allgemeinen Schützenverein zu Pegau 1444 / 1990 e.V.

Der Schützenverein ist seit 1992 Mitglied des Sächsischen Schützenbundes und im Schützenkreis 11 „Leipziger Land" e. V. organisiert.

Er gehört nachweislich zu den ältesten Schützenvereinigungen Deutschlands und hat wie vielerorts seinen Ursprung im Wehrwesen der mittelalterlichen Städte. Die in Schützengilden und -kompagnien organisierten „Bürgerschützen" hielten regelmäßig Schießübungen ab und ermittelten den Schützenkönig. Geschossen wurde mit Armbrust, später mit Handfeuerwaffen, auf Ringscheibe oder einen an hölzerner Stange hinaufgezogenen bunt bemalten Vogel. Die älteste Nachricht von einem Vogelschießen findet sich in der Raths-Cämmer-Rechnung von 1610, in

Die Vogelstange 1933

Historische Ansichtskarten berichten vom Schützenwesen in Pegau

Pegauer Schützenverein um 1935

der 1 Gulden 5 Groschen als Ausgabe für Aufziehung und Abfassung der Vogelstange verbucht werden.

Das 500jährige Jubiläum, begingen die Pegauer Schützen vom 16. bis 24. Juli 1944. In einer den Zeitverhältnissen angepassten schlichten Feierstunde wurde jener Armbrustschützen gedacht, die 1444 in Mittweida „umb (das) Kleinot schoßen" und damit die Pegauer Schützentradition begründet hatten. Trotz des Krieges wurde es ein großes Fest und zugleich das Letzte vor Wiedergründung.

Die Wiedergründung des Allgemeinen Schützenverein zu Pegau 1444 / 1990 e.V. fand am 27. November 1990 statt. Sitz des Schützenverein ist das Vereinshaus „Neues Schützenhaus" an der Untermühle in 04523 Pegau.

Der Traditionslinie des im Jahre 1444 gegründeten Allgemeinen Schützenvereins der Garnisonstadt Pegau folgend, pflegen wir enge und vielseitige Beziehungen zu den Schützenvereinen Zwenkau und Groitzsch sowie insbesondere zur Schützenbruderschaft „St. Josef" aus Bleche im Sauerland. Der gegenseitige Besuch von Abordnungen zu den Schützenfesten ist zu einem schönen und festen Brauch geworden.

Im Sommer 1944 gedachten die Pegauer Schützen ihres fünfhundertjährigen Bestehens. Das Jubiläum war von den Ereignissen des Zweiten Weltkrieges, der zu diesem Zeitpunkt bereits sein Zenit überschritten hatte, überschattet. Das Schützenfest fand den gegebenen Möglichkeiten entsprechend statt. In einem Schreiben, daß den an der Front stehenden Schützenbrüdern zugesandt wurde, hieß es: „Unser traditionelles Sommerschießen nach der Scheibe führten wir in der Woche vom 16.–23. Juli durch. Den Abschluß bildete am letzten Sonntag ein öffentliches Sport- und Volksschießen. Das herrliche Sommerwetter begünstigte den Besuch unseres schönen Schützenplatzes, wo sich insbesondere die Jugend um die errichteten Luftschaukeln, Würfel- und Glücksradbuden drängte. Nicht weniger begehrt waren Würstchen- und Fischenstand. Am Nachmittag kamen wir mit unseren Frauen bei Kaffee und Kuchen gesellig zusammen, wobei natürlich auch der fernen Kameraden gedacht wurde." Niemand ahnte, daß es für lange Zeit das letzte Schützenfest sein sollte, wie auch keiner ahnen konnte, was bald über Pegau hereinbrechen sollte.

Die Wiedergründung

Die Wiedergründung wurde von beherzten Pegauern, wie Dieter Waitz, die Gebrüder Barthel, Holger Beyer und viele andere mehr lange und gut vorbereitet. Der Verein für Heimatkunde Pegau insbesondere mit Unterstützung von Tylo Peter bereitete aus Anlass der Wiedergründung eine eindrucksvolle Ausstellung. Es war erstaunlich, was da noch alles an Zeugnissen alter Schützenherrlichkeit zu sehen

Vom Sankt Josef Schützenverein Bleche erhielt der Verein viel Hilfe und Unterstützung

war. Nur die Fahne der alten Schützengesellschaft fehlte, die war nämlich in den 60er Jahren (der Verein war nach dem Krieg 1945 und während der DDR-Zeit verboten) polizeilich konfisziert worden. Trotz aller Mühen konnte diese auch nirgendwo in Archiven oder ähnlich wieder aufgefunden werden.

Nun endlich war es soweit, ein Plakat in der Stadt ausgehangen lud zu Gründungsversammlung am 27. November 1990 in den großen Rathaussaal zu Pegau ein. Auf der Anwesenheitsliste hatten sich 21 Pegauer Bürger zur Neugründung eingetragen, von denen heute im 12. Jahr des Bestehens noch 9 Kameraden aus der Gründerzeit im Verein eine überaus aktive Arbeit leisten. (Waitz, Dieter u. Mario; Barthel, Frank, Thomas u. Hans-Dieter, Lindner, Ulrich; Schubert, Helge; Beyer, Holger; Borchert, Klaus)

Der erste Vorstand wurde gewählt und Holger Beyer wurde Vorsitzender des Vereins. Später wurde aus dem Vorsitzenden ein Kommandant.

In den Anfangsjahren war viel Aufbauarbeit zu leisten, hier erhielten die Pegauer Schützen vom Vorstand der Schützenbruderschaft Sankt Josef in Bleche nicht nur ideele sondern auch materielle Unterstützung, in der Zwischenzeit sind aus Bleche einige als Mitglieder im Verein eingetreten. Beide Vereine pflege eine gute Schützenkameradschaft, die sich in dergestalt wiederspiegelt, das zu Höhepunkten der Vereine Schützendelegationen ausgetauscht werden und an den Höhepunkten vor Ort teilnehmen. Im Mai 1991 waren die Blecher Vorstandsmitglieder das erste mal in Pegau.

Es galt nun Vieles neu aufzubauen. Es wurde die Bekleidung der Schützen entwickelt und man lehnte sich an das Jägergrün der zuletzt getragenen Uniform an. Der 1. Vorsitzende (später Kommandant) des Vereines Holger Beyer stiftete dem neu gegründeten Verein eine neue Vereinsfahne. Drei Wochen haben zwei Stickerinnen damit verbracht die neue Fahne zu gestalten. Es war eine aufwendige Nadelarbeit aus erlesenen Materialien und ausdrucksstarken Farben bis hin zu den goldgetauchten Fransen, das Fahnentuch mit 1,0 x 1,25 Metern zu fertigen.

Aus Anlass des 1. Schützenfestes wurde die Fahne am 27. Juli 1992 in der gotischen Laurentius-Kirche von Pegau durch den Pfarrer Lenk geweiht.

Als die Schützen mit der geweihten Fahne aus der Kirche kamen und diese durch ein von vielen Schaulustigen Pegauern Bürgern gebildeten Spalier trugen, regnete es in Strömen. Trotz des Regens fanden sich viele Gastvereine und Schaulustige ein. Der Patenverein Sankt Josef aus Bleche, die Schützenvereine aus Kayna, Zeitz, Borna, Hohenmölsen und Neukieritzsch nahmen an der Feierlichkeit teil. Danach marschierten die Abordnungen zum Schützenplatz. Der liebe Gott hatte aber mit dem Schützenvereinen ein einsehen und lies es aufhören mit dem Regen, so das daß erste Schützenfest nicht ins Wasser fiel.

Alle Freunde des Schießsportes und an der Gestaltung von Traditionspflege interessierte, konnten sich zu den Mitgliederversammlungen, welche jeden ersten und dritten Donnerstag des Monats im Ratskeller oder im kleinen Rathaussaal stattfanden einfinden.

Schwerpunkt in den zurückliegenden Jahren, war die Schaffung eines Vereinsdomizil. Hier gilt den Stadtvätern von Pegau ein besonderer Dank. Ein altes Fabrikgebäude

Seit 1992 neue Vereinsfahne, gestiftet von Holger Beyer

Die erste in Sachsen errichtete und geprüfte Vogelschießanlage

Renate Langrock beim Königsschuss am 11.08.1996

die „Filze" genannt wurde dem Verein zur Nutzung übergeben und nun hieß es daraus etwas zu machen. In vielen tausend geleisteten Arbeitsstunden von den Vereinsmitgliedern und der Einbau von ca. 200.000,- DM an Material und anderen Arbeitsleistungen wurde ein Vereinshaus geschaffen, welches in der Umgebung seines gleichen sucht. Ein großer über 100 Personen fassender Gesellschafts- und Versammlungsraum mit Kreuzgewölbe, Holzpanelen und schmiedeeisernen Kronleuchtern, eine 10 m Luft- und Armbrustschießbahn, sowie eine 25 m Bahn für Großkaliber wurde geschaffen und von den zuständigen Behörden abgenommen.

Die erste in Sachsen aufgebaute und abgenommene Vogelschießanlage und ein transportabler Luftgewehrschießstand wurden geschaffen. Bis auf die Hilfe der Stadt im Rahmen ihrer Möglichkeiten wurde alles ohne staatliche Fördermittel geschaffen. Natürlich geht so etwas nicht ohne tatkräftige Sponsoren. Außer unseren Vereinsmitgliedern sind an dieser Stelle besonders die MIBRAG, AGIP und die Firma MEPA vom Pegauer Gewerbegebiet zu nennen. Sicher gebührt auch denen hier nicht genannten Sponsoren ein besonderer Dank, doch die Auflistung würde den Rahmen des möglichen sprengen.

Der Verein umfasst z. Zt. 76 Mitglieder mit einer Jungschützen- und Frauengruppe. Neben der Traditionspflege und dem Schießsport verstehen wir natürlich unter Vereinsleben mehr als nur die Pflege des Brauchtums. Regelmäßige Veranstaltungen, wie z. B. Kegelabende, gemeinsame Kinderweihnachts- und Silvesterfeiern, dem jährlichen Vereinsschlachtfest u. a. sind dafür bezeichnend.

Einen breiten Raum wird der Aus- und Weiterbildung der Vereinsmitglieder gewidmet, die Unterweisungen im Waffenrecht und im Gebrauch von Schusswaffen erfolgt im Rahmen der Sachkundelehrgänge mit anschließender Prüfung. Nur so ist ein sach- und fachgerechter Umgang mit Sportwaffen gewährleistet. Im Verein haben bereits 37 Mitglieder die Sachkundeprüfung abgelegt. Drei Mitglieder haben einen Kampfrichterlehrgang erfolgreich absolviert, die Kameraden Uwe Felgner, Frank Barthel und Ronald Roth werden bei Schießwettbewerben im und außerhalb des Vereines als Kampfrichter eingesetzt. 9 Schützen haben die Qualifikation eines Schießleiters, die Böllerschützen des Vereines haben alle den Schwarzpulverschein erworben. Nicht zu vergessen sind Lehrgänge der verschieden-

sten Art, so wurde ein Rot-Kreuz-Lehrgang und in einer Abendveranstaltung durch die Fahrschule Volker Heinichen die Neuerungen in der Straßenverkehrsordnung geschult.

Jährlich wird beim Frühjahres- und Herbstschießen der Vereinsmeister ausgeschossen, zum Schützenfest natürlich der Schützen-, der Jungschützen-und Kinderkönig.

Die Vorstandsmitglieder des Schützenvereines

Zur 1.Vorstandssitzung am 27. November 1990 der neugegründeten Allgemeinen Schützengesellschaft Pegau wurden in den Vorstand gewählt.

Herr Holger Beyer	1.Vorsitzender
Herr Walter Berger	2.Vorsitzender
Herr Dr. Joachim Kohlbach	Organisator
Herr Hans-Dieter Barthel	Kassierer
Frl. Sabine Höhne	Schriftführerin
Herr Hans-Dieter Waitz	beratendes Mitglied

Diesem Vorstand gilt der besondere Dank, da sie die Aufbauarbeit unseres Vereines in mühseliger Kleinarbeit geleistet haben. Im Laufe der Zeit wuchs der Verein an Mitgliedern, die Aufgaben wurden größer und somit gab es auch Erweiterungen in der Vorstandsbesetzung. Die Wahl der Vorstände wurde zweijährig zur Generalversammlung durchgeführt.

Dem heutigen Vorstand gehören an:

Herr Rainer Bade - Elektromeister
Kommandant
Herr Holger Beyer - Geschäftsführer
Ehrenkommandant und Ehrenmitglied des Verein
Herr Jürgen Einhorn - Angestellter
Major-stellv.Kommandant
Herr Hans-Dieter Barthel - Dachdeckermeister
Zahlmeister

Herr Rolf Hässelbarth - Angestellter
Schießmeister
Herr Nick Heise - Geschäftsführer -
Jugendwart
Herr Jörg Bade - Geschäftsführer -
Hauptmann - Organisator
Herr Jürgen Langrock - Rentner -
Schriftführer / Pressearbeit

An dieser Stelle sei aber auch den ehemaligen Vorstandsmitgliedern, welche in verschiedenen Wahlperioden tätig waren für Ihre Vereinsfördernde Arbeit gedankt.
Herr Dieter Waitz - Geschäftsführer -
Hauptmann-Organisator
Herr Rolf Michael - Rentner -
Schießmeister

Im Schützenkreis 11 „Leipziger Land" e.V. wird der Verein durch Herrn Uwe Felgner - *Kampfrichter* - vertreten.

Mitgliedskarte aus dem Jahr 1934 von Helmut Straßburger

Helmut Straßburger neben Renate Langrock aus Leipzig, der ersten weiblichen Schützenkönigin in der Vereinsgeschichte – 5. Schützenfest 1996

Ehrenmitglieder des Allgemeinen Schützenverein zu Pegau

Auf Beschluss der Generalversammlung vom 05.04.2001 wurde das Gründungsmitglied, der 1. Vorsitzender bzw. Kommandant von 1990 bis 2001, Träger des Verdienstkreuzes des SSB in Bronze, der Goldenen Ehrennadel des SSB und des Gründerorden des ASV Pegau, Holger Beyer aus Pegau zum Ehrenmitglied und zum Ehrenkommandanten des Schützenvereines ernannt.
Die Ehrenmitglieder Martin Leistner und Arthur Hofmann aus Pegaus alter Schützenzeit sind im Jahr der Neugründung verstorben.
Ehrenmitglied Helmut Straßburger wurde am 29. Juni 1915 geboren und verstarb am 01.12.1998. Im Nachruf wurde sein Leben mit nachstehenden Worten gewürdigt.
Nach kurzer, schwerer Krankheit wurde unser Kamerad

und Ehrenmitglied Helmut Straßburger zur großen Armee abberufen. Seit 1934 Mitglied im Allgemeinen Schützenverein Pegau war er dem Schützenwesen in unserer Stadt sehr verbunden. Durch seine Erzählungen über das Brauchtum unserer Altvordern konnten wir uns ein Bild über das Vereinsleben in vergangenen Zeiten machen.
Im Jahr 1936 trat er als Berufssoldat in die Luftwaffe ein und wurde zum Piloten ausgebildet. Nach vielen Einsätzen wurde er 1943 abgeschossen und schwer verwundet. Nach seiner Genesung musste er 1945 noch im Infanterieeinsatz kämpfen und geriet als Feldwebel in russische Gefangenschaft. Nach der Rückkehr aus der Gefangenschaft baute er sich eine neue Existenz auf, was für ihn als ehemaligen Berufssoldaten zu den damaligen Verhältnissen nicht leicht war.
Nach der Wiedergründung des Allgemeinen Schützenvereins Pegau wurde unser Kamerad Helmut Straßburger Ehrenmitglied, für alle ein Vorbild an Pflichterfüllung und Zuverlässigkeit. Bei allen Veranstaltungen und Versammlungen des Vereins war Helmut stets dabei. Ohne ihn ging es nicht los, wie man zu sagen pflegt. Zu seinem 80. Geburtstag bekam er vom Vorstand einen Rundflug über Leipzig mit seiner alten JU 52 geschenkt. Alle die dabei waren, wissen wie er sich darüber gefreut hat. Er wurde anlässlich der 60jährigen Mitgliedschaft im Schützenverein mit der Silbernen Ehrennadel des Deutschen Schützenbundes ausgezeichnet. Zu seiner großen Reise gaben ihm seine Kameraden das Geleit und erwiesen ihn die letzte Ehre. Wir werden ihm stets ein ehrendes Gedenken bewahren und an hervorragender Stell würdigen.
Der Vorstand des Allgemeinen Schützenvereins zu Pegau 1444 / 1990 e.V.

Schützenkönige nach der Wiedergründung

Ein Höhepunkt zu den jährlichen Schützenfesten, ist das Schießen um die begehrteste Auszeichnung im Schützenverein: die Schützenkönigs-Kette (die Schützenkönigs-Kette ist aus Silber und wiegt über 1 kg. Diese Kette wurde vom Dachdeckermeister Hans-Dieter Barthel aus Pegau, Gründungsmitglied und Zahlmeister dem Schützenverein gesponsert). Erstmals wurde diese Kette 1993 dem Schützenkönig Ronald Roth überreicht. Geschossen wird auf einen Adler aus Holz, welcher sich an einen 15 m hohen Vogelschießmast in einen Schussfangkasten von 1,0 mal 1,0 m befindet. Dieser montierbare Vogelschießmast wurde von den Vereinsmitgliedern selbst gebaut, es ist übrigens der erste in Sachsen. Geschossen wird erst mit einem eingespannten Kleinkalibergewehr und danach mit einem Schrotgewehr nacheinander auf Krone, Apfel, Zepter und danach auf die Flügel und den Schwanz. Für jedes der abgeschossenen Insignien erhält der Schütze Beifall und einen Orden. Der Adler aus fest verleimtem Sperrholz wurde bisher jährlich zum Schützenfest in mühevoller Kleinarbeit von Ulrich Lindner gefertigt.
Der Rumpf des Adlers wird zuletzt abgeschossen. Dem Schützen mit der besten Treffsicherheit und der gehörigen Portion Glück gelingt der Königsschuss. Er ist für ein Jahr der Schützenkönig und wird zum Schützenappell mit der Königswürde – der Schützenkette – gekrönt. Jeder Schützenkönig sponsert einen Königsorden aus Edelmetall, mit

Schützen mit den abgeschossenen Insignien vor der Vogelschieß-Anlage

900-Jahrfeier Pegau und 5. Schützenfest 1996 - Schützenkönigin wurde Kameradin Renate Langrock

eingravierten Namen und Jahr der Königswürde, welcher an der Königskette neben seinen in die Kettenplatte gravierten Namen angehangen wird.

Schützenkönige nach der Wiedergründung des Allgemeinen Schützenverein zu Pegau 1444 / 1990 e.V.

Schützenkönig 1992 -   Frank Ruhnow aus Pegau
Schützenkönig 1993 -   Ronald Roth aus Großgörschen
Schützenkönig 1994 -   Rolf Hässelbarth aus Pegau
Schützenkönig 1995 -   Dieter Waitz aus Pegau
Schützenkönigin 1996 - Renate Langrock aus Leipzig
Schützenkönig 1997 -   Helmut Friedel aus Pegau
Schützenkönig 1998 -   Christian Neundorf aus Zwenkau
Schützenkönig 1999 -   Rainer Bade aus Pegau
Schützenkönig 2000 -   Frank Barthel aus Pegau
Schützenkönig 2001 -   Peter Kretschmer aus Kitzen

Der Schützenkönig 2001 Peter Kretschmer und der Kinderkönig Andreas Pöhlandt vor der Vereinsfahne
v.l. Ehrenkommandant Holger Beyer, Kinderkönig A. Pöhlandt, Königspaar Evelyn Naumann und Peter Kretschmer, Kommandant Rainer Bade, Fahnenjunker Jürgen Kubis

Fototermin mit Schützenkönig Dieter Waitz (1995) und vereinseigener Böllerkanone

141

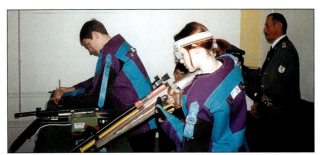

Jungschützen beim Training auf der 10 m Bahn; rechts: Böllerka-nonen - die eigene (vorn) und dahinter eine geliehene Feldhaubit-ze Kaliber 155 mm, Rohrlänge 7,4 m, Gewicht 15,5 t, als Böller-kanone umgebaut, Beschuss mit bis zu 2,5 kg Böllerpulver

Erstbeschuss der 25-Meterbahn (v.l. Bürgermeister P. Bringer, Ehrenkommandant Holger Beyer, Präsident des SSB Prof. Dr. E. Bauer)

Eröffnung der 25-Meter Schießbahn - Tag der offenen Tür, Schützenverein ist stolz auf das selbst Geschaffene

Schaut, was wir uns geschaffen haben. Das war das Anlie-gen der Mitglieder des Allgemeinen Schützenverein zu Pegau 1444/1990 e.V. beim Tag der offenen Tür zu dem am 24. November 2001 in das neue Schützenhaus eingeladen wurde. Seit Frühjahr 1997 werkeln die Schützen in diesem alten Gebäude. Sie erhielten von der Stadt Pegau zunächst einen Nutzungsvertrag für zehn Jahre. „Dieser wurde jetzt bis zum Jahr 2106 verlängert." Während die Stadt die Sanierung von Gebäudehülle, Fassade und Dach über-nahm, lag alles weitere in den Händen der Schützen. Voller stolz berichtete Kommandant Rainer Bade gegenüber den Gästen: „Wir haben alles selbst gemacht und auch selbst finanziert." So entstanden Versammlungsraum, Sanitär-reich, eine zehn Meter Bahn sowie ein Aufenthaltsraum für die 10- und 25-Meterbahn. Letzteres wurde zum Tag der offenen Tür eingeweiht. Obwohl das Wetter es nicht besonders gut mit den Besuchern des Neuen Schützenhau-ses meinte, konnten sehr viele Pegauer Bürger und die ein-geladenen Stadträte sowie Abordnungen befreundeter Schützenvereine in Neuen Schützenhaus begrüßt werden. Als besondere Auszeichnung werteten die Schützen, den Besuch des Präsidenten des Sächsischen Schützenbundes Prof. Dr. Erich Bauer, der gemeinsam mit dem Bürger-meister der Stadt Pegau Peter Bringer und den langjährigen Kommandant des Schützenvereines und jetzige Ehrenkom-mandant Holger Beyer die neu geschaffene 25 Meter Bahn mit der Abgabe des ersten Schusses eröffnete.

Der Kommandant Rainer Bade begrüßte in seiner Rede alle Besucher, den Bürgermeister, den Präsident des SSB und die der Einladung gefolgten Stadträte und Sponsoren sowie den Präsidenten des Pegauer Karnevalsclub Herrn Kröher. Ein besonderen Dank galt den Ehefrauen, die bei solchen Festen dem Verein immer sehr hilfreich zur Seite stehen, die kostenlose Kuchen und Kaffee zur Verfügung stellten, sich um die Bewirtung und um die Betreuung der Gastkin-der kümmerten. Ein besonderen Augenmerk richtete Rai-ner Bade auf die Entwicklung des Schützenvereines, dabei wurde erwähnt das der Schützenverein ein Sportverein ist und vor vier Jahren begann sich ein eigenes Domizil zu schaffen. Heute kann mit Stolz gesagt werden, der erste Bauabschnitt ist fertiggestellt. Ohne den unermüdlichen Einsatz von allen Kameradinnen und Kameraden, sowie der Unterstützung der Stadtverwaltung Pegau und nicht zu vergessen den vielen Sponsoren auch aus den eigenen Rei-hen, wäre solch ein Projekt nicht zu schaffen gewesen. Es wurden keine Fördergelder in Anspruch genommen und trotzdem großes erreicht. Nach der nun 11-jährigen Geschichte nach der Wiedergründung ist ein erster Grund-stein gelegt, damit nunmehr auch das sportliche Schießen und die Traditionspflege in den Vordergrund rücken kann. Die noch recht junge Jugendmannschaft des Verein tritt bereits in die Fußtapsen und erreichte, gerade im Jahr 2001 recht gute sportliche Ergebnisse indem sie sich im Kreis-pokal dreimal den 1. Platz im Mannschaftssieg nach Pegau holte. Abschließend sprach er nochmals allen Anwesenden den Dank für Ihr Interesse aus und wünschte den Verlauf des Tages viel Erfolg.

Foto: von l.n.r. Kommandant des ASV Pegau Rainer Bade, Präsident des SSB Prof. Dr. Erich Bauer, Kreisschützenmeister Horst Bartsch vom SK 11

Schützen waren bekannt. Es gilt diese Tradition wieder aufleben zu lassen und auszubauen. Was ich hier sehen und erleben darf, erfüllt mich mit Stolz. Hier haben die Vereinsmitglieder gezeigt, was Geschlossenheit und Aufbauwille zu leisten im Stande ist, dafür gebührt allen Vereinsmitgliedern der Dank den ich Euch im Namen des Präsidiums des SSB hiermit ausspreche. Das Präsidium des SSB hat mich beauftragt, den langjährigen Kommandant und jetzigen Ehrenkommandant Kameraden Holger Beyer für die Verdienste im Sächsischen Schützenwesen mit den „Verdienstkreuz des SSB" in Bronze auszuzeichnen. Prof. Dr. E. Bauer nahm die Auszeichnung von Holger Beyer vor.

Holger Beyer bedankte sich für die Auszeichnung und brachte in seinen Worten zum Ausdruck, das er in dieser Auszeichnung nicht nur die Ehrung seiner Arbeit sieht, sondern diese entgegennimmt, als eine Anerkennung der Leistungen aller Vereinsmitglieder und dazu gratuliere ich uns allen und bedanke mich für unsere gemeinsame Arbeit im Schützenverein.

Der Tag der offenen Tür wurde durch viele Gäste genutzt, die Räumlichkeiten des Neuen Schützenhauses, einmal die fertiggestellten und die noch auszubauenden zu besichtigen, dabei wurde mehrfach die Anerkennung ausgesprochen über das geleistete aber auch für den noch bevorstehenden Bauabschnitt. Im Namen der Mitglieder des Allgemeinen Schützenvereines zu Pegau bedankt sich der Vereinsvorstand bei allen Besuchern und Gästen für die Teilnahme am Tag der offenen Tür und das Interesse an unserer Vereinsarbeit.

Jürgen Langrock
Schriftführer / Pressearbeit.

Bevor der Präsident des SSB das Wort ergriff, überbrachte Bürgermeister Peter Bringer die Grüße und Glückwünsche der Stadtverwaltung, er verwies mit Stolz darauf welche Leistungen am Um- und Ausbau der Vereinsräume in den letzten 4 Jahren geschaffen wurde, er sagte der Begriff „alte Filze" wird bestimmt noch des öfteren genannt werden, doch in Zukunft wird sich der Begriff „Neues Schützenhaus immer mehr einbürgern. Wir gemeinsam stolz sein über das Geschaffene. Er sieht darin eine weitere Möglichkeit für sportliche Bestätigung, vor allem von Kindern und Jugendlichen, aber auch im kulturellen Bereich. Das Neue Schützenhaus fügt sich gut ein in das vorgesehene Sport- und Freizeitzentrum in diesem Teil der Stadt.

Die Pegauer Schützen, mit den Worten des Prof. Dr. E. Bauer, gehören in Sachsen mit zu den ältesten Schützenvereinen, die in der Geschichte des Schützenwesen eine entscheidende Rolle mitgespielt haben. Ob in Meißen bei dem Traditionsschießen oder im Leipziger Land, die Pegauer

Fototermin mit Schützenkönig Peter Kretschmer (2001) vor dem Rathaus der Stadt Pegau

Sportschützenkreis 12 „Muldental" e. V.

Kreisschützenmeister Rolf Heymann

Mitgliedsvereine im SSK 12 „Muldental" e. V.

1   Schützenverein Roßwein e. V.

2   Waldheimer Schützenverein e. V.

3   Privilegierte Bogenschützengesellschaft Leisnig 1421 e. V.

4   Eilenburger Schützenverein e. V.

5   Schützenverein „Hubertus 90" e. V. Mutzschen

6   Schützengesellschaft Brandis e. V.

7   Privilegierte Schützengesellschaft Grimma e. V.

8   Schützenverein Trebsen u. Umgebung e. V.

9   Privilegierte Bogenschützengilde 1470 zu Wurzen e. V.

10 Sommerbiathlon-verein Grimma e. V.

11 Polizei-Sportverein „Wurzen-Muldental" e. V.

12 Schützenverein 1994 Threna e. V.

13 Nerchauer Schützenverein 1882 e. V.

14 **Privilegierte Schützengilde Bad Lausick e. V.**

15 Schützenverein Dürrweitzschen 1995 e. V.

16 **Schützenbund Naunhof und Umgegend 1894 e. V.**

17 Schützengilde Burkhartshain u. U. 1921 e. V.

18 Schützengesellschaft zu Podelwitz e. V.

19 Otterwischer Schützen 1999 e. V.

20 Sportschützenverein Loreley-Golzern e. V.

21 Schützenclub MTL e. V.

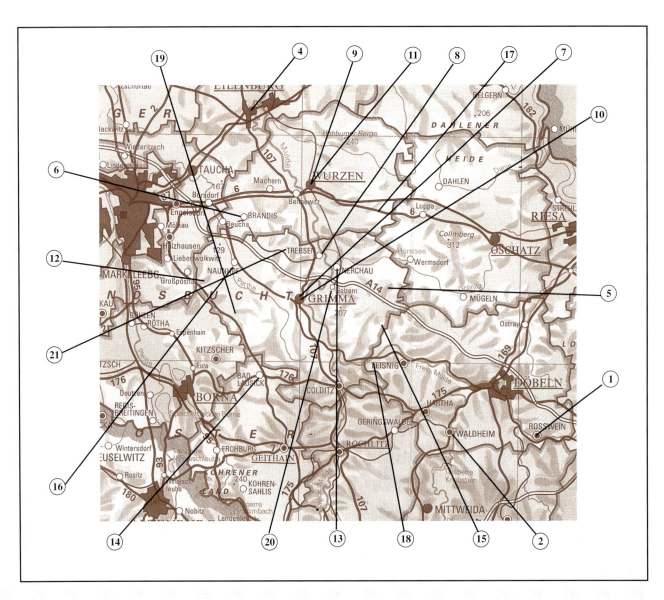

Privilegierte Schützengilde Bad Lausick e. V.

Die Wurzeln der Privilegierte Schützengilde Bad Lausick e.V. liegen im Jahr 1740.

Während des Dreißigjährigen Krieges hatte auch die Stadt Lausick ein Fähnlein ihrer waffenfähigen Männer zu entsenden. Da es noch kein Stehendes Heer gab, mussten sich die Bürger selbst um den Schutz ihres Hab und Gutes kümmern, und sie waren auch ihrem Landherren zur Heeresfolge bei kriegerischen Verwicklungen verpflichtet.

Diese Landherren waren sich der großen Bedeutung der Schützengilden für ihre Länder wohlbewusst, war es doch ihr persönlicher Vorteil, den sie durch diese hatten. Sie förderten deshalb die Bestrebungen durch Gewährung einer Rechtsgrundlage, durch ein Privilegium.

Der Bürgerschaft zu Lausick übermittelte der Königliche, Polnische und Churfürstliche Sächsische Amtmann Daniel Benjamin Harzmann zu Colditz unterm 27. März 1740 mit einem Begleitschreiben das Privilegium. Der Urkunde folgt in 32 Artikeln die Ordnung der Büchsen- und Scheibengesellschaft zu Lausick. Aus der Ordnung ergibt sich als Hauptaufgabe das Scheibenschießen nach ganz bestimmten Regeln, zu denen auch der Aufzug und das Exercitium gehören. Die Erziehung zur Waffenübung war also der Hauptzweck der Gilde. Hand in Hand mit der militärischen Ordnung gehen, aber auch christliche Sitte und Eintracht, deren Beobachtung in den Artikeln ausdrücklich zur Pflicht gemacht wird. 32 Mann bekannten sich durch Unterschrift zu dieser Ordnung, die 16 verschiedenen Handwerken angehörten, nämlich ein Bräuer, Fleischhauer, Hufschmied, Gärtner, Kürschner, Lohgerber, Müller, Röhrmeister, Schlosser, Zinngießer, je zwei Böttger, Schirrmacher, Tischler, Wagner, vier Trippmacher und zehn Zeugmacher.

Nachdem im Jahre 1740 Churfürst Friedrich August II. die Aufrichtung einer Büchsen- und Scheibenschützengesell-

schaft bewilligte, kam es zur Verpflichtung des ersten Vorstandes der Lausicker Gilde, Friedrich Schulze und dessen Stellvertreter Johann Michael Becker.

Im März 1763 ist der Siebenjährige Krieg zu Ende. Mit 50 Mitgliedern wird die Schützengilde wieder aufgerichtet. Während des Krieges wurde die vorhandene Fahne geraubt, und so fährt Amtsrichter Müller wegen einer neuen Fahne nach Dresden.

1765 kommt die neue Fahne. Zur Übernahme wird ein Fahnenkommando nach Ebersbach entgegengeschickt. Der Rückweg wird über Hopfgarten genommen. Am 11. Februar marschieren sie unter dem Beifall der Einwohner auf dem Marktplatz zur Begrüßung durch den Rat ein. Danach geht es zum Schießplatz. Darüber wird berichtet: *„die ganze Gesellschaft macht sich zu dreyen Tagen sehr lustig"*.

1813 spürte auch Bad Lausick den Krieg. Am 30. April kommt eine Order vom russischen Kaiser an die Gilde. Zehn Mann sind sofort nach Frohburg und von dort nach Groitzsch zu kommandieren.

Die Schützen hatten seit 1808 neue Uniformen: Grüner Frack, weiße Weste, gelbe Hose, dreieckiger Hut mit Federschmuck. In dieser Zeit der Völkerschlacht, so die

Schützenkönig Max Korb in alter Vereinskleidung

Historische Aufnahme der Priv. Schützengilde Bad Lausick

Überlieferung, soll vom Viertelsberg im Ortsteil Heinersdorf auch auf die Stadt geschossen worden sein. Es folgten Durchmärsche bis in den Herbst hinein. Die Schützen wurden wiederholt in die umliegenden Dörfer gerufen, um Bewachungen und Transporte durchzuführen. Am 16. April 1814, nachts elf Uhr, verkündete ein Bote aus Gotha kommend die Niederlage Napoleons. Die Schützen versammelten sich auf dem Marktplatz, feuerten ihre Gewehre ab, Trompeten und Pauken ertönen und die Glocken läuten.

Im Jahr darauf stirbt der Bürgermeister und Schützenhauptmann Ernst Sylvius Hoyer. Amtsrichter Herrmann, der Gründer des später nach ihm benannten Bades, übernimmt fortan das Kommando. Aus dem Jahre 1826 wird berichtet, dass der Gendarm Hentschel wiederholt Bürgerschützen zu Holz- und nächtlichen Generalvisitationen zugeteilt bekommt. Am 16. Oktober desselben Jahres übernahm sie den Transport eines Deserteurs von Lauterbach nach Grimma.

Das Mitglied Hermann Troll schenkt im Jahre 1871 der Schützengilde eine Kanone. Sofort wurde die Anschaffung eines zweiten Geschützes beschlossen.

Im Jahre 1890 beging die Gilde ihr 150jähriges Jubiläum. Baumeister Wiegant erbaute Ehrenpforten, Orchestertribüne und die Festhalle. Freigutbesitzer Kohlsdorf aus Steinbach lieferte 1000 Stück Schmuckbäume. Der Festzug bestand aus Reitern, Jägervolk, einem vierspännigen Festwagen mit der Diana, der waffenführenden Göttin. Dabei waren 40 Festjungfrauen, der Reitklub und zehn auswärtige Schützengilden. Den Schluss bildete die Artillerie. Der damalige Bürgermeister Fabian hielt die Festrede. In der Festhalle wurden fünf Hektoliter Freibier ausgeschenkt. Neben sonstigen Ehrengästen war das gesamte Offizierskorps des zweiten Husarenregiments Nr. 19 anwesend.

Die Schützen waren ein vergnügliches Völkchen. Neben den alljährlichen Schützenfesten gab es Schlittenfahrten, Maskenbälle, Kinderfeste und natürlich auch viel Freibier. 1894 wurde König Albert, der anlässlich eines Manövers in der Stadt weilte, von den Schützen herzlich empfangen, genauso wie König Friedrich August von Sachsen, der mit seinem Gefolge 1910 die Stadt besuchte.

1914 beginnt der erste Weltkrieg. Am 3. August erhielt die Gilde den Befehl, noch in der gleichen Nacht die Zugänge der Stadt zu besetzen, sie mit starken eisernen Ketten zu sperren, auch auf Autos scharf acht zu geben. 31 Kammeraden stehen im Kriegsdienst. Das Schützenfest zum 175jährigen Bestehen muss wegen des Krieges ausfallen. In den Folgejahren nach dem Krieg hat es auch die Schützengilde schwer und kämpft um ihr Überleben.

Nach dem Ersten Weltkrieg begann 1919 mit damals stattlicher Zahl von 87 Mitgliedern der Wiederaufbau der Bad Lausicker Schützengilde. Der Schießstandneubau wurde 1923 in Angriff genommen. Die dafür erforderlichen Mittel kamen zum größten Teil aus Spenden der Mitglieder zusammen. Das Vereinsleben kam trotz der allgemeinen Notlage langsam wieder in Schwung. Regelmäßig konnten wieder Schützenfeste gefeiert und Schützenkönige ermittelt werden. Das 200jährige Jubiläum der Gilde rückte in greifbare Nähe. Zu dieser Zeit hatte die Gilde 129 Mitglieder. Davon entfielen auf die Jägerabteilung 30 Kammeraden, auf die sogenannte graue Abteilung 50 Kammeraden, 13 Mitglieder waren in der Artillerie und es gab 33 Unterstützende Mitglieder. Ehrenmitglieder waren die Kammeraden Max Häuser und Hermann Berger.

Im Jahre 1937 wurden 19 Mitglieder der Freihandschützen aufgenommen, da dieser Verein in der Auflösung begriffen war.

Am Samstag, dem 20. Juli 1940, versammelten sich die Mitglieder der Privilegierten Schützengilde Bad Lausick im Saal des Gasthofes „Zum Wolf" zu einer Feier anlässlich des 200jährigen Bestehens. Diese Festveranstaltung war zugleich die letzte in der Geschichte der Gilde vor und nach dem Zweiten Weltkrieg.

Das damalige Schützenhaus wurde 1940 an die Wehrmacht verpachtet. Heute ist es in Privatbesitz. In den Jahren von 1945 - 1994 ruhte das Schützenwesen in der Stadt Bad Lausick.

Die Neugründung 1994

1994 fanden sich, auf Anregung unseres heutigen Ehrenpräsidenten, Joachim Czichos, 26 Bürger der Stadt und der Umgebung im Hotel „Am Bahnhof" in Bad Lausick ein und legten den Grundstein für die Neugründung der Privilegierte Schützengilde Bad Lausick.

Noch im selben Jahr war der Verein neu ins Leben gerufen. So trafen sich fortan 26 Mitglieder, um das Leben im Verein zu gestalten. Treu nach den alten Statuten wurde ein Verein aufgebaut, der sich der Brauchtumspflege, der Kameradschaft und der Achtung verpflichtete. An seiner

Die neue Vereinsfahne aus dem Jahr 1995

146

Vereinspräsident Herbert Hüsing mit unserer Kanone

Diese Fahne wurde anlässlich des Brunnenfestes der Stadt Bad Lausick feierlich geweiht. Seither ist sie bei Auftritten des Vereins nicht mehr wegzudenken.

Da in unserem Verein sehr viel Wert auf Brauchtumspflege gelegt wird, sind wir stets bemüht, das äußere Erscheinungsbild vielfältig und interessant zu gestalten. Die Anschaffung einer Kanone und die Herstellung historischer Vereinskleidung, nach Originalen aus dem Fundus des Stadtarchives, sind Meilensteine der Vereinsgeschichte.

Was ist ein Verein ohne ein ausgeglichenes und geselliges Vereinsleben?

Zu den bedeutensten Ereignissen gehört sicherlich unser jährliches Schützenfest. So findet auch der Wettstreit um die Krönung des Schützenkönigs seinen Ursprung nach altem Vorbild. Zum Schützenfest erhält dieser sodann auch mit Schützenkette, Ehrensäbel und natürlich der Königsscheibe seine feierliche Proklamation auf dem Marktplatz. Durch die Teilnahme vieler befreundeter Vereine ist der Festumzug ständig ein Höhepunkt des Schützenfestes.

Weiterhin sind im Veranstaltungskalender der Schützengilde Ausfahrten mit den Ehefrauen und weitere Festveranstaltungen verankert.

Den Jubilaren wird zu den runden Geburtstagen mit einer Ehrenformation und natürlich zünftigem Salut unserer Vorderladerschützen die Glückwünsche des Vereins überbracht.

Aus der Chronik der Gilde geht hervor, dass viele damalige Mitglieder den beiden Weltkriegen zum Opfer gefallen sind. Ihnen zur Ehre, sehen sich die heutigen Mitglieder verpflichtet, am Volkstrauertag der Gefallenen zu gedenken.

In der weiteren Gestaltung des Vereinslebens sehen wir den Schwerpunkt in der Jugendarbeit. Der verantwortungsvolle Umgang mit Waffen und Munition, die Freude am Schießsport sowie Brauchtumspflege und die Kameradschaft sollen auch in Zukunft einen festen Bestandteil im Vereinsleben haben.

Heute sind in der Privilegierte Schützengilde Bad Lausick 42 Mitglieder integriert.

Spitze stand für viele Jahre als Präsident und heutiger Ehrenpräsident Joachim Czichos.

Lang wurde in Archiven der Stadt- und Landesgeschichte nach Material der Schützengilde Bad Lausick gesucht.

Viele interessante Details sind hier zum Vorschein gekommen. So wurde unter anderem das letzte Statut der Gilde aus dem Jahre 1890, welches auf die Ursprünge vom Jahre 1740 hinweist, gefunden. Gestützt auf dieses Statut wurde die heutige Satzung, natürlich unserer Zeit angepasst, erstellt. Die Suche nach der historischen Fahne unseres Vereins zeigte jedoch keine nennenswerten Erfolge. So entschloss man sich im Jahr 1995, eine neue Fahne für die Schützengilde Bad Lausick anzuschaffen.

Die Privilegierte Schützengilde Bad Lausick e.V. im Jahre 2001

Schützenbund Naunhof
und Umgegend 1894 e. V.

Als am 9. März des Jahres 1894 sich 14 Schützen der Stadt Naunhof zur Gründungsversammlung im Bahnhofsrestaurant trafen, waren sie schon jahrelang als lose Schützenbrüderschaft tätig.

Da sie weder als Verein auftraten noch eigene Schießstände besaßen, sondern auf einen Schießstand in Lindhardt bei Naunhof trainierten, musste immer ein amtl. Erlaubnisschein bei der königlichen Amtshauptmannschaft Grimma beantragt werden. Eine Angelegenheit die bereits damals erhebliche Gebühren nach sich zog und so entschlossen sie sich zu oben genanntem Datum einen eigenen Verein zu gründen.

Im darauffolgenden Jahr konnte bereits in Naunhof das 1. Schützenfest gefeiert werden. Im März 1897 kaufte der Schützenbund, jetzt mit 36 Mitgliedern, am Rande der Stadt ein Gelände von ca 15000m². Auf diesem Gelände wurde bereits am 19.06.1898 der Schützenplatz, mit Schießständen von 175m und 300m Schießbahnlänge, ein-

geweiht. Im Jahr 1900 wurde der Schützenbund Mitglied im Wettiner Schützenbund und nahm an dessen Bundesschießen vom 12. - 19. August 1900 in Freiberg teil.

An Hand noch vorhandener Unterlagen lässt sich nachweisen, dass in Naunhof ein sehr umfangreiches Schützenleben mit Schießbetrieb sowie zünftigen Feiern stattfand. So konnte der Verein bereits 1904 eine große Festhalle mit Tanzsaal einweihen und hatte bis zu Beginn des 1. Weltkrieges 20 Schützenkönige. Der 1. Weltkrieg brachte jedoch das Schützenleben zum Erliegen. Da sich aber die Schützen nicht so leicht unterkriegen lassen, wurde schon 1919 wieder ein König „ausgeschossen". Dass es trotz der schweren Nachkriegsjahre lebhaft weiter ging, beweist die Gründung einer Schützen-Eskadron im Jahre 1923.

Der erste Jugendschützenkönig wurde 1927 ermittelt.

1929 hatte der Schützenbund Naunhof 95 Mitglieder, seine Eskadron 35 Reiter sowie 15 Jungschützen.

1930 hatte der Schützenbund seinen 32. Schützenkönig „ausgeschossen".

Leider wurden durch Unachtsamkeit des Heizers die gesamten Anlagen auf dem Schützenplatz im Februar ´42 ein Opfer der Flammen und die Feuerwehr konnte wegen eingefrorener Hydranten nur zusehen wie alles abbrannte. Der Schützenbund hatte aber mit Beginn des Krieges 1939 seine Tätigkeit eingestellt und sie ruhte in Naunhof, bis Herr Manfred Richter (†) im Herbst 1995 Interessenten am Schießsport und Schützenleben in Naunhof und Umgegend suchte um den Schützenbund wieder zu gründen.

Am 8. Dezember 1995 fand in Anwesenheit von 15 Gründungsmitgliedern die Gründungsversammlung des „Schützenbund Naunhof und Umgegend 1894" statt und M. Richter wurde zum 1. Vorsitzenden gewählt.

Der Verein musste sich nun eine Trainingsstätte suchen, da das alte Schützengelände nicht von der ehem. GST bzw. Kampfgruppen genutzt wurde und somit nicht mehr brauchbar war. Mit der Privilegierten Bürger-Schützen-Gilde 1470 zu Wurzen wurde deshalb eine Vereinbahrung

Schützeneskadron 1926

getroffen um deren Schießstätte nutzen zu können.

Im März ´97 wurde der Schützenbund im Sächsischen Schützenbund e.V. aufgenommen um aktiv an dessen Tätigkeiten teilzunehmen. Da die alte Fahne verloren gegangen war, stiftete der Schützenbruder Helmut Hofmann eine neue, welche vom Prof. Dr. Bauer am 24.05.1998 geweiht wurde. Leider konnte der Gründungsvorsitzende Manfred Richter diese feierliche Zeromonie nicht mehr erleben, da er im Oktober ´97 die Augen für immer schloss. Der Schützenbund Naunhof und Umgegend 1894 e.V. wird sein Andenken aber stets in Ehren halten.

Der Schützenbund war 1997 auf 30 Mitglieder gewachsen und ab diesem Jahr wurden die jährlichen Vereinsmeisterschaften für Lang- und Kurzwaffen durchgeführt.

Zur Bereicherung seines Vereinslebens wurde eine Salutgruppe von 10 Schützen, die einheitlich mit dem traditio-

Salutgruppe des Schützenbundes Naunhof und Umgegend 1894 e.V. beim Ehrensalut, anläßlich der symb. Grundsteinlegung für das neue Schützenhaus

nellen K98 zu besonderen Höhepunkten antreten, gebildet. 1998 wurde der erste Schützenkönig „neuer Zeitrechnung" ermittelt. Für öffentliche Veranstaltungen, wie Stadtfeste u. drgl., wurde ein transportabler Luftgewehrstand geschaffen an dem jährlich Jugend- und Bürgerschützenkönig der Stadt Naunhof ermittelt werden. Zu besonderen Anlässen wie Ostern und Silvester wird ein Wurfscheibenschießen mit vereinseigener Anlage durchgeführt. Zur Förderung der Jugendarbeit wurde ein Jugendbeauftragter gewählt und ein eigener Luftgewehrstand eingerichtet.

Besondere Höhepunkte im Vereinsleben sind auch die Ver-

Landesschützenmeister im Adlerschießen Thomas Albrecht

anstaltungen des Sächsischen Schützenbundes, auf dessen 7. Landestreffen, der Naunhofer Schütze Thomas Albrecht Landesschützenmeister im Adelschießen wurde.

Da aus wasserschutzrechtlichen Gründen eine Reaktivierung des alten Schützengeländes nicht möglich ist, mußte der Verein sich nach einem anderen Areal umsehen. Mit Unterstützung des Bürgermeister der Stadt gelang es ein Grundstück von ca. 4500 m² mit einem leerstehenden Gebäude zu erwerben und so konnte am 17.03.2001 die symbolische Grundsteinlegung, unter Teilnahme von vielen Ehrengästen, für ein neues Schützenhaus mit Schießstätten von 25 m und 50 m Bahnen vorgenommen werden. Mit der Gestaltung von Schützenhaus und dazu gehörendem Gelände hat der Verein, mit seinen 43 Mitgliedern, sich für die nächsten Jahre eine große Aufgabe gestellt, eine Herausforderung für jedes einzelne Mitglied.

Der Vorsitzende bei der symb. Grundsteinlegung

Die Schützenkönige „neuerer Zeitrechnung":

    1998 Gerald Danneberg
    1999 Emanuel Bock
    2000 Jörg Schnabel
    2001 Gerald Danneberg

Uwe Kollascheck

Mitglieder des Schützenbundes im Jahr 2001

Sportschützenkreis 13 „Leipzig-Delitzsch" e. V.

Kreisschützenmeister Bernd Köth

Mitgliedsvereine im SSK 13 „Leipzig-Delitzsch" e. V.

01 Schützenverein Brinnis e.V. — Vors. Hr. W. Bielig

02 Schützenverein Knauthainer Löwen e.V. — Vors. Hr. U. Penz

03 Schützenverein Leipzig-Thekla e.V. — Vors. Hr. B. Köth

04 Schützenverein Connewitz e.V. — Vors. Hr. Siegemund

05 Schützengilde Delitzsch e.V. — Vors. Hr. M. Hoffmann

06 Bürgerschützengilde Taucha e.V. — Vors. Hr. M. Donnert

07 Schützenverein Schwarzer Adler e.V. — Vors. Hr. R. Kümmel

08 Schützengesellschaft e.V. 1991 Böhlitz-Ehrenberg — Vors. Frank Arnold

09 Schützenverein Kirow e.V. — Vors. Hr. L. Pilz

10 Schützengilde Bad Düben e.V. — Vors. Hr. H. Kühne

11 Schützenabteilung Bad Düben e.V. — Vors. Hr. S. Reinhold

12 Paunsdorfer SV 2001 e.V. — Vors. Hr. W. Czaja

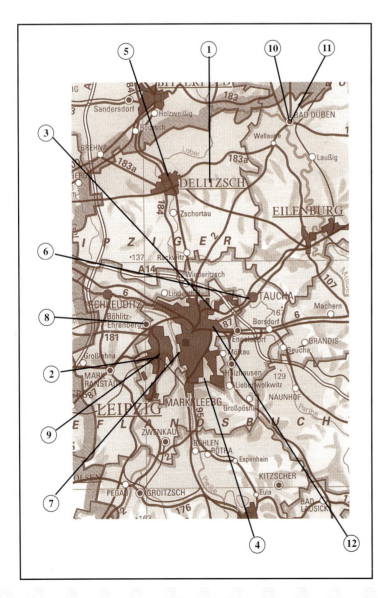

Der SSK 13 Leipzig-Delitzsch e.V. wurde am 08.04.2000 gegründet.

Vorstand

U. Penz	1.KSM	(08.04.2000 - 07.04.2001)
B. Köth	1.KSM	(seit 07.04.2001)
H. Siegemund	2.KSM	(seit 07.04.2001)
H. Kühne	3.KSM	(seit 07.04.2001)
K. Höhn	Schatzmeisterin	(seit 08.04.2000)
H. Blochwitz	Sportleiter	(seit 08.04.2000)

Ehrenrat (seit 08.04.2000)

G. Ellinger (SV Leipzig-Thekla e.V.)

A. Herold (SGi Böhlitz-Ehrenberg 1991 e.V.)

L. Pilz (SV Kirow e.V.)

Schützenverein Knauthainer Löwen e.V.

Der Schützenverein wurde im Jahre 1990 von den damaligen Sportschützen der Grundorganisation „Bruno Kühn" des Betriebes GISAG Leipzig ins Leben gerufen. 23 Mitglieder benannten diesen neuen Zusammenschluss „Schützenverein Knauthainer Löwen" e.V..

Am 8. November 1990 wurde der Verein im Sächsischen Schützenbund aufgenommen.

Wie auch in den Jahren vor der „Wende" hatte das Leistungsschießen einen hohen Stellenwert. Die Jugendgruppe beteiligte sich an regionalen, aber auch überregionalen Meisterschaften. Dabei bildeten die alljährlichen Vereinsmeisterschaften einen weiteren Höhepunkt im Vereinsleben. Auch begannen die Mitglieder frühzeitig ein Weihnachts- und Osterschießen durchzuführen.

Der Altersdurchschnitt von derzeit ca. 30 Jahren ist auf eine gute Jugendarbeit zurückzuführen. Mehr als 10 Prozent der mittlerweile knapp 130 Mitglieder sind unter 18 Jahren. Leider führt dieser Umstand auch dazu, dass manchmal die Standkapazitäten an die Grenzen gelangen. Aber vielleicht auch dazu kurz ein paar Ausführungen.

Der Schützenverein hatte das Glück, den ehemaligen Schießstand der GST zu übernehmen und von der Stadt Leipzig zu pachten. Er umfasst eine Luftgewehrhalle mit 6 Bahnen und einen KK-Schießstand mit vier 25-Meter-Bahnen und 6 Gewehrbahnen auf 50 Meter. Schon frühzeitig wurde im Verein erkannt, dass neben dem Leistungssport ein wesentlicher Erfolgsfaktor der Gebäudezustand und das Schießgelände darstellt. So wurde in den Jahren 1993 bis 1998 der gesamte Schießstand modernisiert, was sich z. B. insbesondere bei dem Innenausbau stark bemerkbar gemacht hat. Eine weitere große Investition war aber die Installation von 6 Seilzuganlagen für das KK-Gewehrschießen. Immerhin der einzige Stand weit und breit in und um Leipzig!

Seit 1992 findet in jährlichen Abständen ein Schützenfest für die Bevölkerung statt, welches sich einem stetigen Zulauf erfreute. Insbesondere in den letzten Jahren nahmen auch Delegationen anderer Schützenvereine an diesem traditionellen Fest teil. Den zahlreichen Besuchern werden an den Schützenfesttagen verschiedene Schießdisziplinen zum Mitmachen angeboten. So kann man sich beim Vorderlader- und Großkaliberschießen versuchen, aber auch beim begehrten Preisschießen mit den anderen Gästen messen. Daneben bildet ein Rahmenprogramm, insbesondere auch für die jungen Gäste, einen weiteren Bestandteil. Und am Abend tobt das Festzelt bei Musik für Jung und Alt.

Wie auch das Schützenfest mittlerweile zur Tradition gehört, gibt es seitdem auch jeweils die Schützenmajestäten, die aus dem Schützenkönig, der Damenkönigin und dem Jungkönig bestehen. Ein heißbegehrter Titel, der bei hohen Teilnehmerzahlen beim Königsschießen errungen werden kann.

Neben dem sportlichen Schießen führte die Schaffung einer eigenen Böllergruppe im Stadtgebiet von Leipzig zu großem Aufsehen. Bei zahlreichen Veranstaltungen waren die Knauthainer Böllerschützen präsent und sogar deutlich größere Vereine aus der Umgebung wurden oft in den Schatten gestellt bzw. baten teilweise um Verstärkung. Auch in diesem Teilbereich, also dem Böllern, gilt in der Region ein Novum. Nicht mit Salutwaffen sondern mit bayerischem Böllergerät wird zur Tat geschritten und die Aktion mit einer Böllerkanone bzw. einem Standböller der anwesenden Besucher bemerkbar.

Böllergruppe des Schützenvereins

Insbesondere die Böllergruppe des Vereins, die unter Leitung des Schützenbruders Rudolf Günther geführt wird, trägt wesentlich dazu bei, den Bekanntheitsgrad der Knauthainer Löwen zu erhöhen. Stadtfeste, Böllertreffen, Jubiläen und Hochzeiten sind regelmäßige Termine. Und mit den über 20 Böllerschützen bietet sich den Zuschauern stets ein willkommenes Schauspiel.

Pater Franz vom Dominikanerkloster Leipzig-Wahren von Alberts

Das Leipziger Stadtwappen von 1580 auf der Vereinsfahne

Der sicherlich schönste Termin war dabei die Weihe der neuen Vereinsfahne anlässlich der Leipziger Markttage im Jahr 1996. Peter Franz vom Dominikanerkloster in Leipzig-Wahren von Alberts weihte die Fahne, die neben dem Vereinswappen das Leipziger Stadtwappen von 1580 trägt. In mühevoller Handarbeit gestickt, begleitet sie die Aktion des Vereins. Und damit sie auch nicht in Vergessenheit gerät, ist sie in den Unterlagen des Stadtarchivs der Stadt Leipzig eingetragen.

Aber ein Verein lebt nicht nur von seinen eigenen Mitgliedern, sondern auch von Freunden, Bekanntschaften und Partnerschaften. Die wohl bedeutsamste Partnerschaft besteht zum 6. Zug des Uniformierten Schützenkorps Gifhorn von 1823 e.V.. So nimmt seit mittlerweile mehreren Jahren immer eine Leipziger Delegation am Gifhorner Schützenfest in Niedersachsen teil, welches sich über mehrere Tage erstreckt und, sicherlich auf die vielen Jahre der Tradition begründet, im Bezug zu unseren Regionen nichts Vergleichbares findet. Aber auch dieser Umstand bedurfte einer kleinen Korrektur und die Leipziger Schützen mit dem Böllergerät zeigten den Niedersachsen erst einmal, dass auch das Böllerschiessen zu einem ordentlichen Schützenfest dazu gehört. Und wie das so ist, ist alles, was

zweimal passiert, seitdem Tradition auch im niedersächsischem Gifhorn.

Trotz allem Erreichten wird sich der Schützenverein bemühen, die sportliche und historische Tradition des Deutschen Schützenwesens weiter zu pflegen und zu erhalten. Denn nur unter diesem Aspekt ist es möglich, dass im friedlichen Wettstreit untereinander, die Sportschützen in der Öffentlichkeit auf sich aufmerksam machen und Gehör finden. Insbesondere diese Zielstellung sollte sich so manch anderer Verein stärker ins Bewusstsein rufen, damit nicht zukünftig Arroganz und Konkurrenzdenken die Oberhand gewinnen.

In diesem Sinne wünschen wir dem Sächsischen Schützenbund und den Mitgliedsvereinen weiterhin viel Erfolg und hoffentlich zukünftig viele Meisterschaftstitel für eine stabile, sportliche Zukunft.

Uwe Penz
Vereinsvorsitzender

Uwe Penz -
Vereinsvorsitzender

Böllergruppe des Schützenvereins

Schützengesellschaft e. V. 1991
Böhlitz-Ehrenberg

Die Wurzeln des Vereins –
Die Zimmerstutzen-Gesellschaft
Böhlitz-Ehrenberg

Die Industrie der Stadt Leipzig und die Gemeinde Böhlitz-Ehrenberg entwickelten sich in atemberaubendem Tempo. Die Einwohnerzahl Böhlitz-Ehrenbergs wuchs von 765 im Jahr 1875 auf 2.400 im Jahr 1900, 1925 zählte die Industriegemeinde bereits 6.795 Einwohner. Das Bedürfnis nach Kultur und Geselligkeit wuchs. Im Jahr 1926 gab es in der Gemeinde 30 Vereine, die der Bevölkerung vielseitige Möglichkeiten zur Betätigung in der Freizeit boten.

Die Gründung

Am 21.11.1921 trafen sich 24 Männer und gründeten die Zimmerstutzen-Gesellschaft Böhlitz-Ehrenberg. Malermeister Theodor Reiß, der als Initiator gilt, wurde Vorsitzender. Am 6. September 1924 wurde der Verein in das Vereinsregister 1190 beim Amtsgericht Leipzig eingetragen. Sein Zweck bestand in der Förderung und Hebung des Freihandschießens mit Zimmerstutzen.
Zu den Mitgliedern des Vereins gehörten u.a.:

Gruppenbild aus der Zeit um 1924

Theodor Reiß, Carl Richter, Otto Naumann, Karl Schrader, Kurt Rauschenbach, Heinrich Hennings, Paul Drescher, Paul Fugmann, Fritz Kellner, Arthur Hermsdorf, Fritz Merk, Fritz Zimmer, Otto Nöllner, Otto Fischer, Georg Schmidt

Frau Schönke, Tochter von Paul Fugmann, erinnerte sich: *„Geschossen wurde im vorderen Saal der Gaststätte „Waldmeister" und anschließend immer noch ein Bierchen getrunken. Auch das jährliche Schützenfest wurde dort gefeiert: Lange weiße Tafeln, die Männer in Schützentracht, die Frauen trugen lange Gesellschaftskleider. Es war stets ein besonderes Ereignis."*
Gründungsmitglied Theodor Reiß war gleichzeitig von 1931 bis 1936 Vorsitzender der 1929 gegründeten Schüt-

zengesellschaft „Stern 1859 e.V.", ansässig in Stahmeln. Mitglieder der Zimmerstutzen-Gesellschaft Böhlitz-Ehrenberg halfen von 1929 bis 1931 beim Bau des Schützenhauses in Stahmeln mit. Am 2. Juni 1934 erfolgte die Umbenennung der Zimmerstutzen-Gesellschaft in „Schützengesellschaft Leipzig-West" mit Sitz in Böhlitz-Ehrenberg.
In der „Neuen Leipziger Zeitung" vom 1. Juli 1934 hieß es so: „Schützengesellschaft Leipzig-West" mit Sitz in Böhlitz-Ehrenberg.

Im Jahr 1934 wurde anlässlich der Umbenennung der Zimmerstutzen-Gesellschaft in Schützengesellschaft Leipzig-West die Traditionsfahne des Vereins von Ortspfarrer Naumann geweiht.

Die Ehefrauen der Schützen fertigten diese Fahne liebevoll in mühsamer Handarbeit. Nach der Auflösung des Vereins 1948 nahm Schützenfreund Helmut Lang die Fahne in Verwahrung. Nach dem Tod von Helmut Lang ging die Fahne in den Besitz seines Neffen, Herrn Rössing, über. Nach der Wiedervereinigung erfuhr er von der Gründung der Schützengesellschaft e.V. 1991 Böhlitz-Ehrenberg. 1993 wurde die Fahne unserem Verein, als Nachfolger der Zimmerstutzen-Gesellschaft, feierlich übergeben.
1923 wurde von Uhrmachermeister Heinrich Hennings die Schützenkette der Zimmerstutzen-Gesellschaft - eine Silberarbeit - angefertigt und gestiftet.

Angehörige des Vereinsmitgliedes Fritz Zimmer stellten die abgebildeten Pokale als Dauerleihgaben zur Verfügung

Auf dem Schild der Kette wurden alle Schützenkönige namentlich festgehalten.

Schlechte Zeiten für

An kräftigem Neuen sich innig erfreuen, dem guten Alten die Treue halten

Schützenvereine

Mit der Veränderung der politischen Verhältnisse in Deutschland wurden Mitte der Dreißiger Jahre Vereine in Verbände gepresst, die Vereine hörten auf zu existieren.

Am 16. Juni 1948 wurde die Schützengesellschaft Leipzig-West auf Antrag des Polizeipräsidiums gelöscht.

Die Neugründung

Nach der Wiedervereinigung Deutschlands schossen im ganzen Land Vereine wie Pilze aus dem Boden. Am 6. November 1991 fand in der Gaststätte „Große Eiche" in Böhlitz-Ehrenberg die Gründungsveranstaltung der „Schützengesellschaft e.V. 1991 Böhlitz-Ehrenberg, ehemals Zimmerstutzenverein Böhlitz-Ehrenberg", statt.

Gründungsmitglieder waren Elke Wust, Frank Arnold, Eberhard Knauer, Jörg Rockhausen, Wolfgang Ruderich, Siegfried Teubner und Reiner Wittner. Den Vorsitz übernahm Frank Arnold als Oberschützenmeister. Der Schützenverein der Partnerstadt Buchen unterstützte sehr engagiert die Gründung des Vereins.

Heute gehören der Schützengesellschaft e.V. 1991 Böhlitz-Ehrenberg 64 Mitglieder an.

Vereinsbild aus dem Jahre 2001

Das Vereinsleben wird von einer Vielzahl vereinsinterner Wettkämpfe, dem Schützenfest sowie dem Königsschießen mit Königsball geprägt.

Das Schützenfest, das stets in Verbindung mit einem anderen Höhepunkt des kulturellen Lebens von Böhlitz-Ehrenberg stattfindet, ist ein wichtiger Höhepunkt im Vereinsleben. Neben der Ermittlung der Ortsmeister und Ortsmeisterinnen in den Disziplinen Luftgewehr und Luftpistole, steht das Schützenhaus der Bevölkerung am Sonntag des Schützenfestes zum Schießen mit der Flobertpistole und dem Zimmerstutzen offen. Zusätzlich beteiligt sich der Verein mit seinem mobilen Schießstand, einem Kletterbaum, einer Torwand und einer Galgenkegelanlage am jeweiligen Fest.

Eine weitere Bereicherung des Festes ist die Teilnahme der Böllertruppe des befreundeten Schützenvereines „Knauthainer Löwen". Das Böllern ist weit über die Grenzen von Böhlitz-Ehrenberg hinaus zu hören.

Das vereinsinterne Kräftemessen erfolgt alljährlich mittels einer Vielzahl von Wettstreiten in den verschiedensten Disziplinen bzw. „Spielarten" des Schießens. So wird beim Bockschießen mit dem Luftgewehr auf die laufende Scheibe geschossen, beim Blindschießen werden nicht etwa die Augen des Schützen verbunden, sondern es wird auf die Rückseite einer Scheibe geschossen und anschließend die

Salutschützen unseres Vereins und Mitglieder der Böllertruppe der „Knauthainer Löwen"

erreichte Ringzahl ermittelt. Der Pfingstpokal wird mit der Flobertpistole ausgeschossen und beim Gänseschießen zur Weihnachtszeit wird nicht auf das Federvieh geschossen, selbiges gibt es als Preis.

Nach der Sommerpause starten die Vereinsmitglieder zur traditionellen Fahrt zum Schützenmarkt in unsere Partnerstadt Buchen. Die „Schützengesellschaft 1822 e. V. Buchen" stand der Böhlitz-Ehrenberger Schützengesellschaft bei deren Gründung mit Rat und Tat zur Seite. Seit dieser Zeit beteiligen wir uns mit einer Delegation am Umzug der Vereine in Buchen.

Das Königsschießen bildet den Höhepunkt des Schützenjahres. Alljährlich werden unter den Vereinsmitgliedern der Schützenkönig, die Schützenkönigin, der Schützenprinz und der Hofstaat ermittelt. Die Majestäten werden dann auf dem Königsball geehrt. Fortgesetzt wird ebenfalls die Tradition der handgemalten Königsscheiben, die das Vereinshaus zieren.

Das Königspaar des Jahres 2001

Im Anschluss an die Ehrung wird der Ball durch das Königspaar mit einem Walzer eröffnet. Den Abend verbringen die Mitglieder und ihre Gäste bei Tanz, Plausch und einem warmen oder kalten Büfett.

Jutta Bechmann
Schriftführer

Paunsdorfer Schützenverein 2001 e. V.

Der Paunsdorfer Schützenverein 2001 e. V. ist einer der jüngsten Schützenvereine des Freistaates Sachsen.

Demzufolge können wir auf keine Traditionen zurück blicken, aber die Zukunft des PSV 2001 können wir gestalten und planen.

9 von 12 Gründungsmitgliedern waren anwesend, als der Verein am 05.09.2001 gegründet wurde.

Das erste Anliegen der aller Schützenschwestern und -brüder sollte das sportliche Schießen sein, das faire streiten um hohe Ringzahlen im Trainings- und Wettkampfbetrieb.

Es wurde beschlossen, dass wir uns dem SSB anschließen wollen, gleichzeitig hatten wir auch den Wunsch in den Schützenkreis 13 aufgenommen zu werden.

Beides wurde uns zugesagt und kurzfristig realisiert.

Wie es schon der Sächsische Schützenbund auf seine Fahnen geschrieben hat: Hobby – Brauchtum – Sport, das soll auch unsere Devise sein.

Dass dazu eine Schützentracht-Vereinsuniform gehört, ist eine Selbstverständlichkeit.

Eine freundschaftliche Kontaktpflege mit anderen Vereinen wurde bereits vereinbart, an vielen Schießsport-Wettkämpfen wollen wir uns beteiligen und unser Bestes geben.

Auch der Aufbau einer Jugendgruppe scheint uns sehr wichtig, deshalb rufen wir alle am Schießsport interessierten Jugendlichen unserer Gegend auf, sich bei uns zu melden.

Oberschützenmeister

Schützenmeister

Schatzmeister

Gründungsmitglieder des PSV e. V.

155

Sportschützenkreis 14
„Schlesischer Schützenbund" e.V.

Kreisschützenmeister MdL Ludwig Thomaschk

Mitgliedsvereine im SSK 14 „Schlesischer Schützenbund" e. V.

1	**Schützenverein Krauschwitz e. V.**	Geschäftsstelle: Sportschützenkreis 14
2	Schützenverein Groß-Düben e. V.	Schlesischer Schützenbund
3	**Weißwasseraner Schützenverein e. V.**	Bad Muskau e. V.
4	Muskauer Schützengilde 1511 e. V.	Schmelzstraße 15
5	Neusorger Schützenverein e. V.	02953 Bad Muskau
6	Schießclub „Tell" Weißkeißel e. V.	
7	Niederschlesischer Schützenbund e. V.	
8	**Schützenverein Schleife e. V.**	
9	Schützenverein Boxberg e. V.	

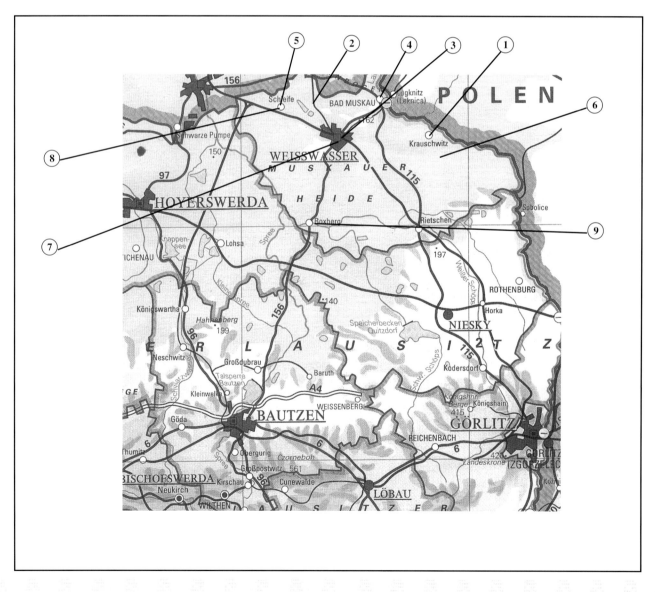

Schützenverein
Krauschwitz e. V.

Am 01.09.1990 wurde der Schützenverein Krauschwitz e.V. gegründet.

Die Gründungsmitglieder dabei waren: Kurt Palmroth, Horst Kubelt, Harry Hein, Gottfried Wranick, Klaus-Peter Fleischer, Hans-Joachim Mortak und Joachim Gogolin.

Im Februar 1991 zählte der Verein schon 27 Mitglieder und mit steigender Anzahl der Mitglieder wurde der Ausbau des vorhandenen damaligen GST-Schießstandes, der damals noch Eigentum der Treuhand war, begonnen.

Die Mitglieder gingen mit sehr großem Elan und Einsatzfreude an den Umbau des Schießstandes heran und leisteten dabei Tausende von freiwilligen Arbeitsstunden.

Am 27.05.1994 wurde das Gelände mit dem vorhandenen Schießstand und Vereinshaus, auf Antrag des Vorstandes, von der Treuhand käuflich erworben. Das gesamte Vereinsgelände mit den Schießständen und dem Vereinsgebäude wurde somit Eigentum des Schützenvereins.

Ab diesem Zeitpunkt konnte nun erst richtig der weitere Aus- und Umbau fortgesetzt werden. Große Verdienste beim Aufbau des Vereins und des Schießgeländes zeigten die Vereinsmitglieder Gottfried Wranik, Joachim Gogolin, Botho Palmroth, Hans-Peter Fleischer, der Schatzmeister Kurt Starik, Karin Hilbrich, Hartmut Halw sowie der leider bereits verstorbene Werner Kliemann, um nur Einige stellvertretend für viele Andere zu nennen.

Am 01.11.1993 wurde das 100. Vereinsmitglied aufgenommen, es war Kurt Starik. Im Jahre 1994 zählte der Verein bereits 107 Mitglieder.

Am 02.01.1995 wurden die Sektionen:

- *Traditionsschützen* (Salutschützen)
- *Sportschützen*
- *Schüler und Jugend*
- *Senioren* und
- *Damen* gebildet.

Der Vorstand des Vereins besteht wie folgt:

Präsident   Hartmut Halw
Geschäftsführer   Karin Hilbrich
Schatzmeister   Kurt Starik
Sportorganisator   Axel Krautz *(Siehe Bild v. l.)*

Die Salutschützen sind angetreten

Die Schießsportanlage des Vereins besteht aus:
- 8 Schießbahnen 50 Meter für Langwaffen
  (davon 2 Bahnen mit Seilzuganlage für KK)
- 40 Schießbahnen 25 Meter für Kurzwaffen
- 1 unterirdischer Schießstand 50 Meter für KK
- 1 geschlossener Schießstand für Druckluftwaffen
    (6 Bahnen 10 Meter mit Seilzuganlage)
- 1 Armbrustschießstand

Im Rahmen des 8. Landesschützentages des Sächsischen Schützenbundes, der am 18.04.1998 in Weißwasser stattfand, wurde das 6. Sächsische Landeskönigsschießen auf unserer Schießanlage organisiert und durchgeführt.
Ein Schießstand für Armbrust und Bogenschießen soll im Jahre 2002/2003 ausgebaut werden.

Schwerpunkt in der Vereinsarbeit bildet das sportliche Schießen, aber es wird auch sehr viel Wert auf die Pflege von Brauchtum und Tradition gelegt. Vor allem wird dem Nachwuchs sehr großes Augenmerk geschenkt.

Seit 1997 wurden von unseren Schützen bei den Kreismeisterschaften bisher folgende Platzierungen erkämpft:
       49 x den 1.Platz
       40 x den 2.Platz
       32 x den 3.Platz
Beim Pokalschießen wurde 3 x der Jugend-Pokal KK-Gewehr, 1x der Herren-Pokal KK-Gewehr und 1x der Damen-Pokal KK-Gewehr errungen.
Jeweils 1 Schütze nahm bei den Bezirksmeisterschaften und an den Landesmeisterschaften teil.

Ausmarsch zum ersten offiziellen Schützenfest 1998

Seit 15.11.1996 ist unser Verein Mitglied im Sportschützenkreis 14 . In dieser Zeit konnten wir
       4x den Kreisschützenkönig
       2x die Kreisschützenkönigin und
       4x den Keisjungschützenkönig erringen.
Im Jahre 1998 fand das 1. offizielle Schützenfest des Vereins statt, wo als Ehrengast der Präsident des Sächsischen Schützenbundes e.V., Herr Prof. Dr. E. Bauer begrüßt werden konnte. Dies war für unseren Verein eine ganz besondere Ehre.
Folgende Schützenkönige wurden seit 1997 in unserem Verein ermittelt:
- 1997 Schütze Bernd Noack
- 1998 Schütze Hubert Sommer
- 1999 Schütze Bernd Noack
- 2000 Schütze Kurt Starik
- 2001 Schütze Holger Plaschka

Schützenkönig Kurt Starik (Mitte) 2000

Für die erreichten Leistungen im Schützenverein Krauschwitz, wurde stellvertretend für den Verein, unser Präsident im Jahre 1999 mit dem Verdienstkreuz des Sächsischen Schützenbundes in Bronze ausgezeichnet.

Aus Anlass des 12. Landesschützentages, welcher am 13. April 2002 in Bad Muskau abgehalten wird, ist unserem Verein vom Präsidium des Sächsischen Schützenbundes wieder die Ehre erteilt wurden, dass 10. Landeskönigsschießen zu organisieren und durchzuführen.

Karin Hilbrich
Geschäftsführer des Vereins

Weißwasseraner Schützenverein e. V.

Am 27.05.1990 wurde der Weißwasseraner Schützenverein e.V. im damaligen Turnerheim in der Muskauer Straße 120 in Weißwasser von 17 interessierten Bürgern der Stadt Weißwasser neu gegründet. Durch die Wende war die Grundlage für die Entwicklung zum Brauchtum für das sportliche Schießen bei Vereinsgründung gegeben. Die exestierenden Sportschützen erkannten diese Möglichkeit und nutzten die Chance sich auch eigene Waffen für die auszutragenden Wettkämpfe zuzulegen.

Die Voraussetzung dazu war die Instandsetzung des KK-Schießstandes, der ehemaligen GST, der Stadt Weißwasser. Das Vereinsleben in dieser Zeit war geprägt durch Aufbau und Pflege der Schießstätte sowie die Absolvierung der Sachkundeprüfung im Umgang mit Waffen. Die ersten Zusammenkünfte fanden noch in den Räumen, der GST, in der Berliner-Str. 68-72 statt. Bei der Organisation und Durchführung der Sachkundelehrgänge ist bis zum heutigen Tag der Schützenbruder Dieter Nittmann sehr erfolgreich.

Mit dem Wettkampf "Pokal der Vereine" begann 1992 der Wettkampfbetrieb.

Der Aus- und Umbau des Schießplatzes war die zentrale Aufgabe ab dem Jahre 1993.

Um- und Ausbauarbeiten am Schießplatzgelände

Desweiteren musste an die Anschaffung der Schützenkleidung gedacht werden, um dem wachsenden Interesse der Öffentlichkeit gerecht zu werden.

Erst mit der Durchführung der 444-Jahresfeier 1996 der Stadt Weißwasser wurde der Durchbruch in der Anerkennung des Vereins in der Stadtverwaltung und bei den Bürgern erreicht.

Mit Stolz führten wir öffentlich unsere Fahnenweihe mit vorhergehenden Zapfenstreich durch.

Die Phase des Aufbaus wurde geprägt durch den Vorstand des Vereins unter Leitung des Präsidenten und heutigen Ehrenpräsidenten „Gerd Schulz".

Die Mitgliederzahlen wuchsen schnell und damit die Möglichkeit der Sportschützen sich zu entfalten. Eine unermüdliche Arbeit leisteten in Verbindung mit dem Schützenbruder Edmund Bader die Sportschützen Heiko Slama und Jörg Schröter bei der Entwicklung des Wettkampfbetriebes über den Verein hinaus.

Der Verein leistet heute noch einen entscheidenden Beitrag bei der weiteren Entwicklung des Schützenkreises 14.

So werden zu den Meisterschaften durch den Verein, traditionsgemäß Wettkämpfe wie, der „Pokal des Oberbürgermeisters der Großen Kreisstadt Weißwasser", der „Pokal der Vereine", die „Stadtmeisterschaften", das „Unternehmerschießen" und das „Königschießen" durchgeführt.

Der Beste erhält einen Pokal

Im Ringen um die Identität des Vereins, klärten wir für uns die Frage: Wie steht der Verein zu den bereits ehemals vorhandenen Schützenverein aus dem 19. Jahundert?

Eindeutig bekennen wir uns zum Schützenwesen von Weißwasser und übernehmen Überliefertes als Teil unserer Grundlagen.

Wir sind stolz auf das selbst geschaffene und repräsentieren uns als neu entstandener Verein, der Gutes bewahrt und sich zeitgemäß entwickelt.

Das findet natürlich seinen Ausdruck in unserer Chronik, die umpfangreich die Entwicklung des Vereinslebens dokumentiert. Ehrgeizige Pläne hat der Verein auch in der Entwicklung der Jugendarbeit.

Die Ortslage des Platzes in der Stadt fordert attraktiv und niveauvoll den Bürgern den Schießsport und das Schützenleben näher zu bringen.

Dazu werden in den Medien die Veranstaltungen bekannt gegeben und Berichte zu den Schießwettbewerben mit den jeweiligen Ergebnissen veröffentlicht.

Ausmarsch aus Anlass des 10jährigen Jubiläums am 27.05.2000

Präsident Peter Kliemand (mitte), Schützenkönig des Jahres 2001

Schießwettkampf

Über ein vertrauenvolles Verhältnis aller Mitglieder zum Vorstand unter Leitung unseres Präsidenten Peter Kliemand pflegen wir die Kontakte zu anderen Organisationen und haben den Ehrgeiz und die Überzeugung uns auch in Zukunft niveauvoll unsere selbstgestellten Ziele erfüllen zu wollen.

So hat der Weißwasseraner Schützenverein e. V. ein sehr gutes Verhältnis zu den Partner-Schützenvereinen in Westerburg und Brühl aufgebaut. Neben gegenseitigen Besuchen sind es die vielen persönlichen Freundschaften, die die Beziehungen zu unseren Partnervereinen beleben.

Lothar Schöps
Schriftführer des Vereins

Der Vorstand des Vereins

Schützenverein
Schleife e. V.

Im September 1991 fanden sich in der Gaststätte „Kristalldiele" in Schleife 16 Bürger zusammen, um nach alter Volkstradition auch in Schleife einen Schützenverein ins Leben zu rufen. Die neue Zeit nach der Wende machte dies möglich. Das aktive Betreiben des Schießsports, die Förderung von Tradition und Brauchtum, die Mitgestaltung des dörflichen Lebens in der Zusammenarbeit mit den anderen Vereinen, unter der Einbeziehung von Frauen und Jugendlichen, haben sich die Gründungsmitglieder auf die Fahne bzw. in die Vereinssatzung geschrieben.

sche Liegenschaft im Jahre 1998 in ihr Eigentum und überließ den darauf befindlichen Infanterieschießstand dem Schützenverein Schleife e.V zur Nutzung.

In der Zeit der Entsorgung des Tanklagers fielen Alt-Baustoffe in Größenordnungen an, die beim Bau dieser Schießsportanlage wieder gute Verwendung fanden. So wurden u.a. die Bretter des Zaunes, Stahlträger, Benzinleitungen, Abbruchziegel und Straßenplatten von den Vereinsmitgliedern in unzähligen Arbeitsstunden geborgen und der neuen Verwendung zugeführt.

Am Anfang war nur die Idee einen Schützenverein zu gründen. Zum Dorffest im Juni 1993 konnte dann schon die sehr schöne Fahne des Vereins geweiht werden.

Vom 21. bis 23. September 2001 feierte der Schützenverein Schleife auf seiner neugeschaffenen Schießsportanlage sein 10-jähriges Gründungsjubiläum mit einem zünftigen Schützenfest. Durch intensive Vorbereitung und Organisation kann dieses 1. Schützenfest als durchweg gelungen bezeichnet werden. Das gute Wetter tat sein übriges.

So ließen es sich viele

Im August 1999 besuchte der damalige sächsische Finanzminister Georg Milbradt mit dem Kreisschützenmeister Ludwig Thomaschk die Baustelle des Schießsportplatzes. Sie ließen sich sehr interessiert über den Bau der Anlage und die Ziele des Vereins berichten.

Nur auf dieser Grundlage und im guten Zusammenwirken mit Behörden, vielen örtlichen Betrieben und der Gemeinde war es möglich, diese herrliche Anlage zu schaffen. Der Platz bietet nun für alle, die den Schießsport als Hobby betreiben oder die berufsmäßig mit der Waffe Umgang

Zur festlichen Veranstaltung des 5-jährigen Bestehens des Vereins präsentierten sich die Schützen bereits in ihren schmucken Uniformen.

Besucher aus nah und fern nicht nehmen, diesem Fest beizuwohnen und den neuen Schießplatz zu besichtigen, welcher in nur 2 1/2 Jahren Bauzeit auf dem Gelände eines ehemaligen russischen Tanklagers entstand.

Die Gemeinde Schleife übernahm diese ehemalige militäri-

Zur Fertigstellung des 1. Bauabschnittes des Platzes am 16. September 1999 übergibt Helmut Hantscho, damals Bürgermeister der Gemeinde Schleife und heute Ehrenmitglied unseres Vereins, symbolisch eine Vereinstafel zur Anbringung an das Schützenhaus.

Mitten im Grünen gelegen, bietet der Platz neben dem Vergnügen des Schießens auch Möglichkeiten der Erholung und der Geselligkeit.
Sehr beliebt und gut besucht ist der Taubenschießstand. Oftmals ist er Treffpunkt für Veranstaltungen der anderen Vereine aus dem Dorf.
Bei schönem Wetter finden sich auch Ausflügler ein, die eher die Gastlichkeit in Anspruch nehmen.

haben, ideale Trainingsmöglichkeiten. Darüber hinaus ist für ein ansprechendes Ambiente innerhalb des Platzgeländes gesorgt und die ruhige Umgebung bietet für Erholungssuchende ebenfalls viele Möglichkeiten. Der Schießplatz liegt inmitten eines ausgedehnten Waldgebietes, ca. 2 km von der Wohnbebauung entfernt.

Zum 10-jährigen Bestehen des Vereins zeigten sich die Schützenfreundinnen und -freunde zusammen mit allen anderen Vereinen des Schützenkreises 14 der Bevölkerung mit einem festlichen Umzug.

Auf Grund seiner Lage kann der Platz zu jeder Tageszeit genutzt werden. So sind

       7 Schießbahnen zu   25 m
       5 Schießbahnen zu   50 m
       3 Schießbahnen zu 100 m
und   3 Schießbahnen zu 300 m vorhanden.

Die 100 m- und die 300 m- Anlagen sind mit einer modernen elektronischen Trefferanzeige ausgerüstet. Weiterhin verfügt der Platz über eine Wurftaubenanlage (Trapp) mit Turbolenzautomat.

Im Schützenhaus befindet sich ein Clubraum mit 60 Sitzplätzen und Gaststättenbetrieb. Übernachtungsmöglichkeiten sind im Schützenhaus sowie im Ort vorhanden. Eine Freisitzfläche mit Grillkamin lädt zum Verweilen ein.

Das Dorf Schleife, sorbisch „Slepo". wird 1272 erstmalig urkundlich erwähnt. Es ist altes slawisches Siedlungsgebiet und gehörte bis 1945 zur Standesherrschaft Muskau.

Im Dorfkern ist noch heute die Anlage des slawischen Rundlings zu erkennen mit der Kirche als Mittelpunkt, welche bereits 1346 im Meißener Kirchenmatrikel erwähnt wird.

Die alten Schrotholzhäuser fielen in den Jahren 1888-1896 verheerenden Feuersbrünsten zum Opfer. Seitdem wurden die Häuser in Klinkerbauweise errichtet.

Das neue Schleife präsentiert sich mit dem Sorbischen Kulturzentrum, sowie dem Naherholungsgebiet "Halbendorfer See" mit seinen Campingplätzen (auch FKK) und lädt zur Erkundung der Lausitzer Heide ein.

Aktuelles zur Schießsportanlage und weitere Informationen zur Gemeinde Schleife und ihrer Umgebung erhalten Sie auch über das Internet unter www.schleife-slepo.de

Höhepunkt der Jubiläums-Veranstaltung war natürlich das Kaiserschießen. Hier ist der Schützenkaiser mit seinen Rittern und dem Vereinsvorsitzenden Kurt Jarsetz (2. v. r.) zu sehen.

Schützenbücher im NWM-Verlag

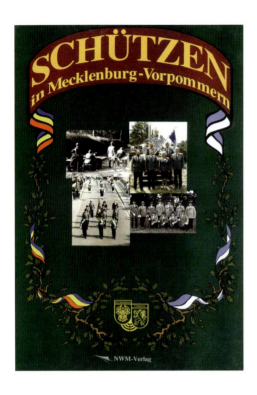

Schützen in Mecklenburg-Vorpommern (I)

1. Ausgabe 1995
© NWM-Verlag

Autoren:
Benthin, Madaus, Rickert, Schwarz,
Schirrmacher, Stüdemann, Thiele,
Zunftschreiber der Schützenvereinigungen

19,43 Euro

ISBN: 3-9804374-1-8

Bestellanschrift:
NWM-Verlag
Große Seestraße 11
23936 Grevesmühlen
Tel./Fax: 0 38 81/23 39
email: nwmverlag@t-online.de

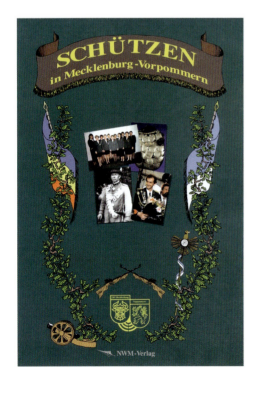

Schützen in Mecklenburg-Vorpommern (II)

1. Ausgabe 1998
© NWM-Verlag

Autoren:
Benthin, Horn, Madaus, Schwarz, Stüdemann,
Zunftschreiber der Schützenvereinigungen

15,24 Euro

ISBN: 3-9804374-5-0

Bestellanschrift:
NWM-Verlag
Große Seestraße 11
23936 Grevesmühlen
Tel./Fax: 0 38 81/23 39
email: nwmverlag@t-online.de

Schützenbücher im NWM-Verlag

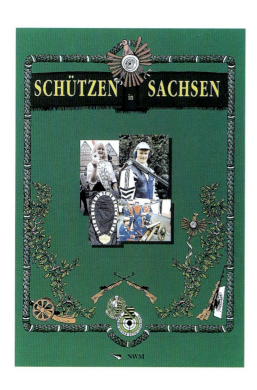

Schützen in Sachsen (I)

1. Ausgabe 2000
© NWM-Verlag

Autoren:
Bauer, Martin, Hill, Schwarz
Zunftschreiber der Schützenvereinigungen

17,79 Euro

ISBN: 3-9806969-1-X

Bestellanschrift:
NWM-Verlag
Große Seestraße 11
23936 Grevesmühlen
Tel./Fax: 0 38 81/23 39
email: nwmverlag@t-online.de

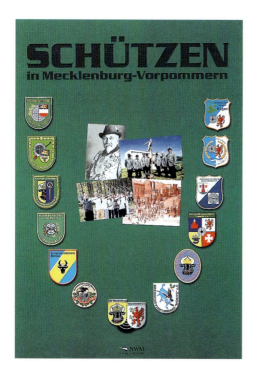

Schützen in Mecklenburg-Vorpommern (III)

1. Ausgabe 2001
© NWM-Verlag

Autoren:
Sauer, Schwarz,
Zunftschreiber der Schützenvereinigungen

19,43 Euro

ISBN: 3-9806969-9-5

Bestellanschrift:
NWM-Verlag
Große Seestraße 11
23936 Grevesmühlen
Tel./Fax: 0 38 81/23 39
email: nwmverlag@t-online.de

Inhaltsverzeichnis